El oficio de la ciudadanía

1. F. Barragán - *La educación sexual. Guía teórica y práctica*
2. E. Bassedas y otros - *Intervención educativa y diagnóstico psicopedagógico*
3. J. Deval - *Crecer y pensar*
4. C. Coll - *Psicología y currículum*
5. E. del Río y otros - *Formación y empleo*
6. J. Trilla - *El profesor y los valores controvertidos*
7. P. Tschorne y otros - *Padres y madres en la escuela*
8. J. Ferrés - *Vídeo y educación*
9. L. Molina y N. Jiménez - *La escuela infantil*
10. F. Hernández y J. M. Sancho - *Para enseñar no basta con saber la asignatura*
11. F. Imbernón - *La formación del profesorado*
12. M. López Melero y J. F. Guerrero - *Lecturas sobre integración escolar y social*
13. C. Lomas, A. Osoro y A. Tusón - *Ciencias del lenguaje, competencia comunicativa y enseñanza de la lengua*
14. C. Lomas y A. Osoro (compiladores) - *El enfoque comunicativo de la enseñanza de la lengua*
15. A. J. Colom y J. C. Mèlich - *Después de la modernidad*
16. J. A. Jordán - *La escuela multicultural*
17. J. Franch y A. Martinell - *Animar un proyecto de educación social*
18. J. Ferrés - *Televisión y educación*
19. C. Maza - *Aritmética y representación*
20. J. M. Calvo - *Educación y filosofía en el aula*
21. J. M. Esteve - *El malestar docente*
22. J. F. Guerrero - *Nuevas perspectivas en la educación e integración de los niños con síndrome de Down*
23. L. Sánchez Corral - *Literatura infantil y lenguaje literario*
24. J. Parejo - *Comunicación no verbal y educación*
25. C. Izquierdo - *La reunión de profesores*
26. A. Vázquez Bronfman e I. Martínez - *La socialización en la escuela*
27. M.ª V. Crespo - *El retorno a la educación*
28. J. Ferrés - *Televisión subliminal*
29. J. C. Mèlich - *Antropología simbólica y acción educativa*
30. J. M. Puig Rovira - *La construcción de la personalidad moral*
31. F. Bello Vázquez - *El comentario de textos literarios*
32. L. Molina - *Participar en contextos de aprendizaje y desarrollo*
33. F. Bárcena - *El oficio de la ciudadanía*

Fernando Bárcena Orbe

El oficio de la ciudadanía

Introducción a la educación política

PAIDÓS
Barcelona • Buenos Aires • México

Cubierta de Ferran Cartes y Montse Plass

1ª edición, 1997

© de todas las ediciones en castellano,
  Ediciones Paidós Ibérica, S.A.,
  Mariano Cubí, 92 - 08021 Barcelona
  y Editorial Paidós, SAICF,
  Defensa, 599 - Buenos Aires

ISBN: 84-493-0425-3
Depósito legal: B-25.731/1997

Impreso en Hurope, S.L.,
Recaredo, 2 - 08005 Barcelona

Impreso en España - Printed in Spain

A mi padre, Alejandro, **In Memoriam.**
*Más allá de lo que es posible expresar con lenguaje humano,
le agradezco la fortuna de haber formado parte, junto a mis
seis hermanos, de su particular «tribu», de la que siempre
se sintió tan orgulloso y feliz.*

*A mi madre, María José, por su presencia siempre amable,
su esforzada dedicación y su coraje.*

A los dos, gracias por su entrañable fecundidad.

Hermes preguntó a Zeus cómo impartir justicia y reverencia a los hombres: ¿Debía distribuirlas como están distribuidas las artes, esto es, sólo a unos pocos favorecidos o a todos? «A todos —contestó Zeus—; quisiera que todos tuvieran una parte; porque las ciudades no pueden existir si solamente unos pocos disfrutan de las virtudes como de las artes».

PLATÓN,
Protágoras

Las opiniones de los hombres —*doxásmata*— exigen continuo «cuidado» porque ellas son la fuente de la que brota el conocimiento.

EMILIO LLEDÓ,
El surco del tiempo

SUMARIO

Segunda Parte
DIMENSIONES DE LA EDUCACIÓN POLÍTICA

INTRODUCCIÓN

En los últimos años he intentado explicarme qué se puede querer decir hoy cuando se ensalza la necesidad y las virtudes de una formación en el sentimiento de *civilidad*.[1]

Al tratar de dar respuesta a esta inquietud me he pasado bastante tiempo intentando hacer una lectura pedagógica de la densa y compleja maraña de literatura —que proviene sobre todo de la filosofía moral y política contemporánea— sobre cuestiones de teoría democrática, lo público y lo privado, los liberalistas y los comunitaristas, la participación cívica y muchos otros temas relacionados con el sustrato filosófico de la educación de la ciudadanía y la educación democrática.

El fuerte interés que, en los últimos años, una parte central de esos asuntos ha promovido en diversos campos de las ciencias humanas y sociales, no se ha visto suficientemente reflejado, sin embargo, en la investigación pedagógica teórica relacionada con el problema de la educación cívico-política. Varias razones explican este fenómeno, y en concreto dos.

La primera tiene que ver con las severas dificultades de aplicación de las conclusiones de ciertos debates académicos, que tienen su origen en contextos sociales y culturales alejados de los nuestros —como es el caso de la polémica suscitada entre liberales y pensadores comunitaristas— al ámbito general de las políticas sociales y al contexto específico de las decisiones en política de la educación. La segunda razón se refiere al efecto producido por la celeridad con la que se han adoptado las últimas reformas educativas en nuestro ámbito cultural y la tendencia, bastante extendida en la comunidad pedagógica, a no acompañar la elaboración de materiales e instrumentos, en concreto en materia de educación moral y cívica, con una distanciada reflexión y debate teórico sosegado acerca de tales cuestiones.[2]

Sin embargo, la actual sensibilidad relacionada con la importancia de fortalecer la reflexión ética en las prácticas que se realizan en las instituciones educativas sugiere, en mi opinión, que prestemos una mayor atención a este tipo de discusiones. Pues ellas plantean, de hecho, un reto para la reflexión y el pensamiento de los educadores, que es urgente extender también a los educandos, relacionado con los grandes desafíos mundiales que las decisiones pedagógicas y las decisiones en materia de política educativa tienen que afrontar.

La tensión entre lo mundial y lo local; la tensión entre las pretensiones globalizadoras, universalistas y particularistas; entre la tradición y la modernidad y la innovación; la tensión, en fin, entre las llamadas a una educación basada en la competencia y el imperativo de la igualdad de oportunidades, no debería quedar al margen de las respuestas que se deben dar a las acusaciones de quienes proclaman que nuestras sociedades actuales han producido una rotura de los vínculos sociales.

En este marco de preocupaciones, algunos se han preguntado ya qué podemos hacer para aprender a vivir juntos en la «aldea planetaria» cuando, de hecho, y al parecer, no sabemos o no podemos vivir en las comunidades más abarcables a las que por naturaleza pertenecemos.[3] Si una pregunta esencial de la democracia se refiere, pues, a si queremos o podemos participar en la vida comunitaria, cualquier reflexión relacionada con la educación del ciudadano no puede limitarse a elaborar materiales y un instrumental inmediatamente aplicable en la práctica en ausencia de una reflexión teórica sobre estas preguntas.

En este libro he intentado no olvidar el reto que tales interrogantes plantean al análisis del problema de la educación democrática. La perspectiva que he adoptado para el estudio de los problemas que trataré aquí es el de una filosofía política de la educación y, en este sentido, uno de mis propósitos ha sido acercar a los pedagogos y educadores interesados en la idea de la educación cívica y política a ese tipo de cuestiones y debates que, alejados en principio de los temas que normalmente se tratan en la comunidad pedagógica, sin embargo poseen una relevancia mayor para nosotros de lo que estamos dispuestos a admitir. Con ello, siguiendo la afortunada metáfora acuñada por Michael J. Oakeshott, no he pretendido otra cosa sino abrir la reflexión educativa, por lo menos la mía, a la «conversación de la humanidad»,[4] la misma sobre la cual la educación del hombre versa. Al hacerlo así he procurado, pues, unir las voces de la pedagogía y de los pedagogos a las muchas otras voces de las que, en mi opinión, está necesitada nuestra disciplina.

Reconozco que este intento entraña no pocas dificultades y riesgos. De hecho, yo mismo me he sentido en muchas ocasiones, mientras trabajaba en la elaboración del libro, sumamente perdido y confundido. Pero he aquí que en uno de esos momentos de confusión repasé algunas lecturas que tiempo atrás había realizado, quizá sin entenderlas muy bien, de la pensadora alemana Hannah Arendt (Hanovre,1906-Nueva York, 1975).

Este libro no es un ensayo sobre Arendt, pero no lo hubiese podido escribir sin la fuente de inspiración que ha constituido para mí la lectura de sus libros. Pues ha sido como consecuencia de esta lectura que mi atención al debate entre los pensadores liberales y los comunitaristas, hoy tan conocido e importante —y de cierta proyección en filosofía de la educación—, sufrió un cambio de enfoque, mientras aumentaba mi interés por el sorprendente pensamiento de la señora Arendt.

Al llegar a este punto, mi antigua pregunta por el sentido y la importancia de la educación de la civilidad, en general, se transformó, poco a poco, en otra interrogante. La pregunta ahora ya no era qué es eso de la educación ciudadana, a secas, sino *qué tipo de «educación» parece pedir la formación de la civilidad en una época como la nuestra*, cuyas características parecen agudamente distintas a las de épocas anteriores.

Como esta pregunta tiene bastante importancia dentro del marco de este libro, comenzaré en esta introducción preguntándome lo siguiente: ¿qué tiene nuestra época que no hayan tenido otras?

Pues bien, partiendo de la base de que no me siento competente para dar una respuesta dogmática a esta pregunta diré, tratando de responder a ella de un modo tentativo, que nuestra época se caracteriza por dos rasgos, que afectan de lleno a nuestro problema, y en concreto a la *actividad del pensamiento*, porque, como diré en diversos momentos del libro, tales rasgos configuran el marco o las condiciones contemporáneas de la actividad del pensamiento.

La primera característica de nuestra época es su *capacidad de desencanto*, es decir su facilidad para romper con las mejores expectativas de las personas. Nuestras sociedades son, en buena parte, sociedades moralmente fraudulentas, sociedades —que formamos todos— en las que nos hemos acostumbrado a vivir en la mentira y en el fraude. Esta capacidad de defraudar de nuestras sociedades se proyecta en muchos sectores: en el *ámbito del conocimiento*, donde ya no sabemos lo que significa «saber» en nuestras sociedades de la información y del conocimiento; en el *ámbito de la acción* y del *actuar* (de la *praxis vital*), porque hemos llegado a sustituir la capacidad de acción —de comenzar algo nuevo, de iniciar— con la producción y la fabricación en serie; en el *ámbito del pensamiento*, de la actividad del pensar, porque ciertamente parece que hemos olvidado que pensar también es *comprender* y tratar de encontrar un *sentido* al mundo que habitamos, pero que no parece que amamos suficientemente, a la vista de lo que hacemos con él, como si la expresión —por cierto tan querida de Hannah Arendt— *Amor Mundi* ya no significase nada para nosotros.

Con estas preguntas así formuladas accedemos a otro nivel en el que nuestra época se caracteriza, en segundo lugar, por la idea de una «ruptura», de una «brecha» o de una *hendidura en el tiempo*. Se separa lo público de lo privado, la ética de la moral, lo justo del bien, lo legal de lo moral, y el *pasado* del *futuro*.[5]

En este siglo que estamos a punto de terminar nos han ocurrido cosas buenas, pero también terribles. Ha habido acontecimientos —como el fenómeno totalitario— cuya «terrible novedad» parece tener unas consecuencias sin precedentes: «La terrible originalidad del totalitarismo —escribía Hannah Arendt— no se debe a que alguna "idea" nueva haya entrado en el mundo, sino al hecho de que sus acciones rompen con todas nuestras tradiciones; han pulverizado literalmente nuestras categorías de pensamiento político y nuestros criterios de juicio moral».[6]

Fenómenos como éstos, para los cuales, como decía Arendt, la vida humana puede ser superflua, y donde hacer el bien o el mal ya no exige siquiera contar con algunas razones o carecer de ellas, ciertamente nos colocan en una penosa situación, una frente a la cual lo que piensen de la educación, o hagan por ella los educadores, tiene su importancia.

Porque la «esencia» de la educación reside precisamente en la posibilidad de garantizar un *futuro*. Educar es un verbo que hay que conjugar, preferentemente, en tiempo futuro, porque éste sólo es posible en la medida que lo es también el fenómeno de la *natalidad*, del nacimiento; un acontecimiento que es expresión de fecundidad y, al mismo tiempo, de una cierta luz, la del «alumbramiento» de la que suele hacerse sinónimo.

Tal vez nos demos cuenta de la relevancia filosófica de esta segunda característica de nuestra época si pensamos un momento en la posibilidad de que los seres humanos, como dice Emilio Lledó en *El surco del tiempo*, no tenemos más remedio que vivir en la *mediación de la tradición*, en la tradición entendida como la *razón de un origen*, de uno que ya hemos perdido y olvidado.[7]

Se trata de una tradición a cuya verdad originaria sólo podemos llegar *aprendiendo* a movernos en la «brecha del tiempo». En una forma de actuar y de pensar cuyo mejor logro tal vez no sea otro que aumentar nuestra ganancia en cómo pensar «comprendiendo», y explorando el senti-

17

do de la realidad y de un mundo en el que, por ejemplo, cosas como el totalitarismo son simplemente posibles.

Según lo entendía Hannah Arendt, este pensar adopta la forma de un diálogo real, de un diálogo presente y, al mismo tiempo, intemporal.[8] En el prefacio a su libro *Entre el pasado y el futuro*, precisamente señalaba Arendt que «somos contemporáneos sólo en la medida en que nuestra comprensión alcanza a serlo». La única forma de lograr sentirnos en este mundo como en casa es, de acuerdo con ello, «participar en el interminable diálogo con su esencia». Se trata, por tanto, de un diálogo en el que el pensamiento, en vez de dogmático, se vuelve *pensamiento dóxico*, porque, como dice Lledó: «Frente a la verdad, vista y dicha por los primeros, ya no cabe, para no perder el contacto con ella, sino engarzarse en la tradición que como *doxa* la intercepta y la mediatiza».[9]

Esta conexión entre pensamiento y diálogo, por una parte, y entre pensar y rememoración o recuerdo, por otra, es esencial para Arendt. Todo pensamiento —decía en *Sobre la revolución*— se inicia con el recuerdo. Lo que salva a los asuntos humanos de su futilidad consustancial —solía destacar— no es otra cosa que la incesante rememoración de los mismos.[10] A esta necesidad nos lleva, precisamente, lo que Arendt denomina «las condiciones contemporáneas del pensamiento», es decir, la idea de la ruptura antes mencionada, el hecho de que «el tiempo se fractura en el medio», y de que nuestro presente es, precisamente, esa brecha abierta en el tiempo, esa hendidura en la que nuestra necesidad de pensar sólo se satisface pensando, es decir, ganando experiencia en cómo pensar.

Pensar es, así, intentar comprender —aunque no perdonar, por lo menos no necesariamente—, quizá porque a diferencia de la comprensión, cuyo fin es la reconciliación, el perdón obtiene su máxima fuerza desde una actitud religiosa o trascendente.

En este punto, me pregunto: ¿se le puede pedir capacidad de perdón al ciudadano? ¿Acaso no es más propio prepararle para que sea competente en cómo pensar, en pensar como ganancia de la comprensión, de la reconciliación? En definitiva, ¿qué lugar ocupa el pensamiento, el ejercicio del pensar en la brecha del tiempo, en el contexto de una formación de la ciudadanía?

Pues bien, en cierto modo, el argumento central del libro está relacionado con una *extraña* tesis: la posibilidad de estrechar los lazos entre la formación de la civilidad y una idea de la educación filosófica. Probablemente la propuesta parezca sorprendente, al menos desde el punto de vista, quizá convencional, de que los objetivos de uno y otro tipo de educación son radicalmente distintos. Sin embargo, como intentaré hacer ver, esta propuesta no es una rareza. De hecho, hubo una época en la que un ser humano supo aunar sabiamente ambas condiciones. Ese ser humano se llamaba Sócrates, a partir de cuya muerte, precisamente, y a pesar de la posterior existencia de una filosofía de la política, pensamiento y política llegaron a ser hostiles.[11]

En este libro la orientación principal de mis argumentaciones irá referida a cómo se construye, o debería construirse, la capacidad humana de juicio; en este caso, la capacidad ciudadana de juicio político. Y, por ello mismo, una parte principal de mis reflexiones se ha inspirado en el propósito de contribuir a una mejor definición de la epistemología del civismo, si se me permite la expresión; esto es, la construcción de una teoría del conocimiento y del saber cívico. Tal teoría no puede ser otra que una teorización acerca del saber práctico. Una reflexión sobre la *phronesis* cívica.

Así pues, el acento principal de este libro estará puesto en el lugar que el juicio, concebido como facultad de un sujeto políticamente competente para discernir, ocupa dentro de un proyecto de educación política de la ciudadanía. Intentaré explicar, por tanto, cómo se configura desde la reflexión educativa el *compromiso* con una educación política en la que el juicio y la actividad del pensamiento y la reflexión ocupan un lugar fundamental, aunque probablemente no único. Porque la asunción de un compromiso exige, fundamentalmente, la capacidad —y la voluntad— de comprender aquello hacia lo cual uno se compromete. El compromiso es, así, una actividad tanto moral como reflexiva, o de carácter intelectual. Hablar de la educación y del oficio de la ciudadanía es tanto como solicitar, desde la reflexión educativa, que se abra un espacio prolongado de meditación, y de conversación, en el que no una sino una *pluralidad* de voces intervenga en un diálogo cuyo tema no es otro que el bien humano en comunidad.

De alguna forma, por tanto, esta intención inicial será rebasada, o mejor dicho, encardinada en un espectro más amplio de preocupaciones, a las que la reflexión educativa, especialmente desde la forma de una filosofía de la educación, debe acceder de alguna manera.

Una de tales preocupaciones quedó bien expresada en un ensayo que Otto Pöggeler dedicó a la relación entre filosofía y política en Heidegger. Se preguntaba Pöggeler ahí si la filosofía podía contribuir a instaurar cierta sensatez y crítica frente a la cómoda postura del aplauso o la protesta ineficaz: «¿Existe hoy, más allá de la alternativa del mero aplauso o de la protesta ineficaz, la posibilidad de reforzar la crítica y la sensatez a través de la filosofía, cuando la humanidad emprende algo totalmente nuevo con la construcción de una civilización mundial unitaria y a este riesgo ha vinculado su futuro?».[12]

Tal vez resulte sorprendente escuchar una pregunta de estas características en el marco de un estudio —como el de Pöggeler— dedicado a un pensador como Heidegger, filósofo que asumió parcialmente su colaboración con el nacionalsocialismo. Pero como señala certeramente Josep M.ª Esquirol, quizá precisamente por ello, por el hecho de tener que «aprender» de los errores políticos de Heidegger, la filosofía nos devuelva la capacidad de pensar como una actividad central en nuestra voluntad de comprensión y de sentido en un mundo donde cosas hermosas y terribles son, al mismo tiempo, simplemente posibles.[13]

La pregunta de Pöggeler nos devuelve, así, la inquietud por el sentido, por la actividad del pensamiento reflexivo en un mundo donde la técnica —con todas sus ventajas e inconvenientes— más que una respuesta ética, a veces exige una respuesta política, si bien desde el marco de una *política ética*. Creo que una más estrecha vinculación, en el plano de la reflexión distanciada, entre filosofía política y educación de la civilidad nos brinda la oportunidad de replantearnos los temas clásicos de la filosofía política —la cuestión acerca del mejor gobierno, la pregunta por la legitimación del poder— desde el plano, como dice Esquirol, de la *paideia*, es decir, desde la reflexión sobre cómo la educación puede promover lo más humano del hombre: la acción y el pensamiento.[14]

Con todos los inconvenientes que puedan contener sus respectivos sistemas de pensamiento, la apuesta de autores como Habermas, Gadamer o Arendt nos sitúan en esta dirección. En este libro, como ya he señalado, la inspiración central se encuentra en el peculiar pensamiento político de Hannah Arendt. También ella creyó que el verdadero peligro de la técnica y de la situación creada por las ciencias era un peligro político. Así, escribió, precisamente en un libro cuyo título es ya de por sí suficientemente significativo —*La condición humana* — que «pudiera ser que nosotros, criaturas atadas a la Tierra que hemos comenzado a actuar como si fuéramos habitantes del universo, seamos incapaces de entender, esto es, de pensar y hablar sobre las cosas que, no obstante, podemos hacer [...] Si sucediera que conocimiento (en el moderno sentido de *know how*) y pensamiento se separasen definitivamente, nos convertiríamos en impotentes esclavos de nuestros *know how*, irreflexivas criaturas a merced de cualquier artefacto técnicamente posible, por muy mortífero que fuera».[15] Y añade Arendt: «La situación creada por las ciencias es de gran significación política. Donde quiera que esté en peligro lo propio del discurso, la cuestión se politiza, ya que es precisamente el discurso lo que hace al hombre un ser único».[16]

La pedagogía debería reflexionar sobre estas ideas. Yo no he pretendido otra cosa que seguir el consejo arendtiano de «pensar en lo que hacemos», convencido como estoy de que la educación, lo mismo que la labor de asumir un compromiso con la participación cívica, constituyen formas privilegiadas de *acción* en la que los hombres —en plural, no en singular— sólo alcanzamos el sentido y el significado a través del lenguaje y el sentimiento compartido, a través de la acción conjunta, la deliberación pública y formas diversas de conversación cívica.

El libro consta de cinco capítulos que he ordenado en dos partes fundamentales. En la primera parte —*Los dis-*

21

cursos de la civilidad— trato dos temas. En primer lugar (capítulo 1), exploro el carácter esencialmente vulnerable de las vinculaciones políticas en nuestras modernas democracias y el sentido global de la tradicional hostilidad entre filosofía y política —es decir, entre el pensar y la vida política— y sus consecuencias para la formación en el oficio de ciudadano. La pregunta que guía esta primera cuestión es: ¿qué contribuciones realiza al arte de la ciudadanía una educación filosófica centrada en la actividad del pensar? Para responder a esta cuestión profundizo en la polémica que en los últimos años promovieron, entre otros, Richard Rorty y Allan Bloom. El segundo tema que trato (capítulo 2) está destinado a presentar críticamente las dos nociones clave que están en la base de dos diferentes ideas de la ciudadanía (la ciudadanía como *estatus* y la ciudadanía como *práctica*) y de educación política, tal y como éstas parecen articularse en el debate protagonizado entre los teóricos del *liberalismo político* y los *pensadores comunitaristas*: la idea de *justicia* y la noción de la *comunidad*.

La segunda parte del libro —*Dimensiones de la educación política*— contiene tres capítulos. El capítulo 3 es un intento de ir más allá en la explicación de la naturaleza de la educación de la ciudadanía desde el estrecho margen argumental que, en ocasiones, permite la polémica teórica liberal-comunitarista. Para ello, exploro con cierto detenimiento el ideal de la *ciudadanía* con el objeto de mostrar su carácter contestable y sus rasgos centrales. Específicamente, me detengo en el análisis de la dimensión ética de la educación cívica, esto es, en las relaciones entre educación moral y formación de la civilidad. El capítulo 4 estudia el pensamiento político y la concepción arendtiana de la ciudadanía, con el propósito de mostrar sus sugerentes implicaciones de cara a una educación del *ciudadano reflexivo*, esto es, un ciudadano hábil en la facultad de pensar y comprender en una época caracterizada por los retos que ya nos han planteado los fenómenos totalitarios en el siglo xx. Finalmente, el capítulo 5 es un intento de pensar la educación cívica desde un modelo caracterizado por la instauración de una cultura del juicio y del sentido común.

Aquí también persigo las intuiciones de Hannah Arendt e intento una reconstrucción de su inacabada teoría del juicio —que para ella constituía una habilidad política por excelencia asociada a la voluntad de comprensión y sentido— con el objeto de indagar sus implicaciones para una educación política en una época que nos compromete y responsabiliza a pensar en un mundo *no totalitario* y, por tanto, al margen de toda banalidad.

* * *

Tengo que confesar que no me ha resultado fácil escribir este libro. Desde que comencé a interesarme por los temas que aquí trato, hasta que me propuse más seriamente escribir un libro como éste, han sido muchas las versiones y mucho el hacer y deshacer, como la labor de Penélope, podríamos decir. Ni siquiera ahora tengo una conciencia clara del valor real de lo que aquí presento. De hecho, en muchas ocasiones el hecho de desarrollar mi trabajo en el mundo académico de la pedagogía, unido a la extraña fuerza que, en los últimos años, me ha poseído hasta llevarme a enfrentarme con difíciles cuestiones de filosofía política, me ha supuesto no pocos quebraderos de cabeza y una incómoda sensación de división interna. Así que, en estos momentos, no puedo sino esperar la benevolencia del amable lector y quizá, si está dispuesto a seguir con la lectura, un poco de esa capacidad comprensiva de la que tantas veces hablo en mi libro.

De todas formas, en este arriesgado viaje, que espero no dar por concluido con este trabajo, me he sentido bien acompañado. Decía Arendt que la acción humana tiene el milagroso poder de implantar algo nuevo en el mundo, que es un *initium* en cuyo término acaban participando una pluralidad de personas. La escritura, la difícil pero hermosa tarea de escribir un discurso —que casi nunca es una meditación solitaria, sino una forma de pensar representativa, como ocurre con la meditación estética—, es, en este sentido, una acción que empieza uno solo pero en cuya realización acaba participando una esfera pública más amplia. Esto es lo que ha pasado con este libro, de cuyos argumentos quisiera responsabilizarme, en cambio, yo solo, especialmente de sus errores.

Por eso deseo agradecer, desde esa forma privilegiada de vida privada que es la amistad, a Joan Carles Mèlich los buenos consejos, el ánimo y también la oportunidad de aprender que su propia producción investigadora me ha brindado, sin cuya eficaz gestión no hubiese visto la luz este libro. Mis amigos del grupo de Filosofía de la Educación del Departamento de Teoría e Historia de la Educación —especialmente Gonzalo Jover y Fernando Gil— en la facultad donde imparto mis clases también han contribuido, desde hace ya mucho tiempo, a la realización de este libro, ayudándome con un diálogo prolongado y permanente a afinar mi pensamiento y también a sentirme más humilde en la labor investigadora. A Jorge Larrosa, de quien poco a poco he ido aprendiendo, eso creo, qué es eso de «saber leer», el haberme invitado a ampliar mi biblioteca. A Jesús de Garay le tengo que agradecer su siempre solícita disposición a la conversación y al diálogo sobre muchos de los temas que aquí trato, algunos de los cuales, si algún mérito tienen, se deben en parte a las agudas intuiciones de sus libros y a sus generosas sugerencias.

También deseo agradecer a Julia García Maza —directora de la Biblioteca del Instituto de Filosofía, del Consejo Superior de Investigaciones Científicas— el delicado interés y constantes esfuerzos de memoria por recordar qué último libro o artículo habría llegado que pudiese interesarme para mis trabajos, así como la exquisita amabilidad de sus magníficas colaboradoras. Finalmente, mi agradecimiento particular, y más entrañable, a esa otra parte de mi vida —mi particular «tribu»— que forman Teresa y Jaime, sin los cuales, por así decir, no tendría sentido para mí la expresión *Amor Mundi*.

FERNANDO BÁRCENA
Madrid, diciembre de 1996

24

PRIMERA PARTE

LOS DISCURSOS DE LA CIVILIDAD

Notre héritage n'est précédé d'aucun testament

RENÉ CHAR,
Feuillets d'Hypnos

La hostilidad entre filosofía y política, apenas
disimulada por una filosofía de la política, ha sido
el azote del arte de gobierno de Occidente,
así como de la tradición filosófica desde
que los hombres de acción se separaron
de los hombres de pensamiento,
es decir, desde la muerte
de Sócrates

HANNAH ARENDT,
Sobre la revolución

1
LA EDUCACIÓN POLÍTICA
Y EL OFICIO DE LA CIUDADANÍA

1.1. La política y la fragilidad de la democracia

La actividad pública y un apropiado entorno político —pensaba Aristóteles— son instrumentos necesarios para el desarrollo de una vida buena y el mantenimiento de un buen carácter. Más aún, la participación política del ciudadano es, en sí misma, un bien o fin intrínseco sin el cual la vida humana quedaría incompleta. De ahí que la vida en soledad, a pesar del juicio contrario que históricamente muchas veces ha merecido por los filósofos, sea una vida insuficiente y limitada.[1]

Como ya he señalado en la introducción, el propósito último de este libro es meditar prolongadamente esta creencia. Para ello, trataré de explicar el papel que la educación, concebida como una experiencia de formación de sí mismo, podría aspirar a desempeñar en un proyecto de vida excelente en el que el sentimiento de pertenencia a la comunidad política —es decir, la idea de la civilidad— desempeñe una función importante.

De modo más específico voy a intentar una reflexión sobre la naturaleza de la educación política[2] vinculándola más estrechamente a una reflexión sobre la filosofía política.

Por razones muy variadas, la realidad es que dentro del marco de la «ciencia» pedagógica faltan análisis que sitúen en una más estrecha relación la exploración de la educación de la ciudadanía con los beneficios que una formación filosófica podría proporcionar al ciudadano, ausencia ésta que, bajo un último análisis, se explica por la cada vez más creciente separación entre pensamiento y política; una separación, por cierto, que, a juicio de Roberto Esposito, por ejemplo, parece estar producida por la filosofía política misma.[3]

La relación que aspiro a defender entre educación cívica y filosofía política plantea una exigencia teórica fundamental. Me refiero a que el éxito de este planteamiento —pensar la educación política de la ciudadanía desde el marco de interpretación más amplio que proporciona una filosofía política— depende de que previamente aceptemos que no es posible pensar los conceptos de educación, de política y de ciudadanía al margen de la tradición que les dio origen. Estos términos son conceptos cargados de historia e imbuidos de la tradición clásica que les dotó de sentido. Nosotros, al volver a pensarlos, no hacemos sino acercarnos o alejarnos de ese sentido original que tuvieron. Logramos o no logramos recrear su significación. Pero es inevitable que al reflexionar sobre ellos nuestro pensamiento rememore, de algún modo, los contextos que les dieron origen. El éxito o fracaso obtenido en esta recreación, en esta vinculación entre pensamiento y recuerdo, afecta a nuestras formas actuales de encarar el presente.

Para que quede más clara mi posición, debo decir, además, que esta necesidad de pensar los conceptos como nociones dependientes de contextos y tradiciones pasadas constituye una exigencia derivada de nuestra propia condición humana. Además, el hecho que una tradición haya terminado no significa que los conceptos tradicionales hayan perdido su poder e incluso su fuerza coercitiva sobre la mente de los hombres. Puede incluso que estas nociones desgastadas, como dice Arendt, se tornen más tiránicas y coactivas a medida que la tradición pierde su fuerza vital.[4] Es algo así como el último esfuerzo del que son capaces para mantener una vida que, con la llegada del final de la tradición que les dio origen, inevitablemente terminará. Así, la historia de los conceptos, como la biografía de los seres humanos, responde al doble principio de *inclusión* y de relación entre *continuidad* y *cambio*.

La «inclusión» significa que no es posible comprender determinados conceptos separadamente de los contextos sociales, morales y culturales en los que estamos inmersos. El segundo principio indica que la historia de los términos, y su evolución, mantiene un punto de contacto con el origen, es decir, constituye siempre un relato de la unidad a través de la diversidad, de la continuidad a través del cambio.[5]

Nuestra tradición política, escribió Hannah Arendt, comenzó con las enseñanzas de Platón y Aristóteles y llegó a su fin con las teorías de Karl Marx. Se inició cuando Platón describió en *La República* la esfera de los «asuntos humanos»[6] en términos de una confusión y oscuridad de la que debían apartarse cuantos desean aspirar al *ser* verdadero, para acceder al cielo luminoso de las ideas eternas; y terminó —según la interpretación de Arendt— cuando Marx declaró que la verdad de la filosofía está situada dentro de la esfera misma de los asuntos humanos, cuando anunció que sólo podría llevarse «hacia adelante» dicha verdad dentro de la esfera de la coexistencia humana, mediante el surgimiento de los «hombres socializados». En suma, la tradición de la filosofía política —que siempre entraña una cierta actitud del filósofo frente a la política— se origina cuando el filósofo se aparta de la política para regresar después a ella para imponer sus normas a los asuntos humanos, y termina cuando el filósofo se aparta de la filosofía misma con el propósito de llevarla hacia adelante dentro del campo político. Platón representa el inicio; Marx el fin de la tradición política, con su decisión de abjurar de la filosofía con el pretexto de cambiar el mundo y la «conciencia» de los hombres.[7]

Arendt nos recuerda —como iremos viendo a lo largo del libro— que existe una diferencia entre la «verdad» de la filosofía, entendida como actividad del pensador en la soledad autoelegida de la torre de marfil de la Filosofía, y esa otra «verdad» que cabe entender como búsqueda del sentido y de la comprensión en el marco de la esfera de los asuntos humanos, en el seno de una «esfera pública» en la que los ciudadanos practican la actividad del pensamiento y del juicio mediante el libre intercambio de opiniones y el diálogo. Es la verdad como indagación del sentido. La «verdad» que funda —a través del *sensus communis*— una comunidad de significados compartidos. Así, a diferencia de la acusación platónica, que declara el ámbito público como un escenario ensombrecido, Arendt, con el modelo que ejemplifica Sócrates, insiste que el ámbito público es el escenario de la luz y de la revelación. Es de este ámbito, y de las implicaciones que para una educación política tiene una formación del sentimiento o «conciencia» de la civilidad, del que se ocuparán las reflexiones centrales de este libro.

Soy consciente de las dificultades que entraña plantear un doble discurso sobre la «verdad». Pero, aún a riesgo de equivocarme, me parece incuestionable que es posible plantear un lenguaje de la verdad como *posesión* —que busca muchas veces imponerse entre los hombres, adoptando a veces modos absolutistas y paternalistas— y un lenguaje de la verdad como *búsqueda del sentido* en la existencia, como señala Franco Crespi cuando escribe: «Cuando la verdad se concibe como posesión, la responsabilidad hacia los demás se vuelve de tipo paternalista, pues quien cree poseer la verdad no sólo tiende a erigirse en juez, sino que también está convencido de saber lo que realmente conviene al otro. En cambio, cuando la verdad se concibe en ese sentido inalcanzable en que estamos implicados desde el principio, la responsabilidad hacia el otro se manifiesta como un respeto absoluto por su diferencia y una deuda infinita respecto a él».[8] En este caso, la verdad está acompañada de la opinión, de la tentativa, de un modo de pensar que ensaya la comprensión y el *sentido*.

Pero debemos intentar comenzar con cierto orden. Para ello, voy a iniciar mi reflexión diciendo algo —en un tono inicialmente descriptivo y deliberadamente convencional— acerca de la naturaleza de la idea democrática y la vida política. Mi intención será mostrar, más tarde, el carácter esencialmente vulnerable de las vinculaciones políticas y la frágil naturaleza del oficio de la ciudadanía en nuestras democracias. Como iré explicando a lo largo del resto de los capítulos del libro, esta intrínseca fragilidad de la vida en democracia, y por tanto de la vida política, se debe —como también ha explicado Hannah Arendt— al propio carácter impredecible e imprevisible de la «acción» humana, concepto sin el cual resulta inexplicable la naturaleza misma de la actividad política y, por tanto, de la vida cívica dentro de ella. Es precisamente aquí donde una educación filosófica proporciona su mejor contribución al desarrollo de la vida cívica —la formación del pensar como *comprensión* y búsqueda del *sentido*— ya que sólo mediante la *comprensión* y la capacidad de formular y mantener *promesas* podemos, siquiera parcialmente, remediar dicha intrínseca fragilidad de la acción (política).[9] Ésta es una idea muy importante, e insistiré sobre ella frecuentemente.

Sabemos que la palabra «democracia» es el nombre de una clase de régimen político establecido con cierta duración por vez primera en la ciudad-estado de Atenas por el aristócrata Clístenes hacia los años 508-507 a.C.[10] Algunas investigaciones históricas señalan, sin embargo, que la democracia europea no comienza en la Atenas de Pericles —como normalmente se la denomina por simplificación— sino en Esparta, a la vista de cierto documento citado por Plutarco en *Vida de Licurgo*. Incluso se ha llegado a aventurar la idea de que la democracia griega no fue la primera democracia, sino que atribuyen parte del mérito, con respecto a la invención de la idea democrática, tradicionalmente atribuido a los griegos, a los fenicios, en el Asia occidental, los cuales, al parecer, tuvieron algo comparable a la *polis* o ciudad-estado que se regulaba a sí misma en la Grecia arcaica y clásica.[11]

Etimológicamente, el término «democracia» (*demokratia*) significa «gobierno del pueblo» (*demos* = pueblo, *kratia* = gobierno o autoridad), lo cual, como se ha señalado muchas veces, apenas sí indica mucho y plantea, por el contrario, innumerables preguntas sobre quién o quiénes integran el «pueblo» y qué significa que ellos «gobiernen».[12] Sí podemos, en cambio, referirnos a dos tipos de justificaciones generales de la democracia, los cuales dan origen tanto a las dos grandes concepciones teóricas de la idea de

31

democracia como a los principios reguladores de sus diversos modelos explicativos.

Según una *justificación instrumental*, la democracia es valorada como método o procedimiento que permite resolver pacíficamente las disputas y exigir a los gobernantes, por parte de los ciudadanos, la satisfacción de sus necesidades. Esta justificación está en la base de la idea de democracia como forma de gobierno. La *justificación sustancial* alude al valor de la participación ciudadana como actividad intrínseca y consustancial al desarrollo de las cualidades propias del ser humano.[13]

En este segundo sentido, se entiende que la democracia no es sólo una forma de gobierno o procedimiento de toma de decisiones políticas, sino realmente una *forma de vida* que promueve tres instancias fundamentales: a) la libertad, en cuanto autodeterminación individual y colectiva; b) el desarrollo humano, en lo que se refiere a la capacidad para ejercer la autodeterminación, la autonomía moral y la responsabilidad por las propias elecciones; y c) la igualdad moral intrínseca de todos los individuos, la igualdad política y la igualdad expresada en el derecho a la autonomía personal en lo tocante a la determinación de los bienes personales.[14]

Las clasificaciones o modelos de democracia son muy variados. En su conocido y muy discutido libro *La democracia liberal y su época*, C. B. Macpherson distinguía entre democracia protectora, democracia como desarrollo, democracia como equilibrio y democracia como participación.[15] Por su parte, David Held ha completado el análisis de Macpherson distinguiendo entre los modelos siguientes: a) democracia clásica; b) democracia protectora; c) democracia desarrollista; d) democracia directa; e) democracia elitista-competitiva; f) democracia pluralista; g) democracia legal; h) democracia participativa; i) democracia autónoma.[16] Por último, otros autores simplifican las clasificaciones distinguiendo entre *democracia de mercado* y *democracia moral*.[17] Probablemente, la clasificación más conocida y simple, que tiene la ventaja de resumir las anteriores, sea la siguiente: a) modelo competitivo; b) modelo pluralista; y c) modelo participativo.[18]

De acuerdo con las justificaciones anteriores, y tras un análisis de los anteriores modelos de democracia, algunos autores sostienen que los modelos democráticos, al menos tal y como históricamente se han venido configurando, responden, en cuanto a sus propuestas, a dos principios básicos: el principio de *eficacia* o de *realizabilidad* y el principio de *deseabilidad* o de *atractivo moral*.[19] Estos principios explican la fuerza o debilidad con que los diferentes modelos de democracia presentan sus respectivas propuestas teóricas, y no deben confundirse con los principios éticos que están en la base, y sirven de fundamento, de nuestras actuales y modernas democracias, que están insertas en la tradición filosófica del liberalismo: a) el principio de autonomía de la persona; b) el principio de inviolabilidad de la persona; y c) el principio de dignidad.[20]

La reflexión sobre la historia de la idea de la democracia plantea una idea clara y elemental: la de que en las comunidades políticas humanas el gobierno debería recaer en manos de personas corrientes (los ciudadanos adultos) en vez de en personalidades muy extraordinarias. En realidad, éste parece ser el reto de la democracia en la actualidad: cómo lograr dar poder a las personas en condiciones tales que puedan pensar acerca del poder que ejercitan, o lo que es lo mismo, cómo conciliar democracia y deliberación, es decir, cómo adaptar mejor la idea democrática, circunscrita en sus orígenes a pequeñas poblaciones, a las modernas poblaciones masificadas en un megaestado moderno.[21]

Inspirada como está en elevados ideales y valores, con frecuencia las prácticas «democráticas» de nuestras modernas sociedades occidentales parecen alejarse de la *democracia ideal*. En este sentido, podemos decir que la democracia posee una *intrínseca fragilidad*, una debilidad que le es constitutiva por propia naturaleza. Dicha debilidad, bajo determinadas condiciones o circunstancias, puede llegar al punto de colocarla en alto riesgo de destrucción. Y por el contrario, la democracia se torna más segura y se fortalece cuando en la sociedad se da otra serie de condiciones y circunstancias más positivas.

Podemos llamar al primer tipo de condiciones *condiciones debilitadoras de la democracia* y a las segundas *con-*

diciones fortalecedoras de la democracia. La relación entre ambos tipos de condiciones es, por así decir, de relación inversa. Cuando se dan las primeras, menos posibilidades de aparición tienen, en principio, las segundas; y cuando se dan estas últimas, es menor el riesgo de que florezcan las primeras. Ahora bien, esta relación entre debilitamiento y fortalecimiento de la democracia tiene una naturaleza especial. Pues, a pesar de la presencia de las segundas, nunca dejan de estar ausentes, de algún modo, las condiciones que debilitan la democracia. Y es que la democracia no es un modo de organización social y política, de naturaleza técnica, que responda siempre con éxito a reglas fijas y muy racionales. No responde como algo «necesario», sino dentro del mundo de lo «contingente», de aquello cuya existencia es posible «por libertad». Su éxito, o fracaso, depende de los ciudadanos y de los políticos, de su nivel de preparación para la participación y la gestión y administración de los asuntos comunes. Por ello, la búsqueda de la vitalidad y fortalecimiento de la democracia exige que ciudadanos y políticos mantengan un buen nivel de *tensión*.

Como ocurre, sin embargo, con todo deporte competitivo, mantener de una forma continuada este nivel de tensión a menudo desgasta. Es entonces cuando ciudadanos y políticos deben renovar sus fuerzas. Para ello deben poner a disposición del buen funcionamiento de la democracia sus mejores facultades y actitudes —facultades como la razón, la capacidad de juicio— y aspirar a extender determinados ideales —como la libertad y la igualdad, que constituyen los específicos valores de la democracia— así como determinadas condiciones que facilitan que aquellos valores se generalicen, como la participación, el pluralismo, la tolerancia, la solidaridad, el diálogo, etc. Dentro de este contexto, el juego libre de la discrepancia y del diálogo, el debate y la deliberación pública, la discusión y la reflexión conjunta sobre los asuntos comunes, contribuye a un mayor fortalecimiento, dinamismo e imaginación democráticas.

Pero el problema no se resuelve con un grado mayor de implicación *cognitiva* de los ciudadanos. La cuestión está en saber si la creencia liberal tradicional, en el sentido de que lo que hace funcionar una democracia no es ni la virtud cívica ni el carácter de los ciudadanos, sino las instituciones democráticas, se puede mantener en una situación en la que, como veremos, tales instituciones ya no creen en la capacidad de aquéllos para reflexionar en el espacio público.[22] Y no sólo eso, porque si hemos de creer en las opiniones que Y. Dror sostiene como responsable de la redacción de uno de los últimos informes emitidos por el Club de Roma —que se dedicó al tema de la *capacidad de gobernar*—, nuestro problema no consiste sólo en una supuesta incompetencia de los ciudadanos para tomar decisiones políticas, sino en la incapacidad misma de los políticos y gobernantes para afrontar los retos a los que nos enfrentamos a las puertas ya de un nuevo milenio.[23]

Las condiciones de debilitamiento de la democracia poseen un rasgo especial, en el sentido de que, como hemos señalado, tienden a *desnaturalizar* la democracia. Este efecto que producen en la democracia, sin embargo, introduce un interesante elemento de discusión para toda teoría de la democracia: aquél según el cual la democracia posee una naturaleza fija o una esencia verdadera y más o menos permanente. En efecto, todo lo que se puede desnaturalizar implica la existencia de cierta naturaleza. ¿Es ello cierto en el caso de la democracia?

En mi opinión, un repaso de los orígenes e historia de la idea de la democracia muestra que la respuesta a esta pregunta puede ser negativa. La democracia fue una *invención*, es decir, un artificio. Es algo más cultural que natural. Aunque el hecho de que no sea natural no implica que sea *antinatural* o contrario a nuestra condición humana. Sólo digo que es un efecto o *consecuencia* de la acción de los hombres, cuya naturaleza es la de un ser esencialmente político.

La democracia exige, en definitiva, una definición subjetiva, supone opciones de valor, un referente normativo de ideales y aspiraciones. Así pues, si determinadas condiciones pueden lograr «desnaturalizarla», por tal desnaturalización habrá que entender otra cosa que no presuponga la idea de que la democracia es algo fijo o la búsqueda de un *a priori*. Propongo llamar a este fenómeno de desnaturalización simplemente *desvirtuamiento*: lo que deja de ser *virtud* o lo que pierde sus propiedades, sus excelencias o virtualidades. Planteadas así las cosas, queda más claro el efecto negativo que determinadas condiciones pueden producir en la democracia.

Este desvirtuamiento se da, al menos, cuando se presentan las siguientes circunstancias: a) cuando las prácticas democráticas se alejan de los ideales, valores y fines específicos de la democracia (libertad e igualdad); y b) cuando las prácticas democráticas presuponen un modelo de democracia en que se confunden los planos de lo *real* y de lo *realista*. Es decir, cuando de la constatación de que la evolución política lleva a un modelo específico de democracia, se pasa sin más a considerar que, pese a todas sus imperfecciones, tal modelo es el único capaz de hacer viable la democracia, rechazando por tanto la validez de cualquier otro. Esta última circunstancia conlleva una sustitución del *deber ser* por el *ser*. Con ello se desvirtúa la democracia, al incrementarse la distancia entre la *democracia ideal* y la *democracia real*.[24]

Este aumento de distancia produce un auténtico resquebrajamiento de la democracia, e ignora hasta qué punto no hay democracia real sin un sistema de fines, de valores y de ideales, esto es, sin un *marco de referencia* ético-político.[25] Posiblemente nunca alcancemos tales fines y valores. Pero es precisamente la tensión que produce su *búsqueda* la que nos acerca a la democracia ideal, el elemento indispensable de su perfeccionamiento y fortalecimiento. Como dice Jáuregui: «No cabe una democracia sin postulados ético-políticos, por utópica que resulte su consecución. El logro del ideal democrático resulta tan imposible como imprescindible su búsqueda permanente». Y es justamente esta conexión entre imposibilidad e imprescindibilidad, acota este autor, «lo que debe definir la relación entre el ideal democrático y la democracia real».[26]

De acuerdo con estos argumentos, podemos preguntarnos por los principios fundamentales, o condiciones necesarias, de una democracia que atienda a la conexión referida. Según Alain Touraine[27] tales elementos son: a) representatividad de los gobernantes; b) limitación del poder de los gobernantes; y c) sentido de la ciudadanía. La correcta articulación de estos tres principios o elementos da lugar a tres dimensiones esenciales de la democracia: a) dimensión social; b) dimensión moral; y c) dimensión cívica.

Es de esta última dimensión de la que voy a ocuparme preferentemente, como ya dije al principio, teniendo presente una idea, en el fondo bien sencilla de formular: cómo concebir el oficio de la ciudadanía y sus efectos formativos en una tan frágil y tenue democracia.

En efecto, como ha señalado M. Nussbaum,[28] la conquista de la excelencia humana necesita condiciones y recursos, no sólo internos al hombre, sino también externos. Como señaló Aristóteles, a quien comenta esta autora extensamente, la excelencia humana precisa para su cabal conquista de objetos exteriores que reciban la actividad excelente. Según Aristóteles, los elementos que conforman un plan de vida buena y excelente tienen un fuerte carácter *relacional*, siendo algunos de ellos más autosuficientes que otros. La vida contemplativa es claramente autosuficiente, pero a diferencia de ella, la ciudadanía y la vinculación política —que exigen amistad y amor personal— requieren un contexto particular muy vulnerable que, parcialmente al menos, puede no existir, o deteriorarse, o diversas circunstancias impedir que exista.[29]

Este tipo de actividades son, de suyo, auténticas actividades o *prácticas* y consisten, de forma preferente, aunque no única, en *relaciones* con sus respectivos contextos. El amor y la amistad, así, dice Nussbaum, precisan de otras personas —el amigo y la persona amada— y por eso son más bien *relaciones* que estados virtuosos, descansando sobre diversos atributos de la personalidad —la generosidad, la amabilidad, la justicia, etc.— donde su relación con ellos resulta muy compleja. La vulnerabilidad de la actividad de amistad o amorosa se explica por la relación intrínseca, en vez de extrínseca, que el amigo y el amado mantienen, respectivamente, con la amistad y el amor. De ahí que el *infortunio* les resulte algo demasiado trágico como para ser soportado en vida. A la amistad y al amor les ocurre, entonces, como al ciudadano, y en realidad a todo ser

37

humano: reflejan en su devenir su frágil condición, esa cualidad —seres de un día— que constituye su rasgo de *seres efímeros*.

Me pregunto si una condición tal —la fragilidad de la ciudadanía y la vinculación política, donde algo más que esa misma práctica le es imprescindible— no pide acaso una forma de pensamiento connatural, es decir, un saber pensar sin asideros y desde la distancia, en *el surco del tiempo*, precisamente.[30]

La ciudadanía es un frágil y, al mismo tiempo, *noble mito*. Una parte de nuestra herencia clásica. Vivimos, como ciudadanos en democracia, una forma de vida que es, al mismo tiempo, una idea heredada, una parte de nuestra tradición lingüística y literaria, un pedazo de la tradición cuya verdad —sus orígenes— o hemos perdido —y olvidado— o se nos ha roto. Como seres históricos, los humanos vivimos en tradición, pendientes de ella. Pero, al mismo tiempo, hemos roto el hilo con el *origen* —con la verdad originaria— de esa tradición. Comenta Emilio Lledó en *El surco del tiempo* el final del diálogo platónico *Fedro*, en el que Platón hace que Sócrates relate el mito de Theuth y Thamus; explica con gran agudeza el marco preciso para una conveniente interpretación mítica, aunque su explicación no es pertinente en este momento.

Dice Lledó que toda tradición tiene un «origen» en el que alguien —o un grupo humano, «los primeros»— puso en marcha una historia, el relato o el eco mismo de una experiencia. En la cadena de la tradición siempre hay un primer eslabón, un dato originario en el que aparece, por así decir, su verdad. Pero después de ese primer momento todo lo demás es «mediación», esto es, tradición. Nuestra única posibilidad de conexión con esa verdad es la instalación en el lenguaje, como *doxa*, como una opinión que consolida y engarza la interminable cadena. En ella, en su propio decurso, vivimos en un mundo no «inicial», en lo que todo es esa forma de lenguaje oral en el que, como Sócrates explica a Fedro, decimos: «oí decir». Sólo en la medida que los hombres pudiésemos descubrir la verdad —el dato originario, el inicio— no tendríamos necesidad de instalarnos, como única vía posible, en la opinión. «Estar en la tradición —señala Lledó— es, por consiguiente, tener la única posibilidad de experimentar, aunque sea de una manera subsidiaria e inercial, la razón de un origen. Y por ello hay que preocuparse de las "opiniones de los hombres".»[31]

Cuando somos capaces de pensar y discutir sobre la democracia, sobre ese noble oficio de la ciudadanía y la forma de educar el sentimiento de civilidad, en realidad apenas si podemos articular un «algo que oímos», pura *oralidad*.[32] Quizá por ello —como remedio contra nuestra pertinaz capacidad de olvido— pensar la educación de la ciudadanía desde el hilo roto de la tradición, y compartir lo pensado, sólo pueda hacerse desde un espacio simplemente conversacional, en vez de «dogmático», es decir, desde un *pensamiento dóxico*, un espacio mental mediado por el libre intercambio de *opiniones* entre los hombres, que debemos aprender a representar alargando nuestra reflexión, incluso sin su presencia, hasta ellos. Aquí reside parte del fundamento que da validez a nuestra capacidad de juicio, esa facultad de discernimiento y reflexión que ejecutamos como sujetos políticamente juzgantes. Recuperar este espacio conversacional —como recuperar la escritura o la práctica compartida de la lectura— es una especie de búsqueda de lo originario, y una reminiscencia de nuestro perdido romanticismo.

Recuperar esta capacidad, aprender a movernos en el hilo movedizo de una tradición, o de una cadena de entregas de formas de pensar, percibir, sentir e imaginar el oficio de la ciudadanía en una tan frágil política, constituye una parte central de una educación política interesada en fortalecer los lazos entre juicio y acción. Difícil lo tenemos, sin embargo, en un contexto en el que a la vulnerabilidad propia de la vida cívica se añade hoy un descrédito institucional generalizado acerca de la competencia del ciudadano para formarse opiniones representativas y juzgar la política. Éste es el hilo que voy a perseguir en la próxima sección.

1.2. La educación y el oficio de la ciudadanía

En el título de este epígrafe reproduzco, de forma muy deliberada, la afortunada expresión «oficio de la ciudadanía», que Alejandro Llano ha empleado en un ensayo que dedica a analizar la problemática actual de nuestras democracias avanzadas.[33]

Pocos temas han visto en los últimos años una avalancha similar, en cantidad y grado de controversia, como éste relacionado con la teoría democrática. Como no podría ser de otro modo, dada la habitual tendencia de la pedagogía a transformar la inquietud social en discurso pedagógico formalizado, muchas de las controversias relacionadas con esa cuestión han encontrado un espacio, aunque reducido, en la reflexión educativa, y en especial dentro de las preocupaciones relacionadas con la cuestión de la educación de la ciudadanía.

El ensayo que cito de Llano plantea la idea, ya anticipada por Tocqueville y retomada después por Charles Taylor,[34] de que el principal riesgo de las democracias evolucionadas consiste en una rotura o quiebra entre el aparato tecnoburocrático del Estado, por un lado, y la vida real de los ciudadanos, por otro.

El efecto que produce la creciente implantación, en las sociedades desarrolladas, de modelos científico-tecnológicos, es realmente múltiple. Pero es precisamente la posibilidad que esos modelos tienen de ser difundidos en las más diversas situaciones lo que explica, según hace notar Crespi, el fenómeno de la creciente homogeneización de determinadas formas de vida, que se traducen, por ejemplo, en idénticas aspiraciones a lograr ciertos niveles de bienestar, sin contradecir para nada las agudas diferencias también existentes en los distintos contextos étnicos o los particularismos grupales.[35]

Actualmente, parece bastante extendida la creencia, o la sensación, de que nos hallamos al final de una época. Esta convicción está fundada en el hecho de que la experiencia vivida en la edad moderna, como consecuencia de sus resultados tanto positivos como negativos, ha llegado a una especie de punto crítico. Paralelamente, parece que en nuestra tradición cultural occidental ha entrado en crisis la idea de que la historia, el proceso histórico, se nos presente como orientado a un fin. No parece que pensemos que exista un «más allá de la historia» o la posibilidad misma de lograr una sociedad sin contradicciones. De algún modo, hemos tomado conciencia de que el conocimiento tiene sus límites, aun a pesar de las grandes potencialidades de la ciencia y de la técnica. Según importantes sociólogos y pensadores contemporáneos, nuestra situación cultural se caracteriza, por tanto, por tendencias —en apariencia contrapuestas— tales como la *globalización* y la *diferenciación*.

La *globalización* es la progresiva constitución del mundo como una unidad global que es el resultado, entre otras cosas, de los efectos del desarrollo científico-tecnológico y de las fuerzas productivas. Cada vez mayores sectores de la población mundial aspiran a homogeneizarse —pero sin perder con ello sus peculiaridades características— en una misma aspiración al bienestar. Pero simultáneamente a esto, las formas de producción de las sociedades avanzadas conllevan un incremento de la complejidad de los sistemas sociales, lo que ha producido el fenómeno de la *diferenciación*.

Varios autores explican estos fenómenos. Talcott Parsons, por ejemplo, explica que los procesos de cambio de la sociedad contemporánea pueden entenderse como un proceso de diferenciación estructural de las distintas funciones sociales. La vida social se fragmenta en esferas separadas, que a pesar de originar diversos problemas, sin embargo tienen más efectos positivos que negativos, en la medida que con ello se favorece mayores índices de libertad individual e igualdad social.

Niklas Luhmann, por su parte, interpreta la evolución de nuestras sociedades complejas en términos de diferenciación de ámbitos de significados separados: amor (relaciones interpersonales y familia), dinero (ámbito económico y trabajo), verdad (filosofía y ciencia), etc. Este fenómeno de diferenciación funcional produce una fuerte separación entre la organización de la sociedad —que se desarrolla a través de la comunicación social— y la interacción directa entre individuos, la cual se desarrolla mediante percepciones inmediatas y afectivo-emocionales. En las sociedades complejas, los problemas se resuelven sobre todo desde la comunicación social global, a diferencia de lo que ocurría en las sociedades tradicionales más simples.

Finalmente Jürgen Habermas también ha analizado la separación entre el sistema social y el mundo de la vida. El primero es el resultado de la creciente racionalización, en sentido instrumental, mientras que el segundo se refiere a la importancia de las relaciones cotidianas entre los individuos.[36]

Todos estos análisis —muy resumidamente expuestos— se fundan en una tesis común: el fenómeno de la creciente globalización de las formas de vida en nuestras sociedades complejas, que se deriva tanto de las nuevas formas de producción como de la incidencia de la ciencia y la tecnología en la vida social y la organización social, explica los problemas que hoy tenemos para garantizar una base de solidaridad social de forma general y proporcionar formas de identificación suficientemente fuertes de los actores sociales. Nos resulta difícil representarnos la sociedad en que vivimos de una forma unitaria. Esta dificultad se refleja en el hecho de que los individuos, en realidad, pertenecemos a diversas, y a veces contradictorias entre sí, comunidades. Nos vemos urgidos a tener que elegir entre diversas formas de identidad y de pertenencia. Como consecuencia de nuestras dificultades de elección, en un contexto en el que incluso las instituciones y los gobernantes no confían en la capacidad de juicio o competencia de los ciudadanos para hacer elecciones relevantes y tomar decisiones políticas, muchos optan por ligarse a formas emotivas inmediatas, o a sus raíces, lo que a la postre favorecerá la expansión de formas particularistas de identificación y pertenencia.

Todo esto plantea un problema teórico: ¿cómo lograr en nuestras sociedades complejas idear una base común de solidaridad social, respetando las tendencias pluralistas que le son propias y evitando, al mismo tiempo, incurrir en orientaciones de vida social o personal de tipo fundamentalista o absolutista? Para algunos autores, la respuesta a esta pregunta obligaría a una reflexión teórica profunda sobre el concepto de racionalidad humana. Para otros, sin embargo, la clave puede estar en una reflexión del concepto de *existencia*.

La pregunta que acabamos de formular tiene pleno sentido y está justificada, a la vista de nuestra actual situación, en la que una crisis generalizada de desorientación, derivada de la crisis de los órdenes tradicionales y de las grandes ideologías histórico-políticas, puede favorecer una vuelta a nuevas formas de integrismo (tanto de tipo religioso como nacionalista).

Al mismo tiempo, observamos una tendencia contraria. Me refiero a la vuelta a formas de intolerancia y segregación ligadas a formas de defensa vinculadas al género, étnia, cultura, etc. En muchos casos, la defensa de los derechos de la diferencia hace que los individuos sean incapaces de hablar en nombre propio. En realidad hablan como miembros de un grupo o comunidad particular, la cual se arroga el derecho de señalar cuáles son las actitudes correctas. Esto favorece una crisis de identidad, una incapacidad para que el individuo se identifique consigo mismo, o para que la identidad que se deriva, por ejemplo, de nuestra pertenencia a una comunidad política (ciudadanía) se armonice con nuestra propia identidad personal.

Ante una situación como ésta, y ante el temor que impone una hipotética expansión social de actitudes fundamentalistas, algunos autores, como Richard Rorty, han defendido —como más tarde veremos— cierto *relativismo cultural*, la instauración del «pensamiento ironista».

Como puede verse, esta quiebra, fractura del sistema social o creciente diferenciación, tiene diversos efectos y formas de manifestarse. Por una parte, una reacción de «encapsulamiento afectivo», de repliegue atomista sobre sí de los ciudadanos ante la progresiva colonización por parte del estado del mundo vital de la ciudadanía. Por otra, una progresiva separación, en órdenes distintos y contradictorios, de la ética privada y la ética pública, escisión en cuya base es posible encontrar, fundamentalmente, una desconfianza institucional del mencionado aparato sobre la competencia moral de la ciudadanía para juzgar la marcha de la vida pública.[37] Finalmente, la mencionada quiebra se manifiesta también, como acabamos de ver, en la intensa globalización de las formas de vida, que explica los problemas que las sociedades actuales encuentran para garantizar una base de solidaridad social compartida y proporcionar modos de identificación suficientemente fuertes para los actores sociales. No es posible ya representarnos la sociedad de forma unitaria. Y esta dificultad se proyecta en nuestros problemas de identidad y en las formas tan dispares y contradictorias de entender nuestro sentido de pertenencia.

Otra consecuencia importante de esta quiebra social a la que aludo es la expansión de una configuración burocrática y tecnocrática en la que la ciudadanía se ve progresivamente marginada. Según Llano, nuestra actual situación política exige, preferentemente, un tratamiento de orden ético, esto es, «un tratamiento de la verdad del hombre y la mujer de acción, de la *verdad práctica*».[38] La puesta en práctica de un análisis de estas características constituye, según Llano, una apuesta inspirada en la promoción del «humanismo cívico»,[39] que «descansa en la convicción de que todo ciudadano, cualquier ciudadano, es capaz de distinguir lo verdadero de lo falso en la vida pública, es decir, de discernir entre las leyes justas y las leyes injustas».[40]

Estoy esencialmente de acuerdo con el análisis de Llano, y especialmente con su idea de que la competencia moral de la ciudadanía estriba en su facultad de juicio y discernimiento. De hecho, este libro es un intento de reflexionar, con cierta profundidad, sobre el juicio político como atributo esencial de la *civilidad*, y un intento de poner en una más estrecha relación la actividad del pensamiento con un discurso práctico sobre la civilidad.

Para esta reflexión me serviré de algunas ideas que hoy parecen retomar un nuevo impulso en el contexto del debate entre los pensadores liberales y comunitaristas, y acerca del cual diré algo más extensamente en el siguiente capítulo. Aquí voy a centrar la discusión en una pista que me ha proporcionado el ensayo de Llano que acabo de presentar esquemáticamente.

La pista a la que aludo se refiere al papel que la *educación* puede jugar en la formación del oficio de la civilidad. En el debate protagonizado hoy entre liberalistas y comunitaristas, los primeros, como señala Llano en su ensayo, apuestan por la implantación de una *razón pública*[41] cuyo carácter fuertemente instrumental, sin embargo, le priva de ciertas dimensiones formativas esenciales.

En la rotura entre ética privada y ética pública, la apuesta liberal parece destacar un tipo de educación política de la ciudadanía en la que las exigencias efectivas de una educación cívica no se compadecen bien con la índole abstracta y universal del orden político liberal.[42] Frente a tal universalismo teórico, y ante la reducción de la vida ética, en su proyección pública, a una ética puramente procedimental, los comunitaristas recuerdan que la práctica u oficio de la ciudadanía competente debe darse en comunidades *abarcables* y «desarrollarse al hilo de una conversación humana que tiene como *telos* la verdad».[43]

Frente a la tradicional exigencia de separación, propuesta por la tradición cívica del liberalismo entre la *justicia* y el *bien* —las formas comprehensivas de vida buena y moralidad que sostienen, en el plano de las creencias, los ciudadanos—, los pensadores comunitaristas abogan por una más estrecha relación entre ambos planos y por una clara primacía del bien sobre la justicia.

En este punto, conviene preguntarse qué papel desempeñan en la constitución de una buena sociedad, de una comunidad política no simplemente viable, sino humanamente correcta y digna, las creencias individuales de los ciudadanos y las formas en que, personalmente, perfilan sus ideales de excelencia y moralidad. Conviene interrogarse si una separación radical entre las esferas de la ética privada y la ética pública, al estilo liberal, no acabaría desaconsejando hacer de la virtud un fundamento de la vida democrática. Y conviene plantearse, también, si una educación de la ciudadanía en el seno de «comunidades abarcables» no terminará convirtiendo la vida social en un sistema dominado por pequeñas comunidades con intereses antagónicos.

La verdad es que no tengo respuestas para estas preguntas. Pero hay una que sí puede tener alguna, y que se refiere a la función del pensamiento, de la actividad del pensar, en el oficio de la ciudadanía, cuya característica principal, aunque no la única, es, como hemos dicho, el juicio político.

En este libro, el análisis de esta actividad pensante estará muy inspirada en las ideas de Hannah Arendt, las cuales intentaré aplicar al estudio de un concepto de ciudadanía reflexiva, como veremos en los dos últimos capítulos. De momento no entraré en el estudio de la práctica del pensamiento tal y como Arendt lo concibió, pero sí diré que en un contexto como el nuestro, en el que los educadores somos tan capaces en el plano ideológico de rechazar grandes sistemas de referencia y formas específicas de orientación de nuestra existencia, para así huir de la agobiante incertidumbre, como de fundamentar nuestras prácticas profesionales en la falsa certidumbre que nos proporciona la tecnología y el pensamiento científico positivo, una lección que el pensamiento filosófico de Hannah Arendt nos puede proporcionar es que los humanos, en ocasiones también, podemos ser capaces de «pensar sin balaustrada», es decir, de ejercer un pensamiento frágil, pero no por ello débil.[44]

He mencionado antes, al citar el texto de Llano, la palabra «verdad». La búsqueda de la verdad ha sido, desde siempre, la misión específica de la filosofía, de la indagación filosófica. Parecería un poco extraño responsabilizar al aprendizaje de la civilidad la búsqueda de algo tan grueso como «la verdad». Los pensadores liberales, como veremos, o al menos muchos de ellos, consideran —como recuerda Galston— que existe una clara distinción entre una «educación filosófica» y una «educación cívica», y que incluso una sociedad liberal no necesita idear una específica educación cívica encaminada a la formación de ciudadanos liberales, «porque los procesos sociales y las instituciones políticas pueden estar dispuestos de modo tal que hagan que los resultados colectivos deseados sean independientes del carácter y las creencias individuales».[45] Más aún, la idea misma de que la iniciación como aprendiz en el oficio de la civilidad pueda exigir una reflexión sobre la fórmula de que —como dice Llano—

«sólo desde *el* fin del hombre [...] se pueden comprender verdaderamente las acciones humanas propiamente dichas»,[46] y con ellas, por tanto, la específica naturaleza moral de la práctica cívica, parecería abusiva, desde el ángulo del liberalismo.

En el fondo, la reflexión *ética* sobre la especificidad de la educación cívica de nuevo nos remite a planteamientos filosóficos hoy, como casi siempre, tan controvertidos como los relacionados con la búsqueda de la verdad —objetivo tradicional de la indagación filosófica— o la idea de una naturaleza humana. La educación, al recibir en su seno estos debates teóricos, recibe también, sin resolver, las polémicas discusiones que suscitan estas cuestiones, las cuales quedan sin solución, porque la reflexión teórica de la pedagogía sobre la educación cívica, al menos por el momento, es una reflexión mucho más volcada al *cómo* que al *por qué*, es decir, más preocupada por la creación de instrumentos que la hagan viable que por un marco teórico comprensivo que le dote de un sólido fundamento.

Esta forma de proceder tiene mucho que ver con la manera de concebir la misión de la reflexión pedagógica en contextos sociales democráticos. En efecto, según una creencia muy asentada en la comunidad educativa, el interés por la educación moral y cívica debería constituir una de las principales prioridades de cualquier sistema educativo «moderno» que desee incrementar sus propios índices de calidad, y extender la estimación por la democracia, concebida como forma de vida cívica.

La democracia, como acabamos de ver, es considerada en la actualidad como la mejor forma de gobierno y organización de la vida social y pública. Políticamente, parece universalmente aceptada, como el mejor de los gobiernos posibles, aunque, como también vimos, al mismo tiempo parece sumamente frágil, pues su vitalidad depende no tanto de la existencia de un sustrato técnico o económico —con ser estos aspectos fundamentales para el sostenimiento de dicha democracia «moderna»— como de una permanente «infraestructura moral», que se traduce en la necesidad de construir lo que desde la tradición política liberal se viene denominando «ética ciudadana».

Así se ha expresado recientemente Jacques Delors, en una larga entrevista con Dominique Wolton, ante la pregunta de si podía haber una política sin filosofía moral: «La democracia se basa en la virtud. Son palabras que hay que usar sin ambigüedad. La apuesta democrática, mi apuesta, se basa en la esperanza de que el hombre y la mujer se conviertan en ciudadanos que participen consciente y activamente en el bien común».[47]

Hemos dicho antes que inspirada como está la democracia en elevados valores e ideales, sin embargo con frecuencia las prácticas democráticas se alejan de ellos, produciendo así un vacío entre los *ideales* democráticos que se formularon en los contextos que le dieron origen y la democracia *real*.[48] Al mismo tiempo, fenómenos como el multiculturalismo, el ascenso de un fuerte sentido de «pertenencia» a la comunidad muy ligado, en ocasiones, a un sentido poco tolerante de nacionalismo, impone la necesidad de idear nuevos modelos políticos y de educación cívica en contextos como el multiculturalismo y la reflexión sobre lo que se ha dado en llamar la «política del reconocimiento»,[49] un concepto que —bajo la propuesta de Taylor— parecería poder sustituir al más controvertido de tolerancia.

En este contexto, la educación parece tener asignado un papel bastante claro y poco contestable. Se supone —y ésta es una tendencia bastante «naturalizada»— que las demandas y expectativas sociales —en materia de salud, de igualdad de oportunidades, en todos los terrenos, de civismo o moralidad— apenas si necesitan mayores justificaciones «pedagógicas» para formar parte de los intereses e inquietudes de la comunidad de educadores y estudiosos de la pedagogía. Se van así llenando poco a poco espacios antes vacíos de contenidos, susceptibles tanto de ser investigados como transmitidos en las escuelas y las instituciones educativas. Basta con detectar una necesidad social para contar ya con un nuevo contenido educativo o posible objeto de conocimiento pedagógico.

La educación, de este modo, pasa a tener asignada la misión de reproducir un consenso en materia de valores y normas. Se convierte en el proceso esencial que nos permite identificarnos «emocionalmente» con un conjunto de valores, actitudes, patrones de conducta y normas, y a partir del cual accedemos al conocimiento de lo que es «humanamente» valioso y digno.[50] Esta misión educativa vale para casi todos los posibles terrenos, para casi todos los espacios pedagógicos que la imaginación o las demandas sociales puedan habilitar.

Esta forma de pensar en la misión de la educación probablemente tiene mucho de aprovechable, y quizá no se debe desacreditar alegremente. Sin embargo, deja más cosas sin decir que las que enuncia. Y tan sólo por eso merece la pena discutir los fines que tiene asignada la actividad educativa en nuestros días con mayor detenimiento.

Pensemos por ejemplo en las funciones de la educación en materia de formación política de la ciudadanía, esto es, en todo lo que se refiere a la educación de un ciudadano competente y capaz de participar activamente en la construcción de la comunidad política.

De acuerdo con la anterior descripción, la educación sería el proceso encaminado a reproducir en los sujetos un consenso anterior, ya dado, en materia de valores ético-sociales. Cuestiones tales como la formación del pensamiento crítico o autónomo podrían formar también parte de la tarea educativa, pero probablemente sólo en relación con dicho consenso, que se supone define lo que es humanamente valioso y digno. ¿Cabe pensar en otra manera de entender el pensamiento crítico que no sea aquella que está destinada, desde una concepción previa, a asegurar un consenso axiológico anteriormente acordado? Si esta pregunta tiene alguna respuesta, ésta la podremos comenzar a encontrar si reflexionamos más en profundidad sobre la naturaleza de la práctica del pensamiento.

Pero para explorar con mayor profundidad este tipo de cuestiones resulta imprescindible plantearse de nuevo las relaciones entre la filosofía y la política en el marco de una teoría de la educación cívica.[51] Por ejemplo, podemos preguntarnos, como antes avanzaba, si es o no respetable, y hasta qué punto, la separación explícita de la política de creencias y convicciones personales sobre cuestiones de importancia última, es decir, si la construcción de una comunidad política y la educación de una ciudadanía democrática requiere que sigamos planteándonos, como freno frente a la hipotética instauración de una cultura excesivamente individualista y relativista, cuestiones filosóficas de primera importancia. Como veremos, tanto en este capítulo como a lo largo del libro, la respuesta a esta pregunta no es unívoca.

1.3. La hostilidad entre la filosofía y la política

En su polémico ensayo «La prioridad de la democracia sobre la filosofía», Richard Rorty ha resumido las distintas posiciones en relación con la cuestión planteada en tres grupos principales.[52] El primero está constituido por aquellos autores que —como es el caso de Dworkin— parecen «tomarse en serio» los derechos humanos ahistóricos e inalienables. Según tal concepción, todos los hombres comparten, sin necesidad de recurrir a una concepción metafísica de la naturaleza humana, un conjunto de creencias básicas que derivan de la universal facultad humana de la conciencia, cuya posesión constituye, precisamente, la esencia de cada ser humano, y que es la base del reconocimiento de iguales derechos para todos los seres humanos.

El segundo grupo, constituido por autores como Rawls y Dewey, defiende la posibilidad de sacrificar la conciencia individual en aras de la convivencia democrática cuando las creencias personales relevantes para la política pública no son susceptibles de defensa en razón de las creencias comunes de los ciudadanos.

El tercer grupo está constituido por los pensadores «comunitaristas», y rechaza tanto el individualismo racionalista de la Ilustración, como la pretensión de que las instituciones y la cultura liberal puedan sobrevivir a la quiebra de la justificación filosófica que les proporcionó el proyecto ilustrado ya fracasado.

Estos tres grupos dan una respuesta bien diferente a las relaciones entre filosofía y política. De un lado están quienes, como Rorty, en la línea de Rawls y Dewey, defienden una clara prioridad de la democracia sobre la filosofía, es decir, el abandono de la tradición filosófica según la cual o la filosofía se dedica a la elaboración de una teoría general de la mente humana —del conocer, concebido como representación de la realidad— o no hay filosofía en absoluto. Se trata del rechazo de la filosofía como mera *epistemología* y de la recuperación de la reflexión filosófica en términos de *edificación* y comprensión. Por otra parte se encuentran quienes, como Allan Bloom, desean recuperar el ideal de una educación liberal en el que la filosofía —en vez de la historia y la antropología, tal y como son cultivadas hoy por quienes el mismo Bloom califica de «teóricos de la apertura»— prevalezca sobre lo que en tono de cierto desprecio llama «la educación de la personalidad democrática».[53]

Si en la primera posición la primacía de la democracia sobre la filosofía está fundada en el deseo de abandonar la tradicional autoridad conferida a la razón humana, tal y como ésta fue configurándose modernamente desde Kant, la posición de Bloom se basa precisamente en una explícita reivindicación de dicha autoridad, basada en la excelencia del trato con los buenos libros, con los textos autorizados de la tradición: «Una vida basada en el Libro —dice— está más próxima a la verdad, [...] suministra el material preciso para una más profunda investigación en la verdadera naturaleza de las cosas y un acceso a ella».[54]

Entre Rorty y Bloom se sitúa un conjunto amplio de posturas intermedias, como los autores comunitaristas, o muchos de ellos. Hannah Arendt constituye, de alguna forma, una postura alternativa a los tres grupos. Arendt deploraba la hostilidad tradicional entre la filosofía y la política, que apenas si cabe disimular por la existencia de una ciencia de la política.[55] Pero al mismo tiempo no se sentía cómoda dentro del grupo de los así llamados «filósofos profesionales». Su proyecto, a la vez sorprendente, crítico y lleno de perplejidad, buscó un mayor acercamiento entre filosofía y política al margen del establecimiento de un listado de prioridades y prevalencias, y pareció encontrarlo en el ejercicio de la pura comprensión y del juicio.

La importancia que Arendt dio a la facultad humana de juzgar, como seres políticos, en un contexto en el que fenómenos como el totalitarismo habían logrado la terrible «novedad» de destruir nuestras categorías tradicionales de reflexión y juicio moral, nos obliga a pensar que allí donde, como tal vez hoy nos ocurra, del hilo roto de la tradición sólo podemos esperar destilar algo del original espíritu de los conceptos del pasado para orientarnos en el presente,[56] esa facultad de juzgar políticamente requiere formar la habilidad de un pensamiento frágil, de un pensar volcado a la «comprensión», en definitiva, de un aprendizaje en la ganancia en «cómo» pensar sin asideros ni fundamentos claros.

La tesis central que sostendré, a este respecto, es que la configuración de la idea de una educación política, requiere una amplia reflexión teórica sobre los fuertes vínculos existentes, y ya olvidados, entre la educación filosófica y la educación del juicio; en definitiva, entre la filosofía política y una «educación» concebida como un proyecto de formación en la civilidad.

Para desarrollar esta idea, más adelante discutiré las posiciones que defienden autores, hoy tan polémicos, como Rorty y Bloom acerca de la transformación de la filosofía, como forma de pensar crítico, y la naturaleza —y trastornos también— de lo que se ha dado en llamar «educación democrática».

El debate en el que entraremos constituye, de algún modo, un «guiño» al «lado oscuro de la naturaleza humana», o mejor aún, una cierta «invitación» a pensar desde el «claroscuro», tal y como ha propuesto pensar lo humano Mèlich desde la recuperación de lo simbólico, el mito y el ritual.[57] O, como han destacado Horton y Baumeister, una forma de realzar el carácter imaginativo de la reflexión en filosofía política.[58] La educación filosófica que está en la base de un proyecto de educación política sensible a la instauración de una cultura del juicio tiene que ver, por otra parte, con la idea de que, como dice Larrosa, «practicar la filosofía es, simplemente, impulsar una determinada forma de interrogación, hacer que la pregunta por el valor y el sentido se mantenga abierta».[59]

Sheldon Wolin escribió en *Política y perspectiva* que el estudio de los asuntos públicos debe realizarse según los cánones de un tipo público de conocimiento: «Elegir la otra alternativa, vincular el conocimiento público con modos privados de cognición, sería incongruente y estaría condenado al fracaso».[60] Una reflexión sobre la naturaleza de la educación política y la especificidad del compromiso de la civilidad exige también un modo de conocimiento público, una especie de conversación donde la voz propia sea capaz de acoplarse, criticar, cuestionar otras voces. Sólo así una teorización sobre la educación política, como le ocurre a toda teoría política, sería capaz de afanarse en la búsqueda de la comprensión y del *sentido* porque, dicho de nuevo con Wolin, la política es tanto una fuente de conflictos como una forma de actividad que busca resolver conflictos y promover ajustes. Es en esta tensión —entre el orden y el conflicto, entre la paz y la guerra, entre la luz y la sombra— donde la educación política del hombre se transforma en la formación de la capacidad para moverse con cierta soltura en la fragilidad de los «bienes relacionales».[61]

1.4. Razón pública y ciudadanía reflexiva

En las tesis defendidas por Rorty en el ensayo citado acerca de las relaciones entre filosofía y política, este autor discute la afirmación, sostenida por muchos pensadores comunitaristas, según la cual las instituciones políticas «presuponen» una doctrina comprensiva sobre la naturaleza humana que debe evidenciar la índole esencialmente histórica del yo.[62]

De acuerdo con esta tesis comunitarista, según Rorty, es posible plantearse dos cuestiones que merecen respuestas diferenciadas.[63] La primera —a la que Rorty responde negativamente— se refiere a si la democracia liberal necesita algún tipo de justificación filosófica.[64] La segunda cuestión, que se puede formular con independencia de la anterior, se refiere a si una concepción del yo, en la que la comunidad le es constitutiva, se compadece bien con la democracia liberal y su específica cultura, es decir, con aquella que —según señala Taylor— define al yo como «un ideal

53

de compromiso», como «la capacidad de obrar por nuestra cuenta, sin interferencia externa o subordinación a una autoridad exterior».[65]

Para entender bien esta cuestión, dentro del marco de preocupaciones inspiradas en la reflexión educativa, es necesario considerar las implicaciones que la democracia liberal y sus valores y exigencias tiene para la tarea educativa. Éste es el punto que deseo desarrollar ahora, antes de discutir, con un mayor detenimiento, las posiciones defendidas por Rorty y Bloom, según señalé anteriormente.

En efecto, nuestras sociedades democráticas modernas son herederas de la cultura liberal y, en mayor o menor medida, están comprometidas con sus valores fundamentales. Como corriente filosófica y sistema de pensamiento, el liberalismo es una fórmula que compone una tradición que da cobertura a una amplia gama de variantes, las cuales se concretan, a su vez, de distinta manera según los contextos geográficos y culturales.

A pesar de esta variedad de liberalismos —el liberalismo en la pluralidad de sus voces, que decía Habermas—, la tradición liberal está asentada en un núcleo doctrinal que sirve de marco de referencia conceptual a sus diferentes variedades. Uno de los elementos de ese núcleo doctrinal se expresa en la idea de *neutralidad*.[66]

La idea o principio de neutralidad es el resultado del progresivo reconocimiento de que las sociedades modernas están compuestas por individuos que definen de maneras muy distintas, y aun contrapuestas y rivales entre sí, sus ideales de virtud, de excelencia y de moralidad. Existe una variedad de formas de indicar lo que da valor a una forma de vida, y al hacerse cargo el liberalismo de esta circunstancia dicta la necesidad de no imponer al conjunto de la sociedad una concepción unitaria de la vida buena. La existencia de esta diversidad de doctrinas religiosas, filosóficas y morales razonables en la sociedad democrática constituye un rasgo permanente de la *cultura pública*, y no una mera condición histórica pasajera o accidental. Sin embargo, a la hora de formular la sociedad política —y los ciudadanos en tanto que miembros de una ciudadanía democrática— sus planes y de fijar sus fines dentro de un orden de prioridades, el marco de referencia al que debe atenderse, según la tradición liberal, no es una razón privada, social o doméstica, sino, como ha señalado Rawls, una *razón pública*.

De acuerdo con los dictados de esta razón pública — que regula las discusiones de las cuestiones políticas y de las cuestiones esenciales del ordenamiento constitucional— ninguna de las posibles doctrinas generales (religiosas, filosóficas o morales) que pueden sostener los individuos o las asociaciones de una sociedad democrática puede servir de fundamento en la discusión pública de tales asuntos. De algún modo, según señalan teóricos del liberalismo como Rawls, no hay ninguna razón por la que el ciudadano pueda servirse del estado para decidir cuestiones constitucionales esenciales según las directrices de la doctrina comprehensiva que abrace.

Así, frente a cuestiones políticas esenciales, lo mismo que frente a cuestiones socialmente controvertidas, ante las cuales no es posible aducir argumentos derivados de una doctrina comprehensiva particular y sus respectivos valores, que en parte pueden ser contradictorios con los valores generalmente compartidos por todos —sin por ello verse afectados sus compromisos religiosos, filosóficos o morales respectivos—, de acuerdo con la concepción liberal el marco de referencia debe ser el uso de una razón pública basada en la prioridad de las cuestiones referidas a la *justicia* sobre las cuestiones relativas al *bien* general.[67]

Dentro de este contexto general, lo que parece dar sentido a cualquier discusión sobre la neutralidad es precisamente el marco que ofrece el pluralismo y la existencia de cierta diversidad de concepciones relacionadas con lo que da valor a una forma de vida humana. El pluralismo, sin embargo, concebido como valor social, constituye una idea muy arraigada y, por así decir, tan institucionalizada en nuestros modos y conductas —al menos a nivel oficial— que muchas veces nos parece algo incuestionable y poco controvertido o discutible.[68]

En educación, las discusiones acerca de la neutralidad, teniendo como referencia situaciones de pluralidad y diversidad, han sido siempre muy intensas y polémicas.[69]

55

Las posturas están muy consolidadas. Tiene bastante sentido, dentro de la actividad educativa, que haya momentos en los que podamos remitirnos a la condición de autoridad o de experto del educador para decidir y juzgar sobre asuntos tales como los relativos a la enseñanza de los distintos conocimientos, y otros en los que la apelación a esta condición de experto sea ilegítima o inadecuada. Sin embargo, en este punto, las posturas están enfrentadas.

Para un grupo bastante amplio de autores la neutralidad es imposible e indeseable en educación, porque la definición de lo que sea en última instancia un proceso educativo es, precisamente, la idea de que promueve un cambio de estado en la persona, cambio en el que la idea del valor juega un papel crucial.[70] Su argumento es que los valores y su defensa constituyen lo más sustancial de la educación, aquello que hace que un proceso *educativo* lo sea. La presencia de los valores en la educación se da en dos ámbitos, transformando la práctica educativa en una genuina actividad moral. En primer lugar en el marco de la relación educativa, y en segundo término, en el proceso de definición y diseño del contenido de la educación. Otro grupo de autores considera que la neutralidad puede defenderse como un principio de procedimiento en la enseñanza de valores humanos controvertidos sin implicar compromiso explícito alguno en contra de los valores.[71] Cuando se defiende la neutralidad como principio, lo que se busca no es tanto eliminar los valores de la educación como la necesidad de no *imponerlos*.

Ahora bien, sea que defendamos la neutralidad como actitud ante los valores o como procedimiento en su enseñanza, lo cierto es que la neutralidad es, en sí misma, un principio comprometido con una tradición de pensamiento moral: el liberalismo. Por eso, la discusión acerca de la defensa de la neutralidad en educación nos plantea el problema de que su presencia en la educación en cualquier caso tiene efectos que no son neutrales, al ser la expresión de un compromiso previo, aunque sea tácito y no cuestionado personalmente, con una tradición intelectual o moral como es la tradición liberal. Basar la enseñanza en la neutralidad es optar claramente por fundar la práctica educativa en un principio de valor, que ya no expresa neutralidad.

Pero este tipo de argumentaciones no nos conduce a ninguna parte. Una forma distinta de presentar el asunto es pensar que conceptos tales como el de educación o el de ciudadanía son términos esencialmente contestables que pertenecen a un discurso moral.[72] Esta característica de los términos que pertenecen al discurso moral presenta una gama bastante amplia de consecuencias prácticas. Una de ellas se refiere al proceso de obtención de significado y sentido de tales términos. En concreto, que la educación sea un término contestable significa que no podemos pensar la educación al margen de una tradición de pensamiento y de los vínculos, de todo tipo, que establecemos con dicha tradición. Lo mismo le pasa al concepto de ciudadanía. No son términos que podamos definir en abstracto. Las tradiciones a las que nos adscribimos cuando definimos nuestros compromisos con la educación o con la ciudadanía toman la forma de orientaciones de valor que nos orientan.

Pues bien, si mi argumentación es correcta, la defensa de la neutralidad en educación es, simultáneamente, algo justificado e injustificable. Lo primero, en la medida que expresa el resultado de una adscripción anterior con una tradición u orientación de valor, y lo segundo en la medida que exprese el deseo de no adscribirse a guía de valor alguna.

Pero esta argumentación funciona como una caja china que contiene otras cajas. Defender la necesidad de pensar estos conceptos desde el contraste crítico entre tradiciones rivales de pensamiento muestra a su vez que la práctica educativa es una genuina actividad reflexiva en la que la promoción de los procesos de deliberación educativa sólo puede hacerse desde determinados vínculos que establecemos con determinadas comunidades y tradiciones morales, las cuales nos proporcionan una forma de autopercepción y de percepción del mundo y de la práctica en la que participamos.

Es en este punto donde tiene sentido plantearse la idea de que la educación de la ciudadanía es una práctica esencialmente reflexiva en la que es posible y deseable promover la deliberación educativa tanto cuando enseñamos como cuando discutimos acerca de valores cívicos controvertidos. Así, pensar la práctica de la educación cívica como actividad genuinamente reflexiva nos lleva de inmediato a formular preguntas importantes, como por ejemplo: ¿cómo debemos valorar la naturaleza de la responsabilidad ética y de los compromisos cívicos del educador ante las leyes y el derecho en el marco de una sociedad pluralista?; o bien, ¿cómo hay que proceder argumentalmente en el proceso de deliberación educativa cuando enseñamos y discutimos acerca de valores cívicos controvertidos en el seno de una democracia liberal que apuesta por el principio de neutralidad de procedimiento?

1.5. Rorty, Bloom y la educación democrática: el valor de una educación filosófica

Puede resultar extraño establecer un vínculo entre filosofía política y educación cívica. Pero la verdad es que el nexo entre ambas es mucho más fuerte de lo que usualmente admitimos.

La filosofía política es impensable, literalmente inabordable, al margen de una perspectiva histórica y sin un claro respeto crítico de su larga tradición intelectual. Como ocurre con todo acto de pensamiento, en el acto de filosofar lo que hacemos es intervenir en un debate, en una conversación intemporal, cuyos términos ya han sido establecidos.[73] No es raro, por tanto, que en ese debate a menudo nuestro lenguaje pronuncie palabras que ya fueron dichas, o que pensemos conceptos que ya fueron pensados y articulados. Porque no hay actividad pensante que no guarde, como garantía, un tesoro de recuerdo en su memoria histórica. Como decía Epicuro: «En la tempestad del tiempo, existe el puerto seguro de la memoria». Sheldon S. Wolin lo ha dicho admirablemente: «La tradición del pensamiento político no es tanto una tradición de descubrimientos como de significados extendidos a lo largo del tiempo».[74]

Pero en estas ideas y conceptos elaborados durante siglos, como dice Wolin, no hay que ver solamente una especie de reserva de sabiduría política absoluta, una forma de conocimiento inerme y canónico, pero sin vida ni actualidad. Más bien constituye una gramática y un vocabulario en evolución continua, un lenguaje que facilita la comunicación y orienta, con sus admoniciones, nuestra comprensión. Investigar y explorar la evolución y la historia de la filosofía política no es, así, el lujo ocioso de una búsqueda de antigüedades, «sino una forma de educación política».[75]

La filosofía política es, de esta suerte y desde esta óptica, el resultado de un filosofar formativo. No aspira tanto a elaborar una teoría general del pensamiento político, como a educar la razón práctica y promover la capacidad de juicio político y la virtud cívica. La filosofía política, vista así, adoptaría quizá una dimensión formativa o, como ha propuesto Richard Rorty, denominar a la filosofía, simplemente «edificante».

En efecto, según ha expuesto Rorty en *La filosofía y el espejo de la naturaleza*, las ideas actuales de lo que significa ser un filósofo y sobre la naturaleza de la actividad filosófica están vinculadas a la pretensión de elaborar una teoría general del conocimiento. En su libro, Rorty intenta acabar con la confianza que podamos tener acerca de que la «mente» humana sea algo acerca de la cual se deba tener una visión filosófica; esto es, con la idea de que se puede construir una «teoría del conocimiento» y con la idea de la filosofía tal y como se la viene pensando desde Kant.

La filosofía que proviene de Kant es una filosofía de carácter *sistemático* o constructivo, dice Rorty. Según esta tradición de la filosofía, la actividad humana (y la búsqueda del conocimiento, en especial) se puede producir dentro de un marco (un conjunto de presuposiciones que se pueden descubrir *a priori*) que es posible aislar antes de la conclusión de la investigación.[76] Esta afirmación está basada en una idea central: la filosofía tiene como propósito fundamental poder juzgar las pretensiones de conocimiento del resto de la cultura y de las disciplinas que la conforman. Es el tribunal supremo de la razón pura.

Cuando se afirma esto, se dice que la filosofía es así porque el conocimiento tiene sus fundamentos y que la filosofía puede conocerlos al estudiar al hombre en cuanto ser que conoce, al estudiar la naturaleza de los procesos mentales y la actividad de la *representación*. Según esta visión dominante, saber es «representar la realidad» con exactitud, objetividad y precisión. Los humanos, se dice, podemos representarnos la realidad porque existe un mundo *pre-dado* cuyos rasgos se pueden describir nítidamente antes de toda actividad mental. Así pues, al mantener que saber es «representar con precisión todo lo que hay fuera de la mente» se mantiene al mismo tiempo que la filosofía, como disciplina, es básicamente *epistemología* o teoría general del conocimiento (y de la representación mental).

Sin embargo, a partir de siglo XIX, los filósofos y científicos se fueron alejando cada vez más del resto de escritores, novelistas y poetas. Cuanto más científica querían volver la filosofía, más y más se alejaban del resto de la cultura. Quienes deseaban encontrar una ideología o una autoimagen, dejaban de lado la filosofía general. Esto es muy importante para la construcción de una filosofía *política* de la educación como disciplina, porque si pretendemos hacer o construir una disciplina como ésta, muy vinculada al concepto de filosofía y de saber que nos presenta Rorty, corremos el riesgo de que los educadores tampoco nos hagan ningún caso.

Para Rorty, hay que abandonar esta imagen de la filosofía y de la experiencia de la reflexión filosófica como la única viable. Propone en su lugar una idea de la *filosofía como edificación*. La palabra «edificación» es aquí sinónima de «educación» o de «formación» (*Bildung*). Según Rorty, el intento de edificar (a nosotros mismos y a los demás) consiste en la actividad de establecer vínculos o conexiones entre nuestra propia cultura y otras culturas, entre nuestra disciplina y otras disciplinas. Consiste también en la actividad poética, dice, de elaborar nuevos lenguajes, nuevas metas, nuevas disciplinas.[77]

Para perseguir esta segunda alternativa, necesitamos movilizarnos en dos sentidos. En primer lugar, hay que abandonar la idea de la filosofía como búsqueda de la verdad tal y como ésta ha sido concebida desde Kant. La «búsqueda de la verdad» es tan sólo una forma, entre otras, de ser edificados, pero no la única. Asimismo, la reflexión de la investigación que pretende ser objetiva proporciona tan sólo algunas de las formas que existen de descubrirnos a nosotros mismos. Y, en segundo término, hay que abandonar la idea —o al menos cuestionarla seriamente— de que el ser humano tiene como esencia la capacidad para descubrir esencias y conocer con exactitud, precisión y objetividad la realidad, todo lo que hay fuera de la mente humana. Si aceptamos este reto, entonces, dice Rorty, estaremos en disposición de aceptar también que los argumentos y las descripciones que elaboran los novelistas, los poetas, los místicos, los antropólogos, etc., están en pie de igualdad con las que elaboran los filósofos sistemáticos.

El planteamiento de Rorty está apoyado en la idea básica de que no es posible establecer ningún punto de vista objetivo absoluto a partir del cual juzgar los esquemas conceptuales de que nos servimos para representarnos la realidad en que vivimos. Esta tesis significa que nuestro conocimiento está ligado a la contingencia, a distintos juegos de lenguaje o vocabularios humanos. Cada uno de ellos tiene idéntico derecho, según Rorty, a reivindicar un estatus de ciudadanía dentro del discurso filosófico. Ante esta situación, sólo hay una alternativa: la *ironía* como actitud dubitativa en ausencia de un fundamento absoluto para garantizar la verdad del pensamiento, es decir, para garantizar la verdad del vocabulario decisivo. Educar «filosóficamente» es hacerlo a través del lenguaje que proporcionan diversas metáforas, es acercar la filosofía al relato, es educar un *pensamiento irónico*, en cuyos términos una hipotética acusación de relativismo ya no tiene sentido. Rorty, por tanto, no cree ya en que la verdad, o su descubrimiento, sea una referencia básica para el pensamiento filosófico. Ahora bien, como ha mostrado Crespi en el texto citado, Rorty en realidad confunde la verdad como *posesión* —que busca imponerse— y la verdad como *búsqueda de sentido o significado*. Es posible que no podamos aspirar a *poseer* la verdad, pero ni siquiera un pensamiento ironista nos libera de la necesidad de tener que buscarla, como ampliación de la comprensión de sentido. De hecho, la afirmación rortiana del relativismo contrasta con la defensa de la misma tesis.

En todo caso, hay aspectos del planteamiento de este autor que, al menos, merecen alguna atención. Por ejemplo, quienes mantienen la visión dominante de la filosofía como sistema —en el sentido denunciado por Rorty— a menudo están movidos por el deseo de volver más riguroso o científica la actividad filosófica. No es extraño que, globalmente, en el ámbito de la filosofía política de la educación, quienes aducen los mismos motivos, hayan asumido sin excesiva crítica este mismo planteamiento acerca de la naturaleza de la filosofía general, porque la filosofía de la educación, como forma de conocimiento educativo, es una disciplina unida a la filosofía tanto por sus métodos como, también, en parte, por sus propósitos.

Frente a la idea de la filosofía como sistema, se puede, por tanto, colocar la idea de la filosofía como una experiencia de reflexión que nos ilustra en el arte de participar en una conversación humana en la que existen distintos lenguajes. La idea es válida como metáfora, probablemente, en la medida que realza la relación entre conocimiento y lenguaje público. Rorty expresa esta idea con estos términos: «El ver a los filósofos edificantes como interlocutores en una conversación es una alternativa a verlos como si tuvieran opiniones sobre temas de interés común. Una forma de concebir la sabiduría como algo que no se ama igual que se ama un argumento, y cuya consecución no consiste en encontrar el vocabulario correcto para representar la esencia, es pensar en ella como una sabiduría práctica necesaria para participar en una conversación. Una forma de ver la filosofía como amor a la sabiduría es verla como el intento de impedir que la conversación degenere en investigación, en un intercambio de opiniones. Los filósofos edificantes no pueden terminar la filosofía, pero pueden ayudar a impedir que llegue al sendero seguro de la ciencia».[78]

John Dewey es uno de los filósofos de la educación citados por Rorty en su libro y cuyas ideas sobre la educación, y especialmente sobre la naturaleza de la filosofía y sobre la filosofía de la educación, más se adecuan al proyecto de Rorty de la filosofía como edificación.

Prácticamente toda la obra de Dewey[79] está orientada en una misma dirección: cómo debemos deliberar como agentes y sujetos activos en la vida práctica. En su opinión, casi todos los males de nuestro tiempo, en las sociedades democráticas occidentales, provienen del divorcio entre la teoría y la práctica, entre la ciencia y la vida práctica.

Su idea del hombre no es la de un conocedor de las esencias de las cosas —aunque no renuncia a la idea que el hombre busca el conocimiento de la realidad para saber cómo orientarse en el mundo—, sino la del hombre como artesano.

Para Dewey, el modelo que explica la naturaleza del hombre, como ser activo, casi como un artista, es el mismo que explica la naturaleza de las situaciones prácticas en las que desarrolla su vida. En su opinión, las situaciones humanas son parecidas a las situaciones morales en las que existen conflictos y nuestra tarea consiste básicamente en decidir lo que hay que hacer en contextos de incertidumbre y formarnos un juicio en la acción. En estas situaciones debemos deliberar, elaborar juicios y tomar decisiones prácticas.

De acuerdo con esto, la filosofía debe abandonar sus viejas pretensiones de tratar con problemas desligados de la vida práctica. Debe «reconstruirse» como una actividad eminentemente crítica, como una disciplina edificante, en suma, educativa: «La filosofía se recupera a sí misma cuando deja de ser un artificio para perder el tiempo con problemas de filósofos y se convierte en un método, cultivado por los filósofos, para encararse con los problemas de los hombres».[80]

La filosofía debe, por tanto, adoptar una actitud más práctica, no meramente utilitarista, si quiere de verdad fomentar una sociedad más libre y más humana, más grata y más inteligente. Dewey no comparte la idea de que la filosofía de la educación sea un subproducto de la filosofía general. Más bien es la fase más significativa de la filosofía: es la teoría general de la educación. Si el objetivo de la educación es el desarrollo de la inteligencia crítica y creativa del hombre, y su formación como un agente moral, la filosofía de la educación debe concebirse como una disciplina práctica capaz de configurar el pensamiento y de ofrecer amplios marcos para orientar la acción en los procesos educativos.[81]

Por tanto, la filosofía, en general, y la filosofía de la educación, en particular, tiene según este autor dos rasgos especiales: a) tiene un *aspecto artístico*: el filósofo es como el artista que reconstruye el material que recibe creando algo con orden y estéticamente significativo; b) tiene un *aspecto crítico*: una forma de entender, evaluar y reconstruir los conflictos específicos. Hacer de la crítica inteligente una forma de vida con el objetivo de asegurar valores razonables.

Para Dewey, por tanto, la filosofía tiene más que ver con la imaginación, la visión y el significado que con lo que tradicionalmente llamamos «la verdad». La tarea de la filosofía es especialmente útil en el contexto de las tareas a las que la democracia nos reta. Pues, como nos recuerda Bernstein en su comentario del pensamiento político de este autor: «La democracia es una fe reflexiva en la capacidad de juicio inteligente, de deliberación y de acción de todos los seres humanos, cuando se les proporcionan las condiciones adecuadas».[82]

Si la filosofía de la educación es una parte de la filosofía, su propósito fundamental, entonces, no será otro que interesarse por la formación de nuestro pensamiento acerca de la educación. Ésta es la idea que defiende el filósofo de la educación Glenn Langford.[83]

Para este autor, sólo llegaremos a entender lo que es la filosofía de la educación si nos damos cuenta que la educación, como la actividad del arte —por ejemplo, la pintura—, es una práctica social arraigada en una tradición social. Al igual que el pintor o el artista, el educador realiza una actividad que debe mucho a una comunidad, a una tradición dentro de la cual quienes nos precedieron tienen mucho que enseñarnos sobre la forma en que debemos realizar nuestra práctica actual. La filosofía de la educación, en este sentido, nos enseña, como educadores, a prestar atención reflexiva a la comunidad de educadores, de investigadores y de estudiosos que, en el presente y en el pasado, realizaron o pensaron sobre la práctica educativa haciendo contribuciones significativas.[84]

Para ello, Langford propone cambiar el modelo dominante de la práctica educativa y de la enseñanza. Frente al modelo educador-educando o *modelo vertical* propone el modelo educador-educador, o *modelo horizontal*. Según este modelo, la educación es una práctica social que se desarrolla de acuerdo con una tradición social que determina la forma en que los educadores se ven a sí mismos y el rol que desempeñan en su actividad. Este modelo, que está inspirado en determinadas conclusiones de la teoría del arte de E. Gombrich,[85] se opone al modelo más individualista de Locke, para quien el ser humano es una *tabula rasa*.

Esta percepción, esta autoimagen, depende de lo que hemos aprendido de los demás, de la tradición social a la que pertenecemos. La filosofía de la educación lo que pretende es, en definitiva, ayudarnos a configurar nuestros modos de pensamiento y de acción; las formas actuales en que nos pensamos y nos vemos como educadores y nuestra concepción de la práctica educativa.

En su ensayo «¿Solidaridad u objetividad?», Rorty escribe algo que, desde su propia forma de pensar, muy bien podría aplicarse, en la segunda de sus dimensiones, a la obra de Allan Bloom, *El cierre de la mente moderna*.

Dice Rorty: «Los seres humanos reflexivos intentan dar un sentido a su vida, situando ésta en un contexto más amplio, de dos maneras principales. La primera es narrando el relato de su aportación a una comunidad. Esta comunidad puede ser la histórica y real en que viven, u otra real, alejada del tiempo o el espacio, o bien una imaginaria [...]. La segunda manera es describirse a sí mismos como seres que están en relación inmediata con una realidad no humana».[86] El primer tipo de relatos, según Rorty, expresan el deseo de *solidaridad*, y los del segundo tipo el deseo de *objetividad*. El hilo de la argumentación de Rorty le conduce a afirmar con seguridad: «La tradición de la cultura occidental centrada en torno a la noción de búsqueda de la verdad, una tradición que va desde los filósofos griegos a la Ilustración, es el más claro ejemplo del intento de encontrar un sentido a la propia existencia abandonando la comunidad en pos de la objetividad».[87]

Bloom no es un objetivista, y su libro no se puede leer desde esta perspectiva. Pero la obra de Bloom *sí* puede interpretarse bajo la luz de esa tradición de la cultura occidental de la que Rorty habla —una tradición, por cierto, a la que el propio Rorty pertenece— y bajo la guía de que la *educación liberal* sólo podrá ser bien recibida por esos pocos privilegiados que «se pasarán la vida en un constante esfuerzo por ser autónomos».[88]

El objetivo fundamental de la educación liberal, según Bloom, es la atención permanente a la plenitud humana y la consideración de la naturaleza de los educandos. El proceso educativo no es, de este modo, un proceder arbitrario o azaroso. El punto de vista del educador, declara Bloom, «se halla guiado por el conocimiento, o la adivinación, de que hay una naturaleza humana y de que su tarea consiste en ayudar a su realización [...] El vocablo "partería", o actividad de la comadrona — es decir, el alumbramiento de niños reales cuya causa no es la comadrona, sino la Naturaleza—, describe la enseñanza más adecuadamente que la palabra socialización».[89] De acuerdo con este planteamiento, existe una diferencia notoria entre «el prometedor *podría ser*» y «el defectivo *es*».[90]

Este llegar a ser otro distinto del que se es, pero no extraño a las posibilidades intrínsecas de nuestra naturaleza, es la guía de la educación liberal. La experiencia del educar, así, es la que hace posible plantearse, una y otra vez, la pregunta ¿qué es el hombre?: «Una educación liberal significa precisamente ayudar a los alumnos a formularse a sí mismos esta pregunta, a adquirir conciencia de que la respuesta no es ni evidente ni sencillamente inalcanzable, y de que no hay ninguna vida encarada seriamente en la que esta pregunta no constituya una continua preocupación».[91] Preguntarse por el hombre es una pregunta genérica, no obstante. Su concreción —expuesta en el mandato délfico «conócete a ti mismo»— significa para cada uno: «¿Quién soy yo?». La educación que Bloom propone da respuesta a esta pregunta, a través de la mostración de las distintas alternativas posibles. Ahora bien, «la persona educada liberalmente es la que puede rechazar las respuestas fáciles y preferidas»,[92] puntualiza.

Estas respuestas «fáciles y preferidas» pueden provenir de distintas fuentes. Una de ellas —la verdadera inquietud de Bloom— se resume en la gran «virtud» de la nueva era democrática: «La verdad es relativa». El relativismo y la fidelidad casi religiosa a la idea de igualdad, a cuya adhesión nuestros universitarios (Bloom habla de los universitarios norteamericanos, pero la referencia puede acomodarse perfectamente a nuestro contexto, salvando las distancias) les mueve no tanto una referencia teórica —ni siquiera, por supuesto, *razonadamente* fundada— como un auténtico *postulado moral*: la condición de posibilidad de una sociedad auténticamente libre.

Practicar este relativismo es, pues, «nuestra virtud democrática», el rechazo de la afirmación de cualquier absoluto, porque sólo mediante él, dice Bloom, podremos practicar la «apertura». Bloom es categórico aquí en su juicio: «La apertura —y el relativismo que hace de ella la única postura creíble ante las diversas pretensiones de verdad y las diversas formas de vida y clases de seres humanos— es la gran perfección de nuestro tiempo. El verdadero creyente es el verdadero peligro».[93]

Bloom se siente desolado ante la transformación radical que ha sufrido la idea de la educación del hombre democrático. La nueva concepción —bajo el lema de la apertura y del relativismo— hace que la figura típica de la democracia sea la formación de la «personalidad democrática». Se trata de una educación que ha roto con la posibilidad de alcanzar objetivos compartidos o de fundar esfuerzos en una visión común del bien público. Bloom se pregunta: ¿sigue siendo posible el contrato social bajo esas condiciones? La interpretación de Bloom es clara. La vieja concepción —vinculada al nacimiento de la democracia americana— se fundaba en el reconocimiento de unos derechos naturales en el hombre que configuraba el sustrato y la base fundamental de la unidad y la igualdad entre los hombres. El resto de las diferencias —de raza, de religión, y otras— quedan diluidas ante tal imagen.

Lo que Bloom añora es, por decirlo con Víctor Pérez Díaz, el ideal normativo de la universidad liberal, un ideal que se concreta en dos dimensiones esenciales. En primer lugar, la formación del estudiante mediante el trato con sus profesores, con las clases y, sobre todo, con los *libros*, la formación mediante la participación en los debates, las discusiones y el tipo de conversaciones que constituyen la estructura básica de una comunidad académica, intelectual y moral. Bloom señala al respecto de forma clara que «la única solución seria al problema es una que resulta casi universalmente rechazada: la basada en los viejos grandes libros. Porque una educación liberal significa leer ciertos textos clásicos, sólo leerlos, dejando que ellos establezcan cuáles son las cuestiones y el método para abordarlas..., no forzándolos a encajar en categorías creadas por nosotros, no tratándolos como productos históricos, sino procurando leerlos como sus autores quisieron que fuesen leídos».[94]

En segundo término, la formación del carácter mediante la adquisición de hábitos y determinadas *virtudes*, el cultivo de una forma de educación moral dirigida a la búsqueda del mejor autoconocimiento, la conquista de una sabiduría práctica que William Cory, un *master* de Eton, describía a sus estudiantes hace más de ciento treinta años en estos términos: «Al venir a esta escuela os comprometéis a una tarea no tanto de adquisición de conocimientos cuanto de realización de esfuerzos intelectuales mientras os sometéis a la crítica [...]. Pero venís a una gran escuela, no para adquirir conocimiento, sino para adquirir artes y hábitos: el hábito de la atención, el arte de la expresión, el arte de daros cuenta en un simple momento de una nueva idea, el hábito de someteros a censura y a refutación, el arte de indicar asentimiento y desacuerdo de una manera graduada y medida, el hábito de fijaros en los detalles con exactitud, el hábito de saber hacer las cosas a su tiempo, el gusto y la discriminación, el valor mental y la sobriedad mental. Sobre todo, venís a una gran escuela para conseguir el conocimiento de vosotros mismos».[95]

El proyecto educativo de Bloom representa el intento de transformar la educación en una conversación entre grandes mentes con el objetivo primordial de alentar al estudiante con talento a que participe activamente en ella, presidido por el principio de la autoridad de la razón y a la luz del imperio de una «apertura» muy distinta de la que Bloom critica. Porque, según él, existen claramente dos tipos de apertura mental, o mejor dicho, dos modalidades de cultura de la apertura. La primera es la apertura de la indiferencia, que se promueve con el propósito de humillar nuestro orgullo intelectual y dejarnos ser lo que queramos a condición de que no deseemos ser sabios, y otra «la apertura que nos invita a la búsqueda de conocimiento y de certeza, para lo cual la Historia y las diversas culturas suministran un brillante despliegue de ejemplos a examinar. Esta segunda clase de apertura estimula el deseo que anima y hace interesante a todo estudiante serio —"quiero conocer lo que es bueno para mí, lo que me hará feliz"—, mientras que la primera sofoca ese deseo».[96]

El planteamiento de Bloom ha suscitado todo tipo de reacciones. Howard Gardner señala, por ejemplo, que «el enfoque de Bloom me resulta repulsivo en sus aspiraciones tanto políticas como sociológicas», aunque aclara: «Sin embargo, como mínimo un aspecto de la utopía educativa de Bloom merece señalarse [...]. Convenientemente ensanchada y despojada de sus dudodos valores étnicos, la versión que Bloom da de una persona culta tiene su atractivo».[97]

Una buena parte de sus críticos señalan que Bloom sitúa la raíz del estado actual de la educación superior norteamericana —aunque el ácido diagnóstico que hace de la situación es fácilmente extrapolable a Europa— en un sitio que no le corresponde, a saber: en la penosa influencia del pragmatismo filosófico, uno de cuyos más afamados filósofos fue John Dewey. Pero el núcleo gordiano de la cuestión va sin duda más allá del propio Dewey.

La cuestión central es si Bloom tiene razón al afirmar que una educación de calidad no se compadece bien con la idea —defendida en cambio por Rorty— de que no existe algo así como *una naturaleza humana*: «No existe —dice Rorty— la *naturaleza humana*, en el sentido profundo en que Platón y Strauss utilizan este término. Tampoco existe la alienación de la humanidad esencial de un individuo debido a la represión social, en el sentido profundo que popularizaron Rousseau y los marxistas. Sólo existe la transformación de un animal en un ser humano a través de un proceso de socialización, seguido (con suerte) por la autoindividualización y la autocreación de ese ser humano mediante su rebelión posterior contra ese mismo proceso».[98]

La esencia de la educación —en la versión progresista que defiende Rorty— consiste en renunciar a la búsqueda de algo así como «la verdad», al modo de una tensión esencial e intrínseca a nuestra propia naturaleza, en favor de una meta bastante más moderada: «Se trata, por el contrario, de incitar la duda y estimular la imaginación, desafiando por esta vía el consenso predominante».[99] En su opinión, fue Dewey quien de forma más clara reflejó la idea de que si uno se ocupa de la libertad, entonces la verdad se ocupará de sí misma, es decir, quien enseñó, en la versión de Rorty, a llamar verdadera a todo tipo de creencia que es producto de un encuentro de opiniones libre y abierto. Lo que, en definitiva, Rorty rechaza, es la tenebrosa posibilidad de que más allá de ese encuentro libre de opiniones pueda existir algo más claro y objetivo por referencia al cual nuestras creencias, nuestras ideas, nuestras opiniones puedan acabar siendo calificadas como «verdaderas» o «falsas». Rorty es, sin duda, en este punto, justo la figura típica que Bloom más desprecia, por lo que representa desde el punto de vista de una teoría de la educación. Es un «relativista», dirá, aunque probablemente Rorty se defienda diciendo que es precisamente la posibilidad de usar un lenguaje en el que el contraste entre objetivismo-relativismo, relativismo-antirrelativismo siga aún perdurando con lo que la filosofía, en general, y la educación, más particularmente, tiene que acabar de alguna manera.

La polémica suscitada por Bloom y Rorty tiene la ventaja de presentarnos figuras que, como mínimo, no ocultan sus cartas. Los dos parecen, o al menos así lo pretenden, llamar a las cosas por su nombre, aunque se mueven en universos de discurso moral radicalmente diferentes. Bloom parece estar hablándonos de una educación en la que el trato con los grandes libros de la tradición occidental da paso a una conversación a la que, sin embargo, unos pocos privilegiados tienen acceso. Y Rorty parece dar por sentado que —a pesar de que no existe algo así como una naturaleza humana o esencia fija— los humanos compartimos la capacidad para cuestionar los consensos dominantes que nos han sido inculcados desde un proceso de socialización cuya misión esencial es, dicho en sus propios términos, transformarnos de animales en seres humanos civilizados.

Sin embargo, hasta cierto punto, ninguno de los dos subraya con suficiente énfasis la idea de que la educación, y especialmente la educación universitaria, puede hacer una especial contribución a la formación de la *esfera pública*, es decir, ese «espacio donde las asociaciones y los individuos que forman el tejido social actúan en su capacidad de ciudadanos y, como tales, de partícipes en una conversación cívica referida a qué sea el bien común (primordial aunque no exclusivamente: cuáles sean las reglas de convivencia entre individuos libres) y cuáles sean los medios para alcanzarlo».[100]

Porque no basta con la posibilidad de que una educación democrática nos enseñe a afirmar la libertad, además es necesario aprender a reafirmarla en público pues, como acostumbraba a decir Hannah Arendt, la libertad «es de hecho la única razón de que los hombres vivan juntos en una organización política».[101] Una forma de lograrlo es hacer prevalecer en nuestras prácticas educativas, especialmente en la universidad, el universalismo sobre el particularismo, en aprender a «domesticar y civilizar las emociones localistas y nacionalistas, y ponerlas en su sitio, estimable, pero subordinado al fin superior de la creación de una sociedad de ciudadanos razonables, capaces de enfrentarse a sus demagogos locales y capaces de contribuir a la creación de grandes conjuntos civilizados y, en último término, de una sociedad civil universal».[102]

«Lo por no es mentir —escribe Alejandro Llano—. Lo peor es *vivir en la mentira*: respirarla, alimentarse de ella, dejarse por ella confundir hasta el punto de no admitir la distinción entre la verdad y el error».[103]

71

Una porción bastante importante de la discusión que he ofrecido en las páginas anteriores entre Bloom, Rorty y algunos pensadores comunitaristas y liberales no es indiferente, sino que por el contrario le interesa vivamente, al problema de la verdad y su instalación en el ámbito de la educación humana. Si Bloom achaca parte de los males de la educación norteamericana a la tendencia democrática a rechazar la idea de lo absoluto, Rorty considera, como hemos visto, que es hora de abandonar un discurso en el que siga vigente el contraste entre absolutismo y relativismo, lo mismo que entre verdad y error. La verdad no es más que el acto de confrontar libremente las distintas opiniones; es el acto de un libre encuentro, no la coincidencia con algo situado más allá de él. Se trata, por tanto, según el planteamiento de Rorty, de evitar la referencia a la existencia de algo *pre-dado*: un mundo real, una verdad, algo con lo que coincidir o que representar.

Rorty y Bloom están situados en puntos tan dispares como la noche y el día. Pero, por lo mismo, ambos representan dos aspectos, aunque contradictorios entre sí, de un mismo discurso: para los dos la referencia a la «verdad» —el uno para afirmarla, el otro para negarla— resulta imprescindible. Rorty se queja de un exceso de esencialismo y de pretensión fundamentalista en filosofía y en política —y es de creer que también lo haría por referencia a la «esencia» de la educación— pero sus obras constituyen un extenso, y a veces muy denso, relato repleto de justificaciones, argumentos y contraargumentos encaminados, sin duda, a mostrar la «veracidad» de su posición. Y en ambos también juega un papel central la referencia a una naturaleza humana ahistórica.

Personalmente, no comparto muchas de las afirmaciones de Bloom, como tampoco la agresiva tendencia —en ocasiones medio insultante— de Rorty a negar una idea regulativa de verdad o de naturaleza humana. Creo que Bloom es un elitista. Parece sinceramente convencido de un determinismo social a partir del cual no hay más remedio que admitir que es más dura e importante la educación de quienes, se quiera o no, más influjo moral van a ejercer en el destino de la sociedad. Sin embargo, aunque el debate entre Rorty y Bloom es una polémica muy «americana», es decir, una discusión muy contextualizada, creo que desde el punto de vista de la reflexión educativa una parte del discurso de Bloom es más creíble que las consecuencias en ese ámbito de la postura filosófica de Rorty. Porque la diferencia entre uno y otro se encuentra, no tanto en el plano de las ideas y de las construcciones conceptuales, sino en esas otras tierras más bajas que constituyen las «creencias».

Lo diré de otra manera, para explicarme. La diferencia está en el respectivo concepto de educación que uno y otro autor están manejando. El concepto de Bloom, a pesar de su tendencia elitista, está arraigado en el convencimiento de que determinadas prácticas educativas dan la oportunidad al ser humano de una transformación y autoconocimiento que supera, con mucho, lo que un mero proceso de socialización puede ofrecerle. Por el contrario, el concepto educativo de Rorty es limitado: un proceso de socialización orientado a promover «un progreso en los sentimientos», es decir, una «educación sentimental».[104] De alguna forma, Rorty es un «descreído», a diferencia de Bloom, alguien que ha perdido la fe en la posibilidad de que una estricta y rigurosa apelación al conocimiento moral pueda hacer variar e incluso transformar nuestros comportamientos. Su pragmatismo es aquí evidente: el surgimiento de una cultura de los derechos —dice— se debe menos al incremento de conocimiento moral que al compadecimiento sentimental, esto es, «a la práctica de escuchar historias tristes y sentimentales».[105]

En definitiva, a Rorty le preocupa, como ya señalamos anteriormente, que un filosofar o una reflexión orientada por el principio de la *objetividad* acabe haciéndonos olvidar la importancia, más localista, de la *comunidad*. Pero esta preocupación parece mal fundada, en parte. Pues su razón de ser se nutre insistentemente de que no hay ya nada de la filosofía política clásica que merezca realmente la pena rescatar. Ni siquiera el hecho de que —como había notado ya Leo Strauss hace años— fuese un rasgo característico de aquélla el «haber nacido vinculada directamente a la vida política».[106]

73

Rorty, en definitiva, cree que quienes en nuestras sociedades democráticas orientan el impulso filosófico hacia una cultura de la objetividad inevitablemente la logren al precio del abandono de una cultura de la solidaridad y de la comunidad. De alguna forma, planteadas las cosas desde esta renuncia, la educación filosófica, lo mismo tal vez que una educación política, acaba perdiendo la capacidad de promover en los otros la facultad del pensamiento propio, la reflexión crítica e independiente, pero al mismo tiempo compasiva y sentimental, una especie de educación sentimental. Cabe preguntarse, entonces, hasta qué punto, y de acuerdo con la naturaleza de los problemas de nuestras sociedades democráticas, es o no admisible que una educación de la ciudadanía así constituida se pueda mantener con cierta seguridad desde la única creencia de que esa promoción del pensamiento reflexivo y de la interrogación es sólo válida a condición de transmitir, junto con dicha inquietud por la pregunta, el escepticismo derivado de pensar —lo que resulta claramente enojoso para nuestra cultura tecnológica— que tales preguntas no tienen respuestas ni seguras ni, tal vez, posibles.

DOS MODELOS DE EDUCACIÓN POLÍTICA: LA CIUDADANÍA COMO ESTATUS Y COMO PRÁCTICA

«Hace falta una ciencia política nueva para un mundo enteramente nuevo»

ALEXIS DE TOCQUEVILLE,
La democracia en América

2.1. Educación política y tradiciones cívicas

Señalé en el capítulo anterior que la investigación de los conceptos humanos, como nuestro propio autoconocimiento, no se puede realizar sin comprender los contextos sociales, culturales y morales en los que nos encontramos y sin entender la genealogía de los mismos como el relato de una unidad histórica que nunca se acaba de desprender del todo de sus orígenes. Los conceptos —como las personas— mantienen un punto de vinculación con sus orígenes, con la tradición y el contexto social que les dieron su primer significado. Este hecho proporciona a muchos de los conceptos que forman nuestro vocabulario moral un especial rasgo de apertura y provisionalidad, lo que les vuelve esencialmente controvertibles.

La comprensión del concepto de educación política y de ciudadanía exige tener en cuenta esta idea. Como ya dije —y confirmaremos en el siguiente capítulo— la ciudadanía es una parte de nuestra herencia ético-política clásica, y debe explorarse a su luz. Sin embargo, como he señalado en el anterior capítulo, como seres instalados en la «inevitable mediación de la tradición» sólo podemos atisbar el significado último de estas nociones a través de un pensamiento, en sí mismo, *dóxico*. Nos acercamos a la verdad a través de un pensar arraigado en la esfera de los «asuntos humanos», en el centro de la coexistencia humana, tan frágil y movediza. A esta idea tendremos que volver más tarde, cuando analicemos la filosofía política de Hannah Arendt.

Pues bien, una de las consecuencias de esta especial naturaleza de los conceptos que forman parte de nuestro vocabulario moral, del discurso típicamente moral, dentro del cual encontramos el lenguaje educativo, es que nociones como las que ocupan el centro de las argumentaciones de este libro sólo pueden comprenderse desde una forma de indagación imbuida de tradición.

Sin embargo, pensar desde la luz de una tradición, o desde el contraste entre diversas tradiciones de pensamiento, no nos sitúa en la irracionalidad. Por el contrario, cualquier intento de pensar un concepto desde tradiciones de investigación y pensamiento nos sitúa, de hecho, ante una determinada «teoría del conocimiento».

Como concepto, la ciudadanía es definible y delimitable, en principio. Pero como concepto esencialmente controvertible —según veremos— la definición del término que nos ocupa no tiene fácil cabida en una estipulación teórica acabada y concreta. Se trata, como hemos visto, de un concepto genuinamente dinámico, exigido de contraste intersubjetivo, socio-históricamente contextualizado y, en fin, múltiple. La ciudadanía se nos aparece como un concepto múltiple, tan sólo abarcable teóricamente en el marco de un proceso dinámico de discusión racional, crítica e intersubjetiva.[1]

En efecto, la ciudadanía es un concepto de una larga historia y tradición. Una tradición, como ha explicado Zubiri, es un legado, un testigo, una *entrega de formas de estar viviventemente en la realidad*: «Gracias a estar vertido a la realidad —señalaba Zubiri—, el hombre llevará una vida no enclasada sino abierta a cualquier realidad. Para ello no basta con que cada hombre reciba una inteligencia sino que necesita que se den a su intelección misma formas de vida en la realidad. El hombre no puede comenzar de cero. Y en esto es en lo que consiste la tradición, y el carácter histórico de la realidad humana: en la entrega de formas de vida en la realidad, fundadas en un hacerse cargo de la realidad».[2]

Se trata de formas de pensamiento, creencias, sentimientos, valoraciones, tradiciones de investigación y de prácticas que, generación tras generación, han ido elaborando y entregando las generaciones adultas a las nuevas generaciones como ayuda para que éstas puedan instalarse en la vida que van a vivir. Según ha señalado Robert Bellah: «Una tradición es un modelo de interpretaciones y juicios que una comunidad ha elaborado a través del tiempo. Es una dimensión inherente a toda acción humana. Nunca se puede abandonar del todo la tradición, aunque sí se puede criticar una tradición desde el punto de vista de otra. Así pues, *tradición* no se opone a *razón*. A menudo es un debate continuo y razonado sobre el bien de la comunidad o institución cuya identidad define».[3] El mismo tono adopta Mèlich, al escribir al final de *Antropología simbólica y acción educativa*: «*Tradición* no debe identificarse con *inmovilismo*. La tradición puede y debe desempeñar hoy un papel importante si se la concibe como creación-desde, como movimiento-a-partir-de. La tradición hoy debe entenderse *recreación*».[4]

Desde este punto de vista, una tradición incorpora una teoría del conocimiento —ya que no hay progreso en el saber sin creación de significados— y puesto que esencial al concepto de tradición que manejamos es que el pasado nunca sea algo rechazable, de lo que podamos liberarnos, sino más bien se configura como comentario y explicación del presente.

Precisamente MacIntyre ha subrayado esta dimensión histórica, y también social, de la tradición. Como teoría o forma de conocimiento, la tradición muestra que cada teoría particular, o conjunto de creencias científicas o morales, se entienden y justifican, hasta donde sea ello posible, como miembro de una serie histórica; una serie dentro de la cual lo posterior no es necesariamente superior a lo anterior, ya que una tradición puede progresar o degenerar. Lo importante es que esté en buen orden, es decir, que exista progreso. En realidad, según MacIntyre, el progreso de una tradición se da desde dentro de ella misma, pero en contraste con otras tradiciones rivales. La rivalidad puede ser muy fuerte, tanta que siempre exista entre ellas algún núcleo principal intraducible. A pesar de todo, en primer lugar, siempre cabe recurrir a alguna tradición extraña que sea capaz de aportar los recursos necesarios para comprender mejor las limitaciones e incoherencias de nuestra propia tradición de pensamiento, investigación y práctica. Y por otro lado, tal y como ha pretendido mostrar en diversas obras, la admisión de una significativa inconmensurabilidad e intraducibilidad en las relaciones de dos sistemas de pensamiento opuestos puede ser, de hecho, un prólogo para el debate racional y para un tipo de debate a partir del cual una de las partes contendientes aparezca racionalmente superior a la otra.[5]

Muchas de las críticas que ha recibido el recurso a tradiciones de pensamiento existentes para explicar lo actual se han originado, por tanto, debido a la falsa creencia de que tradición se opone a razón. Esta objeción parte de un presupuesto falso, porque toda tradición implica *reconocimiento*, que es un acto eminentemente racional y cognitivo, aunque no sólo. Cada tradición tiene su propia racionalidad, una racionalidad que le es intrínseca, y de hecho sólo es posible traducir el lenguaje de una tradición rival desde el conocimiento y la racionalidad de una, dentro de la cual nos instalamos.

El engarce que la tradición tiene con el conocimiento de la ciudadanía, y por extensión con la cuestión de la educación política, es importante. Porque la ciudadanía confiere cierta identidad, aunque sea de orden social. Lo que tiene identidad es real, y justamente una tradición, como hemos dicho, es una entrega de formas o modos de estar vivientemente en la realidad. No invita al enclasamiento, sino a la apertura. Las diversas tradiciones de pensamiento cívico contienen precisamente el significado que el fenómeno cívico tuvo en un contexto social y cultural dado, e invitan por ello a revisar el presente a su luz. Nuestros conceptos y significados se fundamentan, de este modo, de acuerdo con una cadena histórica, en conceptos y significados pasados. Construimos nuestros conceptos con la ayuda de realidades y significaciones pasadas, que guardamos en nuestra memoria histórica acumulada. Y ello responde, en suma, a la fuerte dimensión histórica de la que se alimenta y a la vez es constitutiva nuestra existencia. Por ello tienen tanto poder explicativo, comprensivo e interpretativo las narraciones, y en especial las narraciones literarias.

Así pues, ¿en qué tipo de conocimiento consiste la tradición? Sin duda se trata de una forma de *conocimiento práctico*. Particularmente, las tradiciones de pensamiento cívico son formas de pensamiento práctico, de un saber de la práctica, pues lo propio del saber práctico es orientar la acción en un mundo incierto y dotado de múltiples contingencias, y porque la ciudadanía es una actividad, una práctica. Tal vez, incluso, la ciudadanía no sea una práctica natural. Quiero decir que la ciudadanía no es algo que crezca naturalmente. La metáfora del crecimiento —tan utilizada en pedagogía para explicar el concepto de educación— no es del todo útil, usada aisladamente, para explicar el sentido del fenómeno cívico.

2.2. Hacia una filosofía pública: una visión panorámica

Señalé en el capítulo anterior que, como concepto filosófico que reúne un conjunto de valores e ideales, la democracia es una antigua idea que, en el fondo, expresa algo tan simple como la pretensión de dar una mayor capacidad de deliberación, pensamiento y reflexión, no a personas extraordinarias ni especialmente geniales, sino a la ciudadanía común.

Desde este punto de vista, la enseñanza de la democracia —por lo que entraña de confianza en la capacidad deliberativa y de acción de los ciudadanos— se debería traducir en el aprendizaje de la libertad, entendida como «libertad pública», cuya primera forma de ser obstruida es, precisamente, el darla por sentada sin cuestionamiento. En otras palabras, el pensar que la disfrutamos sin nutrirla de la actividad cívica de ciudadanos comprometidos.[6]

Sin embargo, como ya vimos, un problema especialmente delicado de nuestras sociedades democráticas reside en la falta de confianza, por parte del Estado y las instituciones, en la capacidad y pericia de los ciudadanos como sujetos políticamente capaces de ejercer su facultad de decisión y juicio. A través de esta desconfianza se da carta de naturaleza a un desplazamiento de la actividad política, a una verdadera transmutación, en virtud de la cual pasa ésta a considerarse una labor de los expertos.

En efecto, la democracia es, por encima de cualquier otra consideración, una *práctica* inspirada en un conjunto de valores que se pueden transmitir. Es un modo de acción que se justifica en su aplicación y que se legitima utilizándola de acuerdo con tales valores y con un juicio informado. Es evidente que, de acuerdo con esta descripción, la democracia requiere el apoyo de un sistema educativo y de una idea de la enseñanza capaz de formar en los ciudadanos su facultad de juicio. Toda educación cívico-política plantea forzosamente problemas de conciencia. Y para salvar la independencia de ésta la educación debe formar la conciencia crítica, la capacidad de reflexión y el pensamiento independiente. En este sentido, como se señala en el informe de la Comisión Internacional de la Unesco, presidida por Jacques Delors, *La educación encierra un tesoro*, «la enseñanza en general debe ser, por tanto, un proceso de formación del juicio».[7]

En este capítulo vamos a examinar algunas ideas que se ponen hoy en juego en algunas tradiciones filosóficas que han ejercido en los últimos años cierto influjo en la teoría democrática, en la reflexión sobre la educación política y en las discusiones acerca de lo público y lo privado.

En efecto, la dicotomía público-privado ha estado presente a lo largo de la historia de la civilización occidental, porque en rigor esta distinción de esferas era desconocida en el marco de la *polis* griega. Para los griegos, como hemos visto, «hombre» y «ciudadano» significaban prácticamente lo mismo. Como asegura Sartori: «Participar en la vida de la polis, de su ciudad, significaba "vivir"».[8] Martha C. Nussbaum ha destacado también este aspecto diciendo: «La *polis* griega tenía una presencia mucho mayor y más inmediata en la vida de los ciudadanos que los regímenes democráticos modernos. Sus valores estructuraban e impregnaban toda la existencia de los ciudadanos, incluida su educación moral; se puede afirmar, sin temor a equivocarse, que el ciudadano medio participaba realmente en la formación y control de dichos valores. Por tanto, la privación de esa posibilidad no era prescindir de algo periférico a la vida buena, sino alienarse de la base y fundamento del buen vivir mismo».[9]

Las discusiones y controversias que el problema de lo público-privado ha generado se han proyectado en la educación, a distintos niveles.[10] Pero dentro del estricto marco de la filosofía moral y política el debate en cuestión ha sido fundamentalmente protagonizado por dos frentes teóricos bien definidos.

Por una parte, el de los teóricos del *liberalismo*, como Ronald Dworkin, para quien el gobierno debe permanecer neutral ante lo que podemos llamar el problema de la vida buena;[11] o como John Rawls, que claramente apuesta por la libertad como principio prioritario de lo que ha denominado «justicia como equidad»: «En una democracia constitucional—señalaba Rawls en «La justicia como equidad: política, no metafísica»—, la concepción pública de la justicia debería ser tan independiente como fuera posible de las doctrinas filosóficas y religiosas».[12]

El segundo enfoque está compuesto por los teóricos del *comunitarismo*, como Michael Sandel[13] o Alasdair MacIntyre. Según MacIntyre, la actividad política debe hoy consistir en la construcción y promoción en el ámbito local de formas de comunidad y de relaciones sociales basadas en la actividad práctica, en las cuales —y a través de las cuales— se consiguen los bienes inmanentes a la *praxis*.[14] Como forma de pensamiento político, el comunitarismo expresa la idea —como ha recordado Christopher Lasch— de que la democracia funciona mejor cuando los

81

hombres y mujeres hacen las cosas por sí mismos, con la ayuda de sus vecinos y amigos, en lugar de depender del Estado, porque «la unidad básica de la sociedad democrática no es el individuo sino la comunidad autogobernada [...] Lo que pone en cuestión el futuro de la democracia es, más que ninguna otra cosa, la decadencia de esas comunidades».[15]

La actual preocupación por el desarrollo de la civilidad y de las disposiciones cívicas está inspirada, dentro del marco de algunas corrientes de pensamiento, en el deseo de implantar una nueva cultura política arraigada en una reflexión profunda sobre la vida pública. La esfera pública se presenta —como veremos con más detalle después— como un «espacio de aparición» en el que el individuo tiene la oportunidad de mostrar a la luz su identidad cívica.[16] La esfera pública nos proporciona la oportunidad de expresarnos como agentes cívicos y de ejecutar acciones colectivas a través del diálogo y la conversación, la deliberación y la facultad de juicio político.

Esta reflexión sobre la naturaleza de «lo común», el espacio intermedio que construimos entre nosotros, y que por tanto presenta cierta artificialidad, parece recogerse en una parte muy significativa de antiguas tradiciones de pensamiento cívico, como aquellas que se refieren al «humanismo cívico»[17] y a la tradición republicana americana.[18]

El republicanismo cívico ofrece un examen más adecuado del sentido de «pertenencia» a la comunidad política. Llegar a ser un ciudadano es cumplir con los deberes propios de la ciudadanía, la cual es una actividad o *práctica*,[19] y no meramente un *estatus*. El republicanismo cívico reconoce, al mismo tiempo, que el cumplimiento de los deberes cívicos es una tarea ardua que requiere de una adecuada preparación y motivación. Si la ciudadanía no es un mero *estatus*, tampoco es una «práctica natural», algo que nos venga dado por naturaleza. Para llegar a ser un ciudadano activo en la comunidad debemos estar motivados, formados y gozar de oportunidades para ello. Además, la tradición cívica del republicanismo ha pasado por subrayar la importancia del ejercicio de la virtud cívica, la participación en la construcción del interés común y

82

el cumplimiento de los deberes cívicos desde un *ideal moral de servicio* a la comunidad. Sólo así, se dice desde esta tradición, el individuo accede a la condición de plena ciudadanía, ya que ésta es una actividad intrínsecamente deseable que entraña un compromiso moral.

A diferencia de esta tradición clásica, el pensamiento filosófico del liberalismo cívico acentúa, sobre todo, la idea de que la ciudadanía es un título al que accedemos cuando se nos reconocen determinados derechos. Pero existe un elemento en que ambas tradiciones no podrían justificadamente entrar en contradicción. Se trata de un elemento que forma parte de una noción comprensiva de competencia cívica: el juicio político. A través del ejercicio de nuestra facultad de juzgar las realidades políticas, y no sólo por el ejercicio de la virtud cívica, también accedemos a una plena condición de ciudadanía, a un tipo de actividad ciudadana en la que los valores de la tradición liberal y los del pensamiento cívico republicano pueden llegar a armonizarse.

Dentro del amplio espectro de temas discutidos entre liberales y comunitaristas, frecuentemente se ha invocado el nombre de Hannah Arendt, y especialmente por los defensores del comunitarismo. Arendt había expresado su opinión de que la esfera pública, mucho más que cualquier otro ámbito, constituía el lugar propicio para el autodesarrollo y para la excelencia humana. De acuerdo con este planteamiento general, existen algunos aspectos de su pensamiento ético-político que justificarían su inclusión en las filas del comunitarismo, como por ejemplo el hecho de que rechazase las tesis de la democracia representativa —en favor de una democracia participativa más directa— o que elogiase la «tradición revolucionaria»,[20] defendiendo la necesidad de un mayor compromiso cívico del individuo y mayor atención a la deliberación y a la formación del juicio, por su destacado papel en la conformación de un adecuado compromiso con una forma pública de ver el mundo. Para Arendt, la capacidad de juzgar es específicamente una habilidad política, una de las habilidades fundamentales del hombre como ser político, en la medida que le habilite para orientarse en la esfera pública.

Ahora bien, un análisis en profundidad del pensamiento político de Hannah Arendt permite afirmar que ni liberales ni comunitaristas pueden legítimamente incluir dentro de sus filas a esta autora. Para ella, la política —que es acción, y no trabajo o labor— no es un medio para la satisfacción de las preferencias individuales ni una forma de integrar a los individuos en una concepción simple o trascendental del bien. Su noción de la política se fundamenta en la idea de la ciudadanía activa; esto es, en el reconocimiento del valor e importancia del compromiso cívico y de la deliberación colectiva sobre los asuntos que afectan a la comunidad política. Concebida como una forma de acción, la política es la actividad relativa a la forma de llevar los asuntos de una comunidad por medio del lenguaje. La comunidad política, por tanto, constituye un grupo de personas unidas por el compromiso de llevar a cabo una determinada forma de vida política: aquella que presupone una participación activa y creativa de los ciudadanos en la gestión de los asuntos comunes. Propiamente, esta comunidad política no equivale de hecho a la participación. La forma de vida política no supone participación *per se*, «sino aquel tipo de participación que emana de un compromiso con la forma pública de estar en el mundo y con todo lo que ello entraña».[21]

De acuerdo con estas ideas, es más razonable asignar a nuestra autora a la tradición republicana del pensamiento cívico, de acuerdo con la cual la política encuentra su auténtica expresión cuando los ciudadanos se reúnen en un espacio público para deliberar, juzgar y decidir sobre los asuntos colectivos que les conciernen. En esta línea de pensamiento, la actividad política es valorada no tanto por su capacidad para llegar a acuerdos o descubrir una concepción global de lo bueno, sino en la medida que habilita a los ciudadanos para ejercer y desarrollar su capacidad de juicio cívico y político.[22]

Estos planteamientos han encontrado un nuevo dinamismo en lo que Benjamin Barber ha denominado «democracia fuerte», dentro de la cual la educación política —cuyo núcleo es la formación del juicio político— constituye una condición posibilitadora de la vida democrática.[23]

Según Barber, una democracia fuerte se basa en un modelo participativo de política «en la que el conflicto se resuelve en ausencia de una fundamentación independiente a través de un proceso participativo continuado, de una autolegislación aproximativa, y de la creación de una comunidad política capaz de transformar a los individuos dependientes y privados en ciudadanos libres, y los intereses parciales y privados en bienes públicos».[24]

La perspectiva de Barber —que no interesa analizar detenidamente ahora con más detalle— es interesante porque sitúa en el centro de la competencia cívica el interés por la formación de la civilidad y la facultad de juicio, es decir, la formación de una inteligencia práctica en la ciudadanía. No existen muchos análisis acerca de la relación entre el ejercicio de la razón práctica —y más específicamente el juicio práctico— y la actividad política o la práctica cívica en contextos democráticos. Y sin embargo esta apelación al juicio, aparte de abrir las puertas a formas novedosas de implicación política del ciudadano en la vida pública, resulta congruente con la naturaleza crecientemente multicultural de nuestro «mundo común». Porque ejercer la inteligencia práctica es elaborar una deliberación o reflexión en espacios de contingencia en los que una amplia gama de posibilidades se nos ofrecen para la dirección racional de la acción. La razón práctica —mediante la deliberación y el juicio— tiene que elegir y optar, es decir, segregar una entre varias alternativas. Pero lo hace siempre dentro de un marco de pluralidad. O dicho de otro modo, lo hace porque hay diversidad, porque hay dónde elegir. Porque hay diferencias. Es ésta, la pluralidad, lo que define el nacimiento de la auténtica actividad política.

El debate que ha generado la confrontación de estas tradiciones de pensamiento tiene la ventaja de abrir un espacio suficiente para imaginar nuevas formas de pensar la vida democrática, la participación cívica y la cultura democrática. El debate protagonizado por estos frentes ha contribuido a generar una «nueva filosofía pública»,[25] la cual está especialmente inspirada en los valores de la tradición clásica del republicanismo cívico, y que sólo parcialmente parecen contenidos en el moderno comunitarismo cívico. En efecto, según Sullivan; «La clase de autodesarrollo hacia el que los teóricos de la vida cívica han estado interesados es en muchos aspectos la antítesis de la concepción contemporánea de autodesarrollo dentro de una "cultura del narcisismo". Tradicionalmente, la ciudadanía ha sido concebida como una forma de vida que transformaba a la persona por entero. Este proceso es, esencialmente, una empresa colectiva. Más aún, la noción de *ciudadano* es ininteligible aparte del *bien común*, y ambos términos derivan su sentido de la idea de que somos por naturaleza seres políticos».[26]

A la construcción de esta nueva visión de lo público ha realizado, desde luego, una notable contribución el pensamiento comunitarista en sus críticas a la tradición cívica liberal, bien expresada por la obra de J. Rawls, entre otros. Mientras la obra de Rawls supuso un relanzamiento de la filosofía política académica, mediante una focalización de la reflexión acerca de la democracia y la construcción de una sociedad bien ordenada en el concepto de *justicia* (como imparcialidad, en el sentido defendido por Rawls), la reacción de la crítica comunitarista que desataron las teorías de Rawls, en la década de los años ochenta, hizo que el concepto de *comunidad* reivindicase un papel central en el discurso político, y en cualquier reflexión sobre una sociedad mejor y más ética.

Ahora bien, a juicio de muchos estudiosos de la discusión liberal-comunitarista, existen diversas razones que permiten mostrar que el principal debate en la actualidad, finalizando como estamos la década de los años noventa, se encuentra en la redefinición de las ideas de *civilidad* y *ciudadanía*, por encima de la preocupación por las cuestiones referidas a la justicia —propias del liberalismo— o a la comunidad.

En este sentido, se puede decir que el debate protagonizado entre los pensadores liberales y comunitaristas —por sus propias limitaciones— exige un esfuerzo por situarnos más allá de él.[27] Aunque el estudio de la tradición cívica republicana ha sido sobre todo de interés para los historiadores de las ideas políticas, hay quien piensa que todavía mantiene su actualidad para la teoría democrática moderna, y una alternativa real a las propuestas de liberales y comunitaristas. En concreto, Adrian Oldfield considera —frente a la opinión de muchos comunitaristas— que una actuación de las instituciones democráticas directamente dirigida a motivar la participación del ciudadano en la vida pública, lejos de influir negativamente en sus niveles de autonomía individual, proporciona a los ciudadanos un grado de autonomía moral y política más rico y profundo.[28]

Una forma de acceder a este más rico panorama puede ser *reactualizando* los principios inspiradores de esa tradición, como ya apunté en el capítulo anterior. Esta rehabilitación, por así decir, creo que puede llevarse a cabo, con una originalidad, desde la filosofía política de Hannah Arendt,[29] cuyas ideas sobre la política, la ciudadanía y el juicio expondré en los capítulos 4 y 5.

Ahora bien, el hecho de plantear las bases teóricas y conceptuales de la educación política de acuerdo con un marco de interpretación más amplio, en el que varias tradiciones de pensamiento político entran en juego, muestra hasta qué punto la investigación de este tema es todavía algo sumamente controvertido y discutible.

Como ya he apuntado, tanto el concepto de democracia, como la noción de ciudadanía e incluso el término educación, son conceptos esencialmente contestables. Sólo a la luz de distintas imágenes de la ciudadanía y de la actividad política es posible esclarecer el sentido de los compromisos políticos de la ciudadanía y el alcance de su formación cívica. Al ciudadano debe dársele la oportunidad de reflexionar sobre estas distintas imágenes de la ciudadanía y de las responsabilidades que entraña la participación democrática. Por eso, en último término, habrá que mostrar en qué medida un análisis de la educación política requiere, para su adecuado esclarecimiento, no sólo un estudio más detallado de la idea de «ciudadanía», como ya he venido repitiendo, sino que arranquemos incluso de una base tan insegura y frágil como la que declara la naturaleza esencialmente contestable del concepto de ciudadanía.

Antes de todo, dedicaremos el siguiente epígrafe a centrar lo más posible el sentido y alcance de la reivindicación fundamental del mencionado proyecto de una filosofía pública.

2.3. *Homo politicus:* la política y la condición humana

Como muchas veces se ha indicado, resulta sumamente problemática la expresión, empleada por Aristóteles en la *Política* para referirse a la sociabilidad natural del hombre, *zóon politikón*, que normalmente ha sido traducida por «animal social».[30]

El hombre pertenece a la ciudad, la cual para la mentalidad griega es, a la vez, la sociedad y la comunidad política. Sin embargo, en el contexto en que Aristóteles refiere esta expresión parece predominar, sobre todo, el momento de la sociabilidad o socialidad.

Según Aristóteles toda ciudad (*polis*) es una comunidad (*koinonía*), y toda comunidad está constituida en vistas de algún bien, ya que los hombres actúan siempre de acuerdo con lo que les parece bueno. Sin embargo, es precisamente la «comunidad civil», la ciudad, la principal de todas las posibles comunidades, y el bien al que tiende el mejor: «La comunidad perfecta de varias aldeas —señala— es la ciudad, que tiene, por así decirlo, el extremo de toda suficiencia, y que surgió por causa de las necesidades de la vida, pero existe ahora para vivir bien» (*Política*, I, 2,1252 b). Y continúa: «De modo que toda ciudad es por naturaleza, si lo son las comunidades primeras; porque la ciudad es el fin de ellas, y la naturaleza es fin. En efecto, llamamos naturaleza de cada cosa a lo que cada una es, una vez acabada su generación, ya hablemos del hombre, del caballo o de la casa. Además, aquello para lo cual existe algo y el fin es lo mejor, y la suficiencia es un fin y lo mejor» (*Política*, I, 2, 1253a). El texto que interesa citar ahora concluye de este modo: «De todo ello resulta, pues, manifiesto que la ciudad es una de las cosas naturales, y que el hombre es por naturaleza un animal social, y que el insocial por naturaleza y no por azar o es mal hombre o más que hombre» (*Política*, I, 2, 1253a).

A propósito de estas consideraciones interesa matizar dos ideas. La primera se refiere a la realidad de la ciudad, de la *polis*, y la segunda a la diferencia entre la sociabilidad natural del hombre y su realidad en tanto que ser político.

Con respecto a la primera cuestión, de acuerdo con el pensamiento aristotélico, la *polis* posee una realidad específica, al ser «una de las cosas naturales» (*Política*, I, 2, 1253a 2-3). Mientras que la comunidad más elemental y sencilla —la casa— está constituida por relaciones necesarias, y en este sentido es propiamente «natural», lo que Aristóteles llama «aldeas» —una agrupación de casas— es una comunidad constituida en vista de las necesidades no cotidianas y la ciudad una comunidad perfecta suficiente cuyo origen fue la satisfacción de las necesidades de la vida pero, posteriormente, el vivir bien, la *vida buena*.

Desde esta mentalidad, sólo mediante el tipo de asociación en que consiste la ciudad puede el hombre tener esperanzas de llegar a ser plenamente humano y realizar sus cualidades y atributos en cuanto tal. Pero tal vez lo esencial de esta postura no sea sólo afirmar la necesidad de la ciudad, concebida como comunidad civil y política, para el desarrollo humano. Más bien, lo que desde la postura griega se exige es una buena ciudad, una *buena polis*. Un buen hombre, o un ciudadano que quiera llegar a serlo, necesita una ciudad, una comunidad capaz de promover en él las excelencias y virtudes que le son propias. Y, así, la auténtica realidad de la *polis* es que su fin es constituirse como *polis* justa, ya que la justicia es la que promueve el bien común y el interés de los ciudadanos por procurarlo. Con otras palabras: la ciudad —la comunidad política— es una realidad natural. Pero también es una realidad ética, pues su fin no se satisface —la formación de un buen ciudadano— por la sola yuxtaposición de ciudadanos que la formen. La comunidad ha de ser buena. Éticamente buena. Pues sólo así podrá promover la virtud cívica.

La segunda cuestión que hemos planteado —la referida al hombre en tanto que ser social o político— remite a la idea de que sólo la acción —la *praxis*, en sentido griego— es prerrogativa exclusiva del hombre y al hecho de la profunda conexión existente entre acción y discurso. Esta advertencia permite diferenciar más adecuadamente entre condición social y condición política del hombre.

Por lo que se refiere a la *condición social* de la realidad humana, tendríamos que recordar aquí, por lo pronto, algunas ideas de Zubiri, para quien el acto más radical del hombre, en tanto que humano, es el de su *autodefinición y autoposesión*. Cada una de las diversas posibilidades de promoción formativa del hombre tiene que ir encaminada a que, de modo racional y libre, cada individuo pueda hacer efectivo este acto radical de autoafirmación. Sin embargo, el hombre no sólo hace su vida en un mundo de cosas, sino que además la hace con otros hombres, y «el mero hecho de enunciar tan simplemente este hecho denuncia la dificultad y la especificidad radical del problema que plantea».[31]

El hecho de que cada hombre haga o realice su vida con los demás, teniendo que contar con ellos, hace de la situación vital de cada uno una *co-situación* o «situación de convivencia». Sin entrar por el momento en mayores matices sobre el contenido y significado de la «convivencia», lo cierto es que con los demás el hombre convive. De este modo, el acto de radical autoposesión de los demás me afecta. Pero el efecto que pueden provocar en mí los demás no es sólo *negativo*, sino que tiene una fuerte *dimensión positiva*, que explica Aranguren en los términos siguientes: «La responsabilidad es siempre solidaria, de tal modo que, en mayor grado, según los casos, soy éticamente corresponsable de la perfección y la imperfección de los demás. Lo cual no quiere decir que sea un quehacer ético mío —como mucha gente piensa— el conseguir que el prójimo realice *velis nolis* lo que yo me imagino que es su perfección. Es ante todo mediante el respeto a su personalidad moral y después —aunque cronológicamente, si cabe la expresión, antes— proporcionándole los medios a mi alcance, para que, salvándole de la alienación, realice esa personalidad, como yo puedo y debo ayudarle».[32]

Desde este punto de vista, la propia realización humana se realiza en colaboración con los demás y a través de una acción compartida, de una acción comunicativa o de comunicación. En esta línea de pensamiento, dice también Zubiri que «mi vida, mi propia autodefinición y autoposesión, es una autoposesión positivamente conviviente. Es decir, de mi vida, en uno o en otro sentido, forma parte formal la vida de los demás. De suerte que en mí mismo en cierto modo están los demás».[33]

El carácter argumental y narrativo de la vida humana confirma este punto. Pues los humanos somos —como herederos de tradiciones de pensamiento, ideas y creencias— en parte lo que los demás se representan y lo que dicen que somos. Somos animales narradores, si se me permite la expresión. Dotados de palabra para contar historias, y no simplemente de voz.

Como ha mostrado Charles Taylor en *Las fuentes del yo*, la configuración de la identidad personal requiere de un marco de referencia ineludible en el que el *yo* se va haciendo dentro de un «espacio moral». La comunidad ayuda a la configuración de este espacio moral, indispensable para formar y construir la identidad personal en forma de un *relato*: «Hasta donde alcance la vista atrás —dice Taylor— determinamos lo que somos por lo que hemos llegado a ser, por la narración del cómo llegamos a ser».[34]

De acuerdo con esto, podemos sentar ahora dos afirmaciones: a) que el acto de autodefinición y autoposesión es un acto personal fundamentado en el reconocimiento de la libertad como punto de partida y de llegada del hombre acabado. En tanto que plenamente humanos, este acto nuestro, fundado en la idea de la libertad, *nos iguala* a los demás humanos, pues todos tienen la tarea moral por delante de su autodefinición; y b) que la historia de la vida de cada uno se entreteje con las de aquellas comunidades de las cuales se deriva nuestra propia identidad. Uno no puede ignorar su pasado, su tradición, ni intentar desligarse de él de un modo individualista, a menos que lo que se busque sea deformar las relaciones presentes: «La posesión de una identidad histórica y la posesión de una identidad social coinciden», concreta MacIntyre.[35]

Así pues, el sujeto humano no puede pretender buscar con plenitud su propia identidad, aquella que le permite autoposeerse y autodefinirse, al margen de comunidades específicas, aunque el hecho de su pertenencia a las mismas «no entraña que yo deba admitir las *limitaciones* morales particulares de esas formas de comunidad».[36] Para MacIntyre, «sin esas particularidades morales de las que partir, no habría ningún lugar desde donde partir; en el avanzar desde esas particularidades consiste el buscar el bien, lo universal».[37] Somos, pues, un pasado específico que se actualiza en el presente. Uno de los soportes de una tradición, una entrega de formas de estar vivientemente en la realidad. En cuanto tal entrega de formas de realidad y de estar vivo en ella, la tradición implica siempre discusión, debate continuo, actos de razón.

Como ya mostró Ortega, el hecho de la vida social impone a los hombres un repertorio de acciones que de algún modo les mueven a vivir a la altura de los tiempos, inyectándoles la herencia acumulada del pasado: «Gracias a la sociedad —dice— el hombre es progreso de historia. La sociedad atesora el pasado».[38] Uno de los mecanismos en virtud de los cuales se logra que el hombre aprenda a vivir a la altura de los tiempos, a automatizar la parte de la conducta que no se encierra en la «vida personal» y a prever la conducta de los demás es el *uso social*, es decir, «hechos sociales constitutivos», cosas que hacemos porque *se hacen*.

Por lo que se refiere al estudio de la *condición política* de la realidad humana, tenemos de nuevo que recordar aquí que debemos a Aristóteles la exposición más acabada de las disposiciones constitutivas de la vida lograda y plena. El concepto central es el de «praxis racional», término vinculado al de «ética», el cual se formó a partir de la palabra griega *ethos*, que vino a designar el conjunto de hábitos y costumbres que sustentan nuestra acción y la dirigen. La disciplina encargada de su estudio era la «filosofía de las cosas humanas» (filosofía práctica), que al mismo tiempo es denominada como «investigación política» en la *Ética a Nicómaco* (I, 2, 1094b, 11).[39] Este punto no es meramente anecdótico, pues Aristóteles nunca empleó el término «ética», por la sencilla razón de que la ética era para él una parte de la política, razón por la cual no le debió preocupar distinguir ambos planteamientos.[40]

En su opinión, sólo se puede hablar de una vida recta poniéndola en estrecha relación con la *polis*, como señalábamos antes, hasta el punto que el ciudadano libre de una *polis* vive sólo una vida recta cuando es útil para sus conciudadanos, y cuando contribuye al progreso y prosperidad de la ciudad. Así, la vida humanamente lograda, no es asunto exclusivo de acción individual. Afirmar que el hombre es un «animal político» significa para él que el individuo sólo puede realizar su naturaleza en el contexto de la participación en la organización política de la comunidad. Dentro de ésta, es un *ciudadano*, que «sin más por nada se define mejor que por participar en la administración de la justicia y en el gobierno» (*Política* III, 1, 1275a).

Esta vinculación entre ser hombre, ser ciudadano y participar en la comunidad tiene una importancia antropológica especial, e indica esa estrecha relación entre «acción humana» y «estar juntos»; relación que, según Hannah Arendt, parece justificar la primitiva traducción de *zóon politikón* por *animal socialis*.

Que actualmente este concepto ha venido siendo recuperado, a propósito del moderno debate en torno a la concepción de la democracia como forma de vida y otras cuestiones afines, es un hecho evidente. Arendt, en *La condición humana*, Gadamer, en *Verdad y Método*, MacIntyre, en *Tras la virtud*, o el mismo Habermas en su obra *Teoría y praxis*, por citar tan sólo algunos ejemplos bien conocidos, recuerdan cómo la doctrina clásica de la política ha llegado a convertirse para nosotros en algo extraño —y al mismo tiempo atractivo— al menos desde tres puntos de vista, que quizá convenga traer a colación aquí:

1. En primer lugar, porque de acuerdo con aquella doctrina, la política se entendía como la doctrina de la vida buena y justa. Su proceder era pedagógico por su fin: la formación del carácter del ciudadano. Sin más era pensada como una ampliación —o continuación— de la ética a la vida social: «Sólo la *Politeia* —recuerda Habermas—

habilitaba al ciudadano para la vida buena: el hombre es *zóon politikón* en el sentido de que para la realización de su naturaleza depende de la ciudad».[41]

2. En segundo término, la antigua doctrina sobre la política estaba explícitamente referida a la acción en sentido griego, a la *praxis*. Nada tenía que ver con la *poiesis* ni con la *techné*. A diferencia de esta última, en la que la acción, como actividad, se justifica por los resultados que produce, los cuales son externos a la actividad que los realizó, aquélla encuentra el valor en su misma realización. El fin de la acción práxica es interno a ella, es un bien interno, un logro humano, a menudo compartible con los demás, específicamente conectado con el mejoramiento personal, en tanto que humano.

3. Y por último, la política, en sentido griego, nada tiene que ver en cuanto a sus pretensiones cognoscitivas con la ciencia. Su objeto —lo justo, lo excelente, la vida buena— sólo puede ser conocido mediante el saber práctico —lo que Aristóteles llama *phrónesis*—, una sabia comprensión moral de la situación.

Desde la óptica que marcan estas consideraciones, la recuperación de un concepto tal de ciudadanía está en la actualidad plagada de dificultades, entre otras razones porque nuestras sociedades modernas están caracterizadas por un conjunto de tensiones que producen una deficiente percepción del sentido de la *diferencia* y la erosión del «vínculo social». Es en este punto donde la educación puede asumir como fin el pleno desarrollo del ser humano, en su dimensión social y clave política. «Confrontada a la crisis del vínculo social, la educación debe asumir la difícil tarea de transformar la diversidad en un factor positivo de entendimiento mutuo entre los individuos y los grupos humanos. Su más alta ambición es brindar a cada cual los medios de una ciudadanía consciente y activa, cuya plena realización sólo puede lograrse en el contexto de sociedades democráticas».[42]

Pero en un mundo en el que, según los datos aportados en la Cumbre Mundial sobre Desarrollo Social, celebrada en Copenhague del 6 al 12 de marzo de 1995, más de ciento veinte millones de personas en el mundo están ofi-

94

cialmente desempleadas y muchas subempleadas, y donde
más de mil millones de seres humanos viven en una po-
breza abyecta, la reivindicación del ideal democrático constituye casi una caricatura de lo que realmente debería hacerse para remediar la situación. En el fondo, «el ideal
democrático está en cierto modo por reinventar, o al menos hay que revivificarlo».[43] Necesita ser apoyado por la
construcción de un espacio común en el que todos quepa-
mos, en igualdad de condiciones. Necesita ser fortalecido
por una auténtica ciencia del ser humano.

2.4. La comunidad y la ciencia del ser humano

Idear una verdadera ciencia del ser humano tiene que
afrontar el reto que supone el discurso de la pluralidad y
la diferencia, sin oponerse a él, sino integrándolo. En
efecto, se une lo diferente y lo diverso, y como ha sabido
ver Gadamer, este hecho impone sus condiciones, pues
«también en los otros y los de otra clase —dice— se puede establecer una especie de encuentro con uno mismo.
Más apremiante que nunca es, sin embargo, la tarea de
aprender a reconocer lo común en los otros y los de otra
clase».[44]

Esto que es «común», sin embargo, no puede quedar
reducido a un mero «sistema racional de utilidades» o a
una especie de «religión de la economía mundial», como
agudamente hace notar el filósofo alemán. Al menos debería contribuir a la construcción de una verdadera ciencia del ser humano que exija de nosotros, como ciudadanos de Europa éticamente comprometidos, virtud política
y humana capaz de regular nuestras relaciones en el marco de un cada vez más fuerte interculturalismo: «La ciencia
del ser humano en toda su diversidad se convertirá —ma-
tiza Gadamer— en una tarea moral y filosófica para todos
nosotros».[45] Por ello mismo ha de consistir también, y especialmente para los educadores, en un objetivo moral
cuya consecución mueva a la revisión crítica de una buena parte del pensamiento pedagógico y la puesta en práctica de diversas iniciativas educativas. Entre ellas se sitúa

en lugar privilegiado la dimensión de la educación o formación del núcleo social y político del hombre, uno de cuyos aspectos centrales, sin duda, lo constituye la formación cívica.

Plantear la pregunta por el sentido de una educación política dentro del marco europeo supone ejercer una cierta sospecha crítica acerca de la inevitabilidad de que la llamada «ciudadanía europea» pueda plantearse sólo en términos jurídico-normativos o incluso en términos deductivos, es decir, como si pudiese derivarse de una idea previa de ciudadanía nuestro modelo de ciudadano europeo.[46]

Probablemente lo que nuestro contexto requiera sea, como mínimo, una reflexión abierta sobre los retos, las tensiones e incluso las contradicciones —derivadas en parte del hecho multicultural— que conlleva la construcción, si así puede llamarse, de una ciudadanía europea.[47]

En efecto, el «multiculturalismo» plantea innumerables retos a la sociedad, algunos de los cuales afectan directamente a la educación. Por una parte, la educación parece que debería ayudar al sujeto en su proceso de adaptación a nuevas e imprevistas situaciones. Porque el multiculturalismo se ha constituido en una nueva situación para la que hay que idear nuevos modelos educativos capaces de satisfacer las demandas que genera.

Si la primera función de la educación se puede traducir en la idea de un *aprendizaje anticipatorio* —pues sólo anticipándonos previsoramente a las situaciones futuras, pero previsibles, podremos entonces atajar sus consecuencias—, la segunda de las funciones asignadas a la educación parece reclamar un esfuerzo por lograr una serie de consensos sobre normas, valores y convicciones comunes y la deliberada formación en los individuos de ciertos conocimientos y habilidades.

Aparentemente, estas dos funciones educativas son intachables y difícilmente cuestionables. Y en efecto, no lo son si nuestro ángulo de enjuiciamiento no se desplaza. Porque ambas funciones educativas forman parte de lo que podríamos llamar la «visión modernista de la educación». Con esta expresión deseo señalar dos ideas principales: a) que los conceptos básicos que subyacen a la mayoría de las definiciones de la educación, sea que adopten un enfoque «científico» o una perspectiva cultural «humanística», están explícitamente dirigidos a los modernos conceptos de *poder* y *control*; y b) que la mayor parte de las concepciones educativas actuales son «modernistas» en el sentido de compartir la moderna noción de *subjetividad*.

Si cambiamos el ángulo de enjuiciamiento, y en lugar de pensar las funciones de la educación desde el marco conceptual que da cobertura a los modernos conceptos de poder, control y subjetividad, intentamos hacerlo desde otro referente conceptual, ¿cuál adoptaremos? Mi idea es que entonces debemos pensar la educación a la vez como introducción de algo nuevo en el mundo y como protección y cuidado de un mundo común, en el que poder seguir manifestando nuestra identidad formada a través del proceso educativo.

Según una creencia bastante arraigada en nuestras sociedades modernas, frente a lo que muchos han diagnosticado como una evidente pérdida de valores, normas y orientaciones comunes sólo, como ya vimos en el anterior capítulo, aprendiendo a identificarnos emocionalmente con representaciones comunes y valores de lo que es humanamente digno y valioso, seremos capaces entonces de establecer una convivencia adecuada y de actuar y juzgar humanamente. En este sentido la educación tiene la misión de reproducir este consenso y capacitar a las personas para que sean capaces de actuar y juzgar por sí mismas de una forma correcta en una situación socio-histórica.

Entre todas las necesidades que genera una situación de multiculturalidad, una de las que mantiene un fuerte vínculo con la problemática de la educación política es la que supone atender positivamente la *diferencia*, como ya sugerí con Gadamer. Todo lo imprevisto es incierto y en muchas ocasiones el tratamiento de la incertidumbre y de los acontecimientos nuevos pasa, sobre todo, por la vía del desarrollo de determinadas actitudes éticas. Porque tal vez sólo desde la ética somos capaces de afrontar lo imprevisto que siempre contiene el futuro.

Toda pretensión de unificación y de articulación de lo

«diverso» pasa necesariamente por el reconocimiento de la *diferencia* y de la *pluralidad*. Y es lógico que sea así. Sólo se une lo que es diferente, pues lo idéntico ya es uno. Además, la realidad de la diferencia, en todos los planos y ámbitos de lo humano, parece recorrerlo todo. Es un principio singularmente antropológico, que parece cuadrar bien con la realidad humana, y especialmente con esa dimensión humana que es la vida social y política. Hannah Arendt lo expresó admirablemente en la *Condición humana* al señalar que «la pluralidad humana, básica condición tanto de la acción como del discurso, tiene el doble carácter de igualdad y distinción».[48]

Porque si los hombres no fuéramos iguales —señalaba— no podríamos entendernos ni planear o prever para el futuro las necesidades de los que vendrán después; y si no fuéramos distintos —diferenciados unos de otros— no necesitaríamos ni de la acción ni del discurso para entendernos: bastarían signos y sonidos —la simple voz, pero no la palabra— para comunicarnos nuestras necesidades inmediatas e idénticas.

La «diferencia» parece atravesarlo todo, incluso, a veces, a nuestro pesar. El pensamiento incluso, la posibilidad misma de su existencia y desarrollo, se basa en un cierto principio de la diferencia. Este principio de la diferencia es más sencillo de formular que de comprender en toda la amplitud de sus implicaciones.

Filosóficamente puede definirse así: *la unidad y el ser no se identifican.* Con otras palabras podemos nombrar la diferencia de este modo: «No hay conocer sin diferencia. Ni pensar sin diferencia. Ni acción sin diferencia. Ni ser sin diferencia. No existe libertad sin diferencia. Ni divinidad sin diferencia. Ni materia sin diferencia. Nada, absolutamente nada —comenta Jesús de Garay— existe sin diferencia».[49]

En efecto, cuando definimos, distinguimos y diferenciamos, aunque también identificamos. Cuando actuamos, nos identificamos, y nos distinguimos de otros. Cuando hablamos y nos relacionamos, nos comunicamos, y al mismo tiempo mostramos nuestras diferencias, nuestra propia distinción. Pero ¿qué ocurre cuando hacemos todo esto dentro de una realidad mayor que, justamente, está marcada por el multiculturalismo, por la coexistencia de diversas culturas? En la práctica, aquí la percepción de la diferencia es, en muchos casos, negación y oposición. No hay más afirmación que la que se muestra con la intención de remarcar que somos distintos, que no tenemos nada que ver y que, incluso, probablemente, nada queremos tener que ver con el otro o con los otros. Aquí se piensa la diferencia —al otro o a los otros— como pura negación, como un elemento básico de oposición, con una cierta violencia y conflicto. La percepción del otro como enemigo del que he de defenderme.

Si quisiéramos explicar con una cierta profundidad qué razones existen para esta percepción negativa de la diferencia —que resta en vez de sumar, que divide y jamás multiplica— probablemente tendríamos que volver a reflexionar sobre el concepto de libertad y la noción de autonomía, nociones ambas que forman parte de nuestra más querida herencia ilustrada.

En efecto, nuestras modernas pretensiones de autonomía parecen sujetas a un doble vínculo, en buena parte contradictorio. Pues, por un lado, ser autónomo es ser capaz de pensar por uno mismo —¡*Sapare aude!*— con criterio independiente y personal sobre las cosas, y racionalmente. Ser autónomo es, así, pensar y actuar con independencia pero, sobre todo, con razones universalizables, con un cierto fundamento que supera las razones y los motivos particulares. Ser autónomo, y ser considerado al mismo tiempo con la perspectiva ajena, es tanto como tener que decidir según el famoso «velo de la ignorancia» rawlsiano, esto es: tener que elegir y decidir desde la ignorancia. Ser autónomo y libre, capaz de un uso independiente de la razón, es estar dispuesto a pensar, actuar y decidir «desencarnadamente», renunciando deliberadamente a esa identidad menos abstracta que nos proporciona una *tradición* y una *comunidad*.

Y, sin embargo, por otra parte, cada vez más percibimos hoy la necesidad de la articulación de nuestras libertades y de nuestras aspiraciones a la autonomía en un proyecto común compartido en el que el trato moral con el otro está mucho más inspirado por la *sensibilidad* que por la fría «racionalidad». Hay muchas voces que nos recuerdan —desde un Rorty a un Gadamer— que no podemos seguir esperando al descubrimiento de un fundamento, de una razón universal para actuar éticamente. En el polémico libro *Ironía, contingencia y solidaridad* Rorty dice que, aunque movido por los mejores motivos, la orientación que Kant dio a la filosofía moral la condujo a una contraposición tal entre sentimientos y racionalidad que «transformó la "moralidad" en algo distinto de la capacidad de advertir el dolor y la humillación y de identificarse con ellos».[50]

Algo parecido señalaba MacIntyre en *Tras la virtud*. Las virtudes, señala en su análisis del pensamiento de Aristóteles, son disposiciones no sólo para actuar de maneras particulares, «sino para sentir de maneras particulares. Actuar virtuosamente no es, como Kant pensaría más tarde, actuar contra la inclinación; es actuar desde una inclinación formada por el cultivo de las virtudes. La educación moral es una "éducation sentimentale"».[51]

En definitiva, esa pretensión de autonomía, por la que siempre necesitamos de un último motivo o argumento racional para estar de acuerdo con los otros, la «fuerza del mejor argumento», se dice, nos lleva a contraponer razón y sentimientos y, en esa misma medida, la propia búsqueda de la autonomía nos separa más que unirnos. Pues por encima de las pequeñas diferencias que nos vuelven distintos —las de raza, color, religión, tribu, y otras similares— olvidamos la existencia de las similitudes que nos acercan y nos igualan, las mismas que sólo se perciben desde el ámbito de una educación de la sensibilidad moral.

En su ensayo «Ciudadanos de dos mundos», Gadamer muestra, a mi juicio, una reflexión parecida a ésta cuando recuerda que tanto el Estado moderno como la antigua ciudad-estado (incomparables entre sí de todo punto) sin embargo se fundan en una misma premisa básica: la *premisa de la solidaridad*: «Me refiero —dice— a aquella solidaridad natural de la que emanan decisiones comunes, que todos consideran válidas, sólo en el ámbito de la vida moral, social y política. Para los griegos, esta comprensión era indiscutiblemente natural y quedó plasmada incluso en el lenguaje común. Es el concepto griego para el amigo, que articulaba toda la vida de la sociedad».[52]

Porque entre amigos todo es «común», es decir, público. Todo se hace patente y visible; la amistad es, como le ocurre también a la vida pública, un mundo de apariencias, pues lo aparente es lo primero que se ve, la realidad, sin más.

Sin embargo, en la amistad hay una extraña mezcla de intimidad y publicidad. Hay publicidad porque hay cosas que se comparten, espacios comunes, un mundo en común. Y hay intimidad también, pues los amigos guardan celosamente para sí los frutos de la relación que cultivan. La disfrutan en la intimidad y disfrutan en público de ella como se saborean las cosas más queridas del ámbito de la intimidad. En definitiva, en la amistad se da un encuentro entre dos —entre uno y otro— y al mismo tiempo un encuentro de ambos consigo mismo. Por eso el ensayo que he citado lo concluye Gadamer diciendo algo sumamente pertinente para nuestro tema: «También en los otros y los de otra clase se puede establecer una especie de encuentro con uno mismo. Más apremiante que nunca es, sin embargo, la tarea de aprender a reconocer lo común en los otros y los de otra clase. En nuestro mundo cada vez más reducido se encuentran culturas, religiones, costumbres y escalas de valores profundamente diversas. Sería una ilusión pensar que sólo un sistema racional de utilidades, una especie de religión de la economía mundial, por así decirlo, podría regular la convivencia humana en este planeta cada día más estrecho. La ciencia del ser humano sabe que a éste se le exige más y más una virtud política, lo mismo que ha impulsado siempre a la ciencia la virtud humana».[53]

Que es necesario profundizar en el sentido de una «ciencia del ser humano» capaz de articular las diferencias y encontrar un espacio público en lo diverso, lo plural o lo multicultural, es algo que nadie niega, o casi nadie. El problema estriba en saber si ese espacio público —dentro del cual entra en juego la vida cívica y la condición de la ciudadanía— debe formularse mirando más hacia un *discur-*

so del pluralismo o a un *discurso de la comunidad*. Buena parte de las soluciones y retos que plantea la realidad de la diferencia, del pluralismo y del fenómeno del multiculturalismo pasan necesariamente, como han advertido muchos autores, por una *vía dialógica*, por la vía del diálogo y de la conversación. Y en el intento de articular propuestas éticas y morales capaces de fomentar ese necesario diálogo entre culturas y diversas tradiciones, son de sobra conocidas aquellas que se formulan como *éticas del discurso*.[54]

2.5. El debate liberal-comunitarista: los términos de una discusión

Una reflexión sobre la naturaleza de la educación política, sobre la especificidad del compromiso político de los ciudadanos y su educación; en suma, una exploración sobre la formación de la civilidad exige un tratamiento del concepto fundamental de ciudadanía, hoy tan polémico y controvertido.

En efecto, durante muchos años la atención prestada a este concepto, como noción fundamental del discurso político, fue notablemente escasa, en favor de las cuestiones referidas a aspectos institucionales, estructurales y a problemas relacionados con la justicia.

Según W. Kymlicka y W. Norman,[55] en el transcurso de los últimos treinta años, aproximadamente, las discusiones más interesantes que se han podido desarrollar en el seno de la filosofía política contemporánea, aderezadas con ciertos avances provenientes de la filosofía moral y el pensamiento ético, se han articulado en torno a tres conceptos centrales: justicia, comunidad y ciudadanía. Se podría afirmar que estos términos constituyen los tres pilares conceptuales fundamentales del sustrato filosófico de la educación política.

En este epígrafe me voy a referir a los dos primeros conceptos, que sirven de cobertura teórica al debate protagonizado por los liberales y comunitaristas.[56] Sin embargo, dado que este debate se ha originado sobre todo en Norteamérica, donde los términos «liberalismo» y «comunitarismo» presentan connotaciones muy específicas difícilmente extrapolables al continente europeo, convendrá que dediquemos un espacio a centrar lo más posible, tanto lo que significan estas expresiones, como los términos del debate mismo entre ambos frentes, con el objeto de iluminar sus implicaciones para nuestro tema.

Lo primero que hay que advertir es que el debate entre liberales y comunitaristas es, básicamente, un debate de tipo académico o teórico sin referencia especialmente importante en movimientos o programas políticos concretos. Es un debate que Daniel Bell, en dos interesantes artículos publicados en 1993, ha calificado gráficamente como parte de una serie más amplia de «guerras culturales en EE.UU.»: «la disputa entre liberales y comunitarios se da en la torre de marfil de la filosofía política, y sólo secundariamente tiene un efecto indirecto en la política social».[57]

En EE.UU., el término «liberal» alude, aunque de una forma inespecífica, a una posición básicamente de izquierdas, equivalente a lo que entre nosotros sería una actitud más o menos «progresista». Pero en su uso académico, el término «liberal» adquiere una connotación cada vez más plural y repleta de matices, hasta convertirse en una especie de *continuo* en el que se sitúan muchas posiciones teóricas. Esto dificulta la labor de definición de los criterios de distinción entre los distintos «liberalismos». Las dificultades en la determinación de la expresión «liberalismo» se vuelve más aguda todavía dada su naturaleza, como dice Ferrán Requejo, de «cuadrado mágico».[58]

Por una parte, en los últimos años del siglo XX asistimos a un fuerte contraste entre, por una parte, la buena salud teórica del liberalismo como concepción política, y, por otra, a la pérdida progresiva de los partidos liberales en los sistemas políticos occidentales. A pesar de ello, la práctica totalidad de las organizaciones políticas actuales reclaman, en mayor o menor medida, el título de «liberales». Aquí parece radicar parte de *éxito* del liberalismo: «En otras palabras —dice Requejo—, en los últimos años hemos asistido a una reivindicación del *ethos* liberal, así como a un importante proceso de renovación de su fundamentación teórica en ámbitos como la economía o la filosofía política. Puede decirse que, hasta cierto punto, algunos de los rasgos de la tradición liberal forman parte actualmente del *sentido común* de la cultura política occidental».[59]

El «aparente» prestigio del liberalismo, según este autor, está avalado por diferentes razones. Por una parte, por los éxitos prácticos debidos al ofrecimiento de bases normativas y organizativas coherentes entre sí, las cuales se han mostrado estables y sensibles a los cambios socio-económicos de las sociedades contemporáneas. Y, por otro lado, por la menor exigencia normativa que entraña el liberalismo político frente a ideologías rivales. No obstante, esas mismas razones se encuentran también en la base de su ambigüedad y ambivalencia. Pues lo que existe no es tanto «el liberalismo» sino diversos «liberalismos», esto es, un continuo dentro del cual, e incluso sólo a partir del cual, es posible entender entonces las tesis comunitaristas, no tanto como una teoría política radicalmente distinta al liberalismo, cuanto como una reacción crítica de la misma tradición liberal frente a ciertas desviaciones modernas de aquél.

Tal es la tesis que sostiene Daniel Bell en la serie de artículos citados: «En sentido amplio de la palabra, ambos campos (liberales y comunitarios) son "liberales" al tener una postura meliorista, aunque un extremo del *continuum* se mueva hacia un libertarismo individualista y el otro hacia la definición de la comunidad como más importante que los derechos individuales».[60]

Desde este punto de vista, como dice E. G. Martínez Navarro, los autores comunitarios se oponen al liberalismo político (en Norteamérica) y al socialismo democrático (en Europa).[61] El referente fundamental de los comunitaristas no es tanto el liberalismo clásico como el liberalismo reciente, siendo el objeto de sus primeras críticas, como antes señalé, tanto la teoría de la justicia de Rawls como las posiciones expuestas por Dworkin, por ejemplo, en su ensayo «Liberalism».[62]

En términos generales, se puede decir que los términos del debate entre los pensadores liberales y los teóricos del

104

comunitarismo incluyen dos clases de referencias teóricas fundamentales.

En primer término, aquéllas relacionadas con la disputa moral en torno a la ética del deber y la ética de la virtud[63] y, en segundo lugar, aquéllas relativas a la naturaleza de la democracia y de la ciudadanía.[64]

Según indican Jean L. Cohen y Andrew Arato en *Civil Society and Political Theory*, en el centro de la controversia en torno a la ciudadanía y a la democracia protagonizada por liberales y comunitaristas se encuentran dos cuestiones estrechamente relacionadas —una de carácter *epistemológico* y otra de orden más bien *político*— y es posible situar la reacción comunitarista a los postulados liberales formulados tanto por Rawls como por Dworkin, y sus seguidores, en una esfera *metodológica* y en una esfera *normativa*.[65]

La lista de temas que, a partir de aquí, protagonizan el debate es extensa, pero se pueden resumir en cuatro grandes apartados. El primero tiene que ver con la definición misma del punto de vista ético y moral. El segundo, con la cuestión de la separabilidad entre lo justo y lo bueno. En tercer lugar, se debate sobre la propia concepción del yo, del sujeto, y, por último, la cuestión del análisis liberal de la sociedad y la pretensión, comunitarista, de retornar a un sentido más fuerte de comunidad.[66]

Así pues, en este debate nos encontramos con cuatro cuestiones polémicas dentro de las coordenadas más amplias —el tema moral y el tema político— que configuran lo que ya se conoce como el debate liberal-comunitarista.

El *tema epistemológico* se centra en la pregunta de hasta qué punto es posible o no articular una concepción formal, universal y deontológica de la justicia sin que antes se presuponga una concepción sustantiva —histórica y culturalmente específica— del bien. La idea aquí es: la construcción de una buena sociedad, ¿debe basarse en una concepción *pública* de la justicia cuyo fundamento moral se encuentre en una ética de tipo universalista?; es decir, ¿en una ética que, dejando al margen las creencias morales individuales y más específicas, aquellas que derivan de nuestros compromisos particulares con comunidades concretas, puedan todos compartir en condiciones de pluralidad y pluralismo social?

El *tema político* del debate se interroga por la posibilidad de la realización de la libertad en el mundo moderno, y si ella misma debe ser explicada sólo en términos de los derechos individuales de los ciudadanos o de las comunidades particulares en que se desarrollan éstos. La cuestión, por tanto, es: ¿se satisface mejor y plenamente la libertad política de la ciudadanía, en el marco de nuestras sociedades pluralistas y multiculturales, si mantenemos separadas las fronteras entre las cuestiones referidas a la justicia —que a todos nos afectan— y las cuestiones particulares y privadas referidas a las creencias (morales, religiosas, filosóficas) de los ciudadanos? ¿Debe una sociedad democrática basar su concepción de la justicia en una concepción sustantiva del bien humano, de la vida buena?

Simultáneamente, las doctrinas comunitaristas constituyen un reto metodológico y normativo a los postulados del individualismo liberal.

Metodológicamente, como dicen Avineri y De-Shalit en *Communitarianism and Individualism*, se asegura que las tesis defendidas por Rawls acerca de un yo racional capaz de elegir libremente principios equitativos de organización social —separadamente de los fines que le constituyen como ser humano y al margen de las particularidades que proporcionan los contextos sociales, culturales e históricos que las comunidades le proporcionan— son erróneas y falsas.[67] La mejor vía para comprender la conducta humana, aseguran de distinta forma los comunitaristas, es situar y arraigar al sujeto en su comunidad, dotándole de un sentido de pertenencia y de obligación moral por la participación en beneficio del interés común.

Desde el ángulo normativo, los comunitaristas critican la incapacidad del liberalismo para construir una moralidad comunitaria, su ceguera ante el hecho de que las relaciones e interacciones sociales resultan imprescindibles para la realización de la naturaleza humana y su negativa a admitir que sólo dentro de una comunidad específica somos los humanos capaces de educarnos en los principios morales y las virtudes éticas verdaderas.

El debate entre liberales y comunitaristas es, como he dicho, y de forma preferente, un debate de tipo académico. El arranque del debate es la reacción suscitada con motivo de la obra de J. Rawls, publicada en 1971, *Una teoría de la justicia*. Pero no es sino con la entrada de los años ochenta cuando se empieza a popularizar el término «comunitarismo».[68]

Ahora bien, la reacción comunitarista a las ideas de Rawls, y luego a las de otros pensadores liberales, no constituye una crítica sin historia. De algún modo, los comunitaristas basan sus planteamientos en la filosofía moral y política de Aristóteles, hasta el punto que según algún autor los pensadores comunitaristas formarían parte de lo que se ha dado en llamar la *ideología de la phrónesis*, es decir, aquella que acentúa la importancia de la particularidad de los contextos del razonamiento práctico, el *ethos*, concebido como moralidad y buenas costumbres que forman el carácter y la voluntad y las formas de moralidad concreta frente a la ética universalista —con pretensión de validez universal— y centrada en el cumplimiento del deber.[69]

Asimismo, las modernas críticas comunitaristas a la filosofía del liberalismo también recogen aspectos de la filosofía de Hegel —probablemente como consecuencia de la aportación de Charles Taylor, que escribió una obra sobre este pensador—[70] y de las viejas tesis marxistas y neomarxistas al liberalismo clásico.[71]

Me gustaría realizar una última puntualización antes de entrar a tratar con más detalle cada una de estas dos tradiciones de pensamiento político. Dentro de los comunitaristas —como luego veremos— suelen citarse como ejemplos típicos a A. MacIntyre, Ch. Taylor, M. Walzer y M. Sandel. Ninguno de ellos asume de una forma directa su pertenencia a las filas del pensamiento comunitarista, como diré reiteradamente a lo largo del capítulo. Tal vez la respuesta a esta sorprendente situación se encuentra en que, en realidad, lo que se conoce y populariza como «debate liberal-comunitarista» no sea tanto la discusión que estos autores hacen cuando reflexionan sobre las obras de autores liberales —y en concreto sobre la obra y pensamiento de Rawls— como la discusión de·los autores que estudian lo que ellos mismos perciben como un enfrentamiento entre autores denominados como «liberales» y pensadores popularizados como «comunitaristas». Son estos últimos los que han generado el debate», no aquéllos. Además, dentro del comunitarismo existen muchas versiones —como en el liberalismo— hasta el punto que autores como Walzer, e incluso Taylor, podrían calificarse como «comunitaristas liberales» o incluso «comunitaristas universalistas», por no rechazar en su conjunto el proyecto filosófico y ético de la *modernidad*.

2.6. La ciudadanía como estatus: Rawls y el pensamiento cívico liberal

Como señala Gray, el liberalismo constituye una tradición de pensamiento que reúne un conjunto de pensadores y de ideas muy variadas en la que se ofrece una idea determinada del hombre y de la sociedad, que se puede resumir en las notas siguientes:

1. Es una teoría *individualista*, por cuanto afirma la primacía moral de la persona frente a las exigencias de cualquier colectividad social.

2. Es una concepción *igualitaria*, al conferir a todos los hombres el mismo estatus moral. Según el liberalismo, todo ser humano está dotado de: a) autonomía; b) dignidad; c) inviolabilidad. Según el liberalismo, dentro de un orden político o legal no pueden aceptarse diferencias de valor moral entre los seres humanos.

3. Es una concepción *universalista* al defender la unidad moral de la especie humana y conceder una importancia secundaria a las asociaciones históricas específicas y a las formas culturales.

4. Es una concepción *meliorista*, ya que considera que cualquier institución social y acuerdo político es corregible y mejorable.[72]

De acuerdo con esta caracterización global de la tradición filosófica del pensamiento cívico liberal, dentro del liberalismo encontramos un conjunto de doctrinas, filosóficas y políticas, que se distinguen por defender tanto una determinada concepción del individuo —como ser dotado de autonomía, dignidad e inviolabilidad y como ente que es previo a cualquier comunidad— como por sostener una visión universalista, cognitivista y deontológica de la ética y afirmar, en política, la primacía de la justicia sobre el bien y el principio de neutralidad ante las formas rivales de vida buena.

En este sentido, por tanto, el liberalismo es tanto una teoría filosófica —de orden moral o ético— como una postura política. La aplicación de las tesis filosóficas y políticas que defiende el liberalismo al campo de las discusiones económicas, da lugar a lo que se llama el *liberalismo económico*.

Como filosofía moral y como filosofía política —y a pesar de las diversas perspectivas que contiene, inscritas todas ellas en las coordenadas que marcan el utilitarismo y el kantismo—, el liberalismo posee su propia *gramática teórica*, la cual encuentra, al menos, cuatro fuentes posibles de legitimación o fundamentación de sus planteamientos.

En primer lugar, el *realismo*, inspirado en Hobbes, que sitúa en la base de la legitimidad de la organización política a la paz y a la seguridad. En segundo término, la defensa del *derecho a la intimidad* (la limitación del poder del Estado y de los otros individuos) y su priorización sobre la esfera de lo público. En tercer lugar, la defensa o reivindicación de la libertad y de la autonomía positiva, que encontrará en la filosofía de Kant y en el utilitarismo sus fuentes de inspiración filosófica más firmes. Y, por último, el principio de *neutralidad*, en el sentido de defender la idea de que el gobierno debe ser neutral ante las distintas concepciones de la vida buena y del bien moral individual.

Por tanto, el liberalismo construye una estructura conceptual, en la que se dan cita múltiples perspectivas teóricas político-morales, sustentada en cuatro conceptos fundamentales, a los que la organización de la vida social y política debe plegarse para ordenarse adecuadamente: seguridad, derecho a la intimidad, autonomía positiva y neutralidad. La práctica totalidad de los pensadores liberales modernos defienden, en sus respectivas teorías, alguno o algunos de estos conceptos clave del pensamiento liberal.

En un caso, como ocurre con el liberalismo político de tipo procedimental de Rawls, Dworkin o Larmore, el principio de neutralidad; en otros casos, como acontece desde la tradición de la autonomía negativa, en Hayek o Nozick, el realismo; un tercer grupo, en el que se encontraría la ética comunicativa de Habermas, por ejemplo, defendería el concepto de autonomía positiva.

No obstante, las tesis más conocidas del pensamiento liberal, en tanto que liberalismo político, son la separación entre justicia y bien moral y la neutralidad. En una democracia constitucional —se argumenta aquí—, la garantía de las libertades y derechos cívicos tienen prioridad sobre cualquier concepción personal de la vida buena, lo que significa que los derechos cívico-políticos individuales básicos son inviolables, al estar basados en el igual valor y dignidad de toda persona. Así pues, el gobierno debe ser neutral ante las diversas concepciones de la vida buena que se dan en el seno de la sociedad pluralista, porque ninguna ley o legislación puede favorecer una u otra concepción de la vida buena, sin incurrir en contradicción y parcialidad.

El Estado, por tanto, no puede ni debe imponer a todos los ciudadanos una concepción sustantiva del bien humano. Debe limitarse a crear un marco jurídico dentro del cual cada ciudadano, en el respeto a las leyes, lleve a cabo su proyecto de vida personal. Todo lo más, en una democracia constitucional debe asegurarse un conjunto de valores morales mínimos —una ética mínima, al decir de Larmore— que cualquier ciudadano, con independencia de sus creencias personales, acepte y respete. A esta ética o moral mínima, algunos autores la llaman *ética cívica*.[73]

En consecuencia, el *ethos liberal* viene a defender un modelo legal de ética que se basa en la idea de que el valor moral de una acción viene determinado por un conjunto de principios universalmente aplicables y que cada individuo es la máxima autoridad moral al estar dotada de capacidad de autonomía e igual valor y dignidad personal.

La fuente de inspiración de la moral liberal es doble: el utilitarismo y la deontología kantiana.

Del *utilitarismo*, el liberalismo toma prestados la idea de que la racionalidad es un cálculo instrumental de costos y beneficios y el concepto de que el individuo es un maximizador de utilidades y beneficios. De la *deontología kantiana*, por otro lado, un concepto abstracto y formal de la razón humana y la idea de que es posible concebir al hombre con independencia de los contextos históricos, políticos, sociales, etc., concretos.

En resumen, el liberalismo es la postura que trata de encontrar unos mínimos morales comunes desde los cuales se pueda facilitar la convivencia pacífica en un contexto de diversidad y de limitar el poder del Estado, para evitar la injerencia de éste en la vida privada de los ciudadanos.

Así pues, el concepto de *justicia*, que concentró la atención de la filosofía política durante la década de los años setenta, tuvo un protagonismo especial entre los especialistas tras la publicación, en 1971, de *Teoría de la justicia*, de John Rawls, obra que no sólo supuso una revitalización de la filosofía política, en tanto que disciplina académica y ámbito de investigación, sino que planteó serios retos a las filosofías de corte utilitarista desde una construcción claramente filiada a las teorías del contrato social y al liberalismo kantiano.

Rawls formuló en esta obra un concepto *individualista* de sujeto, como agente supuestamente racional capaz de elegir libremente sin la ayuda de las particularidades que un específico contexto social, cultural e histórico podría proporcionarle, desde lo que denominó «posición original» y «velo de la ignorancia». Para Rawls, la vía para pensar acerca de lo que debería ser una justa y equitativa organización de la sociedad supone imaginar los principios que podrían ser acordados por los sujetos una vez negado el conocimiento de ciertos hechos particulares sobre sí mismos.

Según Rawls, la justicia es la primera virtud de las instituciones sociales, al igual que la verdad lo es de los sistemas de pensamiento. Del mismo modo que una teoría tie-

111

ne que ser rechazada o revisada si no es verdadera, las instituciones o las leyes que son injustas deben ser abolidas o reformadas. La inviolabilidad de las personas se fundamenta, por tanto, según Rawls, en la idea de la justicia, hasta el punto que incluso el bienestar de la sociedad, considerada en su conjunto y como un todo, no puede atropellar de ninguna manera. Por esta razón, desde el prisma del imperativo de la justicia, hay que negar la justificación de la pérdida de libertad para algunos en nombre de un mayor bien compartido por otros.

De acuerdo con este planteamiento, una sociedad bien ordenada lo es no sólo cuando está diseñada para promover el bien de sus miembros, sino cuando está regulada efectivamente por una concepción de la justicia, lo que significa en esencia que: «a) cada cual acepta y sabe que los otros aceptan los mismos principios de la justicia, y b) las instituciones sociales básicas satisfacen generalmente estos principios y se sabe generalmente que lo hacen».[74] De acuerdo con estos dos principios, la pretensión de los hombres de satisfacer sus propios intereses quedaría corregida por un sentido público de la justicia, que es el que hace que se asocien conjuntamente de manera segura. Así, dice Rawls: «Entre individuos con objetivos y propósitos diferentes, una concepción compartida de la justicia establece los vínculos de la amistad cívica; el deseo general de justicia limita la prosecución de otros fines. Puede pensarse que una concepción pública de la justicia constituye el rasgo fundamental de una asociación humana bien ordenada».[75] Sin estos vínculos, la sociedad se destruye, porque «la desconfianza y el resentimiento corroen los vínculos del civismo».[76]

Rawls señala que el objeto primario de la justicia es, por tanto, la estructura básica de la sociedad, es decir, la forma en que las instituciones sociales más importantes distribuyen los derechos y deberes fundamentales y determinan la división de las ventajas provenientes de la cooperación social. Estas instituciones sociales más importantes son la constitución política y las principales disposiciones económicas y sociales. El objetivo de la obra de Rawls es, de acuerdo con estas ideas, presentar una concepción de la justicia que generalice la teoría del contrato social —tal y como se encuentra formulada en Locke y en Kant— llevándola a un nivel más elevado de abstracción. Para lograr su propósito, Rawls establece la idea directriz de que los principios de la justicia para la estructura básica de la sociedad deben ser el objeto de un acuerdo original. Son los principios que las personas racionales y libres aceptarían en una posición inicial de igualdad como definitorios de los términos fundamentales de su asociación. Se trata pues de la justicia como imparcialidad. Dentro de ella, esta posición de igualdad original se corresponde al estado de naturaleza de la teoría tradicional del contrato social. La posición original es una posición hipotética, no una situación histórica real. En dicha posición original de igualdad, dice Rawls: «Nadie sabe cuál es su lugar en la sociedad, su posición, clase o estatus social».[77] Los principios de la justicia, pues, se escogen tras un «velo de ignorancia». Todo ello asegura, según Rawls, la idea de que los principios de la justicia se acuerdan en una situación original que es justa. En su exposición, Rawls señala que un rasgo esencial de la idea de justicia como imparcialidad es el pensar que los miembros del grupo de la situación inicial son racionales y mutuamente desinteresados. No se les considera egoístas, sino seres que no están interesados en los intereses ajenos. Además son racionales, y para evitar conflictos, Rawls llega tan lejos como para pensar que aquí el concepto de racionalidad tiene que ser interpretado, en lo posible, en el sentido tradicional de la teoría económica, según el cual se emplean los medios más efectivos para fines dados: «Se debe tratar de evitar introducir en él elementos éticos controvertidos de cualquier clase».[78]

De acuerdo con este planteamiento, nadie tiene derecho a obligarnos a ser feliz a su modo y ninguno tiene el derecho a obligar a otro a ser feliz a su modo, es decir, según el modelo de felicidad que se estime más conveniente. Precisamente por ello hay que defender el respeto mutuo entre los ciudadanos —tratarnos mutuamente como fines y no como medios— y se puede impedir legalmente la pretensión del Estado, si la tiene, de imponer un modelo específico de vida buena o de felicidad o de proyecto vital. Cada uno debe perseguir autónomamente su propio proyecto de vida, compartiendo una ética mínima, pero dentro de unos límites estrictamente jurídico-legales, basados en tales valores mínimos compartidos. De acuerdo con este planteamiento, muchos autores han creído ver en la tradición de pensamiento liberal, o en algunas tendencias fuertemente individualistas dentro de ella, una concepción de la ciudadanía enmarcada en lo que Bellah llama «política del interés».

En efecto, en el año 1985, Robert Bellah y sus colaboradores publicaron una interesante investigación en la que deslindaron tres diferentes concepciones de la política, que a su vez estaban estrechamente relacionadas con tres ideas diferentes de la ciudadanía.

Según la primera interpretación, la política constituye un intento de hacer operativo el consenso moral de la comunidad, alcanzado por medio de debates y confrontaciones libres entre los individuos. Es la idea de la *política como comunidad*. En este contexto, la ciudadanía consiste en asumir un compromiso con los demás en beneficio de la comunidad total. En segundo lugar, nos encontramos con la interpretación de la *política como interés*. Aquí la política es una búsqueda de intereses discordantes, en un contexto plural, según reglas acordadas previamente y de carácter neutral. Finalmente está la idea de la *política de la nación*, es decir, la elevación de la política al arte de gobernar cuestiones de alto nivel nacional que trascienden los intereses particulares: «Si la política de comunidad es considerada como la esfera del compromiso "natural", y la política de interés como la de la negociación no completamente legítima —dicen los citados autores—, la política de la nación es la esfera del gobierno imparcial de acuerdo con la ley y, sobre todo, del "liderazgo" en el sentido de unión para la acción de gente dispar».[79]

Lo que Bellah llama «tradición del individualismo liberal», en efecto, ha sido una firme defensora de la concepción de la democracia como modelo político pluralista de representación y de gobierno, y en este sentido parecería conectada con la idea de la política como interés, como antes señalaba. Recordemos lo que acabamos de decir: para esta tradición, el individuo no sólo tiene prioridad epistemológica y ontológica sobre la sociedad, sino también prioridad moral. En tanto que ciudadanos, los individuos deben ser plenamente soberanos, y en tanto que seres humanos, requieren de libertad y de seguridad para realizar su propia vida. Dentro de este pensamiento, la ciudadanía es un estatus que debe ser mantenido y protegido. Y así la política se pone al servicio de sus propósitos e intereses, con el fin de proteger a los ciudadanos en el ejercicio de sus derechos. La política, de acuerdo con este esquema de pensamiento, tiene un carácter estrictamente instrumental. Su papel no es diseñar en qué deba consistir la buena vida, sino garantizar, sobre la base de un principio de neutralidad de procedimiento, y de no injerencia en la esfera privada, el marco adecuado —reglas, procedimientos, instituciones o normas— dentro del cual los individuos realicen sus propios proyectos de vida. De este modo, la justicia no es más que un *remedial value* dirigido a asegurar que los ciudadanos desarrollen su propia versión de la vida buena.

Este punto de vista sostiene que los derechos de los ciudadanos son importantes porque capacitan al ciudadano a autoprotegerse del gobierno y a avanzar en las libertades e intereses individuales y privados. Lo que se indica es que la asunción de una parte o de la totalidad de las obligaciones cívicas es una cuestión de elección individual. En tanto que ciudadanos, tenemos el derecho de elegir el grado de nuestro compromiso en los asuntos cívico-políticos.

La ciudadanía es, pues, la adquisición de un estatus, y alude, básicamente, a las relaciones formales entre el individuo y el Estado, relación de acuerdo con la cual se asignan al ciudadano una serie de derechos cívico-políticos vinculados a la Constitución.

Concebida en estos términos, la ciudadanía es una cuestión legal y formal, básicamente. No parece tener un contenido sustantivo ni ser fuente de inspiración de normas éticas. Por eso se la ha calificado de «ciudadanía débil»: porque los derechos legales del ciudadano sólo son un prerrequisito o condición posibilitante del ejercicio de prácticas cívicas más tangibles. Los derechos cívicos son importantes, pero sólo como medio para poder prestar atención a valores más fundamentales y a principios que proporcionen un contenido más esencial a la ciudadanía.

Las críticas más frecuentes a esta visión de la ciudadanía son: a) se basa en el principio de exclusión de los no ciudadanos; b) implica una tácita y problemática separación entre derechos del hombre y del ciudadano; c) va contra el fenómeno mundial del multiculturalismo; d) la igualdad de derechos propugnada por esta visión, de hecho, no se aplica a la esfera económica, dentro de la cual la libertad se concibe para poder reclamar el derecho a acumular riqueza, de acuerdo con el propio interés y talentos, lo que produce mayor desigualdad social. Están en relación inversa la igualdad política y la económica.

En síntesis, puede decirse que el compromiso cívico liberal se sustenta en los puntos siguientes:

1. La norma de moralidad social fundamental es el derecho que tiene todo individuo a igual respeto y consideración.

2. La estructura política, económica y social de la sociedad se debería organizar de forma que asegure que la sociedad se convierta en un sistema de cooperación entre individuos igualmente libres.

3. Bajo condiciones de pluralismo, la ley es preeminente al bien, ya que en este contexto los individuos poseen diferentes e incluso contrapuestas convicciones filosóficas, morales o religiosas. Cualquier pretensión por parte del Estado o del poder de ofrecer una visión comprensiva del bien social quedará por tanto excluida, ya que podría violar el derecho de algunas personas a recibir igual tratamiento y respeto. Se asienta así, como principio básico, el principio de neutralidad de procedimiento y de no intervención.

4. Las desigualdades individuales entre las personas, debidas a talentos personales o mejores condiciones socio-económicas, se corregirán mediante una intervención social apropiada sin excluir a nadie del poder económico o político.[80]

Así pues, de acuerdo con el punto de vista de la tradición filosófica del liberalismo, el respeto por los derechos del individuo y el principio de neutralidad política es el patrón de legitimidad de las democracias constitucionales. En tanto que individuos, los ciudadanos son poseedores de derechos morales, cuyo reconocimiento sirve para limitar la intervención de los otros y del Estado mismo en la esfera de la vida privada, la cual tiene primacía moral sobre el ámbito común, la esfera pública. En última instancia, tales derechos no provienen de convención social alguna o de la tradición, sino de lo que se considera como lo más privativo del individuo —su propiedad más preciada— la autonomía moral y la dignidad humana.

2.7. La ciudadanía como práctica: el pensamiento comunitarista

Como ya he señalado, con el término «comunitarismo» hay que entender a un conjunto de doctrinas de filosofía política y teorías morales contemporáneas, especialmente norteamericanas, defendidas por autores como M. Sandel, Ch. Taylor, A. MacIntyre o M. Walzer,[81] que rechazan los postulados liberales, tanto kantianos como utilitaristas, sobre el concepto de individuo y racionalidad. De un modo específico, el comunitarismo —como corriente de filosofía moral y política— insiste en el carácter fuertemente social del individuo, en los estrechos lazos entre moralidad y las costumbres de la sociedad y en la relación entre las concepciones del bien humano y —en el caso de algunos comunitaristas más que otros— una concepción teleológica de la naturaleza humana, que se refleja en ciertas virtudes.

Aunque es usual vincular la doctrina comunitarista a determinadas posiciones filosóficas, inspiradas sobre todo en el pensamiento ético-político aristotélico y en algunas ideas de Hegel,[82] es prudente, como señalan Mulhall y Swift, distinguirlas de una apropiación popular del mismo término por parte de lo que, desde hace ya varios años, pretende haberse constituido como un movimiento político liderado por Amitai Etzioni.[83]

Etzioni publica en 1988 un libro titulado *The Moral Dimension: Toward a New Economics*, y en 1994 *The Spirit of Community*,[84] un año después de comenzar su andadura *Community Network*, asociación destinada a divulgar las ideas comunitaristas en todo el mundo, las cuales parecen haber encontrado, entre sus seguidores, a miembros reconocidos del la presidencia de los EE.UU, al congresista republicano Jack Kemp y, en Europa, Tony Blair y una buena parte del partido laborista británico.[85] Mulhall y Swift observan que aunque la obra de Etzioni se basa a veces en ideas que provienen del «comunitarismo filosófico» es difícil descubrir algo más que relaciones muy genéricas entre el programa al que se refiere y las tesis de comunitaristas como MacIntyre, Sandel, Taylor o Walzer. A pesar de todo, el grado de confusión es tal en lo que se refiere al denominado «pensamiento comunitarista» que incluso algún autor ha pretendido extraer consecuencias políticas de posturas filosóficas comunitaristas.[86] A pesar de todo, lo cierto es que el poder de difusión del enfoque comunitarista liderado por Etzioni ha sido tan fuerte, que en las dos últimas obras que se han publicado bajo su dirección —*Rights and the Common Good* y *New Communitarian Thinking*— aparecen trabajos firmados por filósofos comunitaristas tales como Robert N. Bellah, Benjamin Barber, Charles Taylor y Michael Walzer. En cualquier caso, la posición del comunitarismo de Etzioni queda bien reflejada en la siguiente declaración de principios: «Una perspectiva comunitarista reconoce tanto la dignidad humana individual como la dimensión social de la existencia humana. Una perspectiva comunitarista reconoce que la preservación de la libertad individual depende de un activo mantenimiento de las instituciones de la sociedad civil donde los ciudadanos aprendan el respeto por los otros así como el autorrespeto; donde aprendemos un vívido sentido de nuestras responsabilidades personales y cívicas, junto con el aprecio de nuestros derechos y el de los demás».[87]

Los «teóricos» del comunitarismo, y hasta donde es posible referirse a esta postura en los términos de una teoría unificada, asunto nada fácil de asegurar, como se puede apreciar, defienden, por tanto, la naturaleza esencialmente política del ser humano —la concepción del individuo no como individuo, sino como *ciudadano*—, la importancia de la *comunidad* y de las *tradiciones* en el proceso de constitución de la identidad personal del sujeto, y rechazan, en mayor o menos medida, los presupuestos de la filosofía y las teorías éticas modernas en contra de pensadores liberales contemporáneos como Rawls o Dworkin. Además, parecen ofrecer una visión del pensamiento liberal más clara que la proporcionada por muchos de sus exponentes.[88]

Los primeros trabajos comunitaristas modernos concentraron su crítica en los postulados individualistas del liberalismo a partir de la distinción hegeliana, recuperada para las tesis comunitaristas por Charles Taylor probablemente, entre *Moralität* —que se refiere a las reglas de moralidad universales y abstractas— y *Sittlichkeit* —que alude a los principios morales específicos de una concreta comunidad. Frente a la defensa liberal de la supremacía de la *Moralität*, los comunitaristas defienden la importancia del crecimiento moral del sujeto desde el sentido de pertenencia a una comunidad concreta. Frente a estos planteamientos, los pensadores comunitaristas sostienen que el ideal liberal de la autonomía se basa en una concepción abstracta e incoherente del yo como sujeto de derechos. Les acusan de ser incapaces de reconocer en la ciudadanía participativa un modo de identidad social, y de no superar el riesgo que conlleva la posición liberal misma de que el individuo, en último término, sólo sea capaz de situarse ante las formas de vida colectiva desde una posición meramente individualista e instrumental, a la postre utilitarista. Por contra, los comunitaristas defienden, en primer lugar, que los individuos se socializan en comunidades, dentro de un contexto histórico y social, el cual les proporciona una identidad colectiva: la ciudadanía.

Sandel, en *Liberalism and the limits of justice*, ataca sobre todo la idea de que la justicia es anterior a cualquier otro ideal moral o político, es decir la tesis de Rawls de que el individuo es anterior a sus fines y experiencias, un agente elegidor separado de su contexto y desarraigado de vinculaciones de interés social.[89] MacIntyre, por su parte, enfrenta la moralidad liberal a lo que denomina *moralidad del patriotismo*, es decir la virtud —expresada en el sentimiento de amor a la comunidad— cívica por excelencia, aquella que permite una mejor relación del individuo con la comunidad, como base para su crecimiento como agente moral.[90]

El comunitarismo concluye, de estas críticas, un ataque frontal a la idea liberal de la personalidad moral. En la base de este posicionamiento es posible descubrir dos críticas principales del comunitarismo al pensamiento liberal. La primera crítica —según Walzer—[91] se basa en el argumento de que la teoría política liberal representa de una manera fiel la práctica social liberal, es decir, la naturaleza de nuestra vida colectiva «asocial», desmembrada y disociada. Cada individuo se imagina solo, separado y desligado de vínculos comunitarios. Es un «elegidor» sin referencia a contextos particularistas. Esta crítica promueve un argumento comunitarista que acaba traduciéndose en un discurso de crisis, en una narración o relato en el que se muestra lo que hemos perdido y la necesidad de recuperar las viejas tradiciones de la vida cívica. Por el contrario, la segunda crítica comunitarista argumenta que la teoría política liberal hace una descripción profundamente equívoca de nuestra realidad social. En realidad —argumentan los comunitaristas— los individuos mantienen fuertes vinculaciones emocionales y cívicas con los demás. Más aún: la estructura profunda de la sociedad liberal es, de hecho, comunitaria. Como dice Sullivan: «La realización de uno mismo e incluso el desarrollo de la identidad personal y el sentido de nuestras vidas en el mundo dependen de la actividad social. Este proceso compartido es la vida civil, y su fundamento es el compromiso con otros: otras generaciones, otros tipos de personas cuyas diferencias son significativas porque contribuyen al edificio sobre el cual descansa nuestro sentido particular del yo. Así, la mutua interdependencia constituye el concepto fundacional de la ciudadanía [...]. La *polis* es, en verdad, aquella que hace posible al hombre como ser humano».[92] Desde este argumento, la teoría liberal distorsiona nuestra realidad social.

Ahora bien, ambos argumentos no pueden sostenerse al mismo tiempo. De alguna manera, el primero de ellos, de ser cierto, da la razón a Rorty, en el sentido de que si en realidad no formamos más que una comunidad disociada, una comunidad de extranjeros, ¿acaso podríamos hacer algo más que poner —como pretende el pensamiento liberal— en primer término la justicia? ¿No es cierto que una educación orientada a estrechar nuestros lazos cívicos y comunitarios, a conectar más estrechamente ciudadanía y virtud, provocaría serias disonancias en los ciudadanos, de nefastas consecuencias? En este caso, lo mejor es asumir plenamente el reto que Rawls nos plantea: comenzar de cero, instaurar una unión, aunque artificial, pero desde una «posición original» en la que cada uno, en una real igualdad de partida, acordase con el resto bajo qué principios desea vivir en sociedad.

Pero si la segunda crítica comunitarista es cierta, y entonces el liberalismo representa mal la vida social y da una imagen distorsionada del *yo*, entonces el liberalismo no puede pretender imponerse sin propiciar una grave alteración en los ciudadanos. Pero el comunitarismo carece, en ese caso, de fuerza normativa. Si somos criaturas, de hecho, comunitarias, no hay justificación alguna para la propuesta comunitarista. En este caso, tal vez el liberalismo tenga alguna justificación. Tal vez entonces la propuesta liberal de fundar una sociedad bien ordenada en los principios de una justicia como equidad sirva de instancia crítica, de instancia de apelación reflexiva frente a una posible excesiva uniformidad comunitarista.

Tal vez la paradoja se resuelva apostando por la idea que Walzer elabora en su libro *Moralidad en el ámbito local e internacional*. Nuestra realidad social democrática es, dice ahí Walzer, plural y diferenciada, al mismo tiempo minimalista y maximalista. No hay democracia, sino «vías democráticas» y una especie de ciudadanía diferenciada. Más aún, todo individuo —señala Walzer— se encuentra dividido, pero no fragmentado —salvo en casos patológicos de fuerte desestructuración de la personalidad—. Dividido entre sus intereses y roles; entre sus identidades; dividido, en fin, entre sus ideales, principios y valores. Así, nuestro vocabulario socio-moral está dotado de una doble terminología: los significados de los términos morales que empleamos o a los que apelamos para juzgar la realidad, efectuar nuestras reivindicaciones o formalizar nuestras protestas tienen significados a la vez, y simultáneamente, máximos (liberados de enraizamientos particularistas) y mínimos (expresados con uniformidad, en el marco de un mismo idioma, cultura o marco histórico). Todos reconocemos la pretensión de la justicia, en cualquier lugar, pero la interpretamos y llenamos de contenido de acuerdo con nuestros marcos comprensivos minimalistas y tenues. Vivimos, pues, de acuerdo con unos patrones de moralidad minimalistas —es decir, en una moralidad cercana al núcleo, tenue, pero comprometida— y maximalistas, es decir, universalistas y densos, que a menudo producen desacuerdos. Tales desacuerdos son reales e inevitables. Pues ahí donde hay un discurso filosófico o racional más o menos elaborado hay discrepancia, de la misma forma que donde hay caballeros existen torneos, porque la caballerosidad se funda en una clara «ética del honor», que le dota de sentido.[93]

Un punto de especial conflicto entre liberales y comunitaristas se refiere al concepto de ciudadanía. Según los comunitaristas, la ciudadanía no es meramente la adquisición de un título o un estatus, sino una práctica de compromiso orientada a la participación en el ámbito público, la formación de virtudes públicas y la articulación moral del bien público. Y en segundo lugar, los comunitaristas ven en la comunidad una fuente de valores, deberes y virtudes sociales, muy distintos de los derechos individuales liberales que éstos confieren a una abstracta concepción del yo y de la humanidad.

En efecto, el comunitarismo acentúa el espíritu de compenetración con comunidades políticas y morales concretas, pero reúne dentro de sí tendencias diversificadas para fortalecer dicho espíritu. Por una parte, tendencias localistas e incluso ecológicas, esto es, una clara defensa de formas de vida y privilegios locales y, por otro lado, una apelación a la responsabilidad ecológica planetaria, con el fin de hacer de la Tierra un lugar «familiarmente» habitable. En algunas versiones se llega a señalar, incluso, que el comunitarismo es más peligroso para las democracias capitalistas que el comunismo mismo. Así, Edward Luttwak —politólogo y consejero del Pentágono— señala que «el comunitarismo no niega ninguno de los magníficos logros del capitalismo democrático. Los reconoce todos, e incluso le sirven de argumento, para decir después: gracias por habernos conducido hasta este punto que, efectivamente, permite una gran prosperidad y enormes desarrollos. Pero ya es suficiente. De ahora en adelante impediremos cualquier desarrollo ulterior, porque no lo queremos en nuestra región y porque lo consideramos nocivo para la naturaleza, para los animales y las personas».[94] El irónico comentario de Luttwak apunta en una dirección: políticamente, el comunitarismo buscará dedicarse a la oposición democrática. Desde el punto de vista de la filosofía académica, el comunitarismo parece presentarse, más que como una escuela de pensamiento, como una dimensión de la crítica al individualismo filosófico.

Las especiales características de nuestras sociedades modernas —heterogéneas y multiculturales— hacen que las tesis fundamentales del liberalismo y del comunitarismo sean, a la vez, relevantes e inapropiadas, o al menos parcialmente mal planteadas.[95]

Un tema especialmente tratado en este debate es el relacionado precisamente con la legitimidad de la *tolerancia*, su posibilidad y sus límites en el marco de la coexistencia de grupos culturalmente diversos y antagónicos.[96] ¿Niega la frecuente apelación comunitarista a la «comunidad» y a la «tradición» el valor real de la tolerancia e incluso su posibilidad misma de existencia? ¿Resulta una afirmación fuerte de la comunidad contradictoria y aún opuesta al pluralismo y a la aceptación de la diferencia?

La respuesta más inmediata y generalizada a estas cuestiones es, con toda probabilidad, negativa, como dice M. Passerin d'Entrèves en su ensayo «Communitarianism and the Question of Tolerance».[97] En principio «comunidad» y «tolerancia» parecen pertenecer a espectros axiológicos o conjuntos de valores políticos diferentes. Parecen diseñar formas de identidad contrapuestas. La comunidad, una identidad basada en la tradición, la costumbre y en la historia de la memoria colectiva. La tolerancia parece evocar una clase más flexible de identidad, más abierta a las diferencias, a la pluralidad y a estilos de vida alternativos.

Parece que la tolerancia, como valor, está en mejores condiciones de florecer en un contexto caracterizado por modos de conducta y estilos de vida culturales que no parecen exigir del sujeto un apoyo incondicional y que, al mismo tiempo, puedan ser susceptibles de continua modificación y readaptación a contextos nuevos por medio de la evaluación crítica y la reflexión personal de los sujetos.

La tolerancia, como ya destaqué en el anterior capítulo, ha sido asociada frecuentemente al pensamiento liberal y, más específicamente aún, a uno de los rasgos centrales de la filosofía del liberalismo: el principio de neutralidad. Bruce Ackerman describe este principio en su libro *La justicia social en el estado liberal* del siguiente modo: «Ninguna razón es una buena razón si requiere que el poseedor del poder afirme: a) que su concepción del bien es mejor que la concepción del bien sostenido por cualquiera de sus conciudadanos; o b) que, independientemente de su concepción del bien, él es intrínsecamente superior a uno o más de sus conciudadanos».[98] Según esta fórmula, una estructura de poder es ilegítima si sólo puede justificarse sobre la base de una autoridad moral privilegiada.

De acuerdo con estos dos principios, algunos autores señalan que existen dos tipos de liberalismo, o mejor, dos fundamentos distintos del liberalismo: el liberalismo basado en la neutralidad y el liberalismo basado en la igualdad.[99]

Para el primero, la igualdad económica es la consecuencia de aplicar el principio de neutralidad en las discusiones económicas (la neutralidad exige la igualdad), y para el segundo el gobierno tiene que tratar de manera igualitaria a los ciudadanos, por lo que defiende la neutralidad moral en la medida que lo exija la igualdad (la igualdad exige la neutralidad). De acuerdo con esto, la primera versión del liberalismo encuentra en el escepticismo moral su defensa más natural, no ofreciendo ningún argumento contra algunas formas de utilitarismo y demás justificaciones contemporáneas de desigualdad económica —por lo que ha sido acusado de ser una teoría negativa que no compromete a las personas— y, la segunda versión del liberalismo descansa en un compromiso positivo con respecto a la moralidad igualitaria. Aunque respeta y tolera un ámbito de autonomía moral individual, posee una dimensión económica y social redistributiva.

Así pues, el liberalismo basado en la neutralidad sostiene que las decisiones políticas tienen que ser neutrales e independientes de cualquier concepción de la vida buena o sobre lo que da valor a una forma de vida humana, mientras que el liberalismo de la igualdad sostiene que el contenido del tratamiento igualitario no puede ser independiente de alguna concepción de lo bueno, ya que tratar a la persona como a un igual significa tratarla de acuerdo con un modelo normativo concreto.

C. S. Nino indica que lo que entra en juego en estos planteamientos es el principio de autonomía de la persona.[100] Señala que si la elección de una forma o plan de vida es algo valioso, ni el Estado ni el resto de los individuos pueden interferir en dicha elección, sino que hay que limitarse a diseñar instituciones y un marco neutral que facilite la búsqueda individual de planes de vida y formas de excelencia humana libremente elegidas por las personas. Así, la interferencia en la elección de los ciudadanos de tales planes de vida es algo objetable en la medida que suponga el abandono del criterio de neutralidad respecto a las formas de vida buena y a las concepciones virtuosas personales de los sujetos.

Este hecho plantea lo que se conoce como la «paradoja liberal de la tolerancia», esto es: ¿cómo se puede defender el derecho de las personas a ejecutar actos o adoptar formas de vida que se consideran degradantes para la propia personalidad moral? La paradoja consiste en apreciar la incoherencia de sostener simultáneamente dos tipos de juicios contradictorios entre sí. Para algunos lo que da fundamento a esta posibilidad de emitir juicios distintos y contradictorios es la opción por el relativismo moral. Pero esto es contradictorio con las propias premisas del relativismo. El relativismo es autofrustrante.

Precisamente por esto, algunos autores piensan que la única exigencia de la neutralidad es la creencia en el pluralismo moral, el cual no implica que no se puedan proponer o defender determinadas conductas como moralmente correctas o incorrectas.

Así pues, para salvar la paradoja liberal de la tolerancia, los liberales han solido distinguir entre lo correcto y el bien. Han diferenciado, a favor de las primeras, las concepciones relativas a la justicia y lo correcto de las concepciones relativas a la vida buena o el bien. Esta distinción apunta a la posibilidad de poder diferenciar nuestros juicios relativos a los deberes y obligaciones de nuestros juicios relativos a los criterios morales que definen la vida buena. Si lo correcto se distingue de lo bueno, entonces tenemos una base para exigir que el derecho sea neutral entre las diferentes y a menudo conflictivas o rivales concepciones de lo bueno. Sólo se puede imponer coactivamente lo correcto, pero no lo bueno, por lo que no todo lo moralmente malo debe ser prohibido por el derecho.

Este planteamiento ha sido matizado por algunas teorías liberales de corte consecuencialista al afirmar que lo correcto es la maximización de lo bueno, por lo que la separación entre lo correcto y lo bueno no es aceptable.

Para los autores comunitaristas, el principio de neutralidad del liberalismo se basa en una concepción limitada, abstracta y falsa de la persona. Sólo manteniendo una concepción de la persona moral en la que los individuos se conciben como sujetos o átomos aislados y separados de sus comunidades y de las tradiciones en las que viven se puede mantener, en su opinión, la separación entre lo correcto y lo bueno y el principio de neutralidad.

Los comunitaristas acusan a los teóricos del liberalismo que defienden la neutralidad de apoyar la defensa de los derechos individuales de la persona y de ser incoherentes al rechazar que toda defensa de los derechos de las personas no se puede mantener sin una previa concepción del bien humano. Más aún, les acusan de mantener veladamente una concepción del bien —con lo que desmienten su pretendida neutralidad—, la cual se concreta en la satisfacción de los propios deseos y preferencias. Con todo, como señala Gonzalo Jover, «lo que el comunitarismo ético, o al menos algunas de sus formas posiblemente más fecundas, rechaza —y lo que el liberalismo ético, al menos en algunas de sus versiones, parece dispuesto a revisar— no son tanto los criterios liberales de tolerancia, neutralidad, autonomía, etc., como la pretensión de su validez incondicional como criterios éticos formales por encima de cualquier contenido concreto de moralidad».[101]

Esta crítica comunitarista, por tanto, se refiere a que no se puede identificar el placer con la satisfacción de los deseos y de las preferencias y a que el placer, que es un tipo de bien humano, no es ni el único posible ni el más importante. Para profundizar en esta crítica algunos autores han distinguido entre el *modelo ético del gusto* y el *modelo ético perceptivo*. El primer modelo sostiene que las cosas son valiosas porque son deseadas y el segundo que las cosas se desean porque son valiosas. En el modelo del gusto, los valores lo son en la medida que nos producen placer o los deseamos. Esto significa que para el modelo ético del gusto o del deseo los imperativos morales son lo que Kant llamó imperativos hipotéticos: obligaciones que lo son sólo en la medida que con su cumplimiento logramos algún beneficio u objetivo. Para Kant, a diferencia de Aristóteles, tales imperativos hipotéticos se basan en valores «prudenciales». Es decir, lo que para Aristóteles era un valor o virtud moral por excelencia —la prudencia, *phrónesis*—, para Kant no. Por encima de tales valores prudenciales están los valores auténticamente morales derivados del cumplimiento de los imperativos categóricos: el cumplimiento del deber por el deber mismo, a través del cual logramos la autonomía moral, sin mediación de la voluntad y de contingencias empíricas.

Los comunitaristas, por tanto, al criticar la neutralidad liberal, y la idea de la tolerancia asentada en ella —el derecho y las leyes no pueden calificar conductas morales

127

privadas—, rechazan la separación que el liberalismo, siguiendo a Kant, hace entre prudencia y moralidad, y con ello rechazan lo que para ellos es una concepción reduccionista, deontológica, formal y cognitivista de la moral y de la ética.

Pero al rechazar esta neutralidad al mismo tiempo aceptan que el derecho no puede ni debe ser neutral ante las distintas formas de concebir el bien moral o la vida buena. Aceptan, en efecto, que hay formas de vida y planes de vida mejores que otros y que el Estado debe primar a unas en lugar de a otras. Este compromiso del comunitarista parece ir en contra del pluralismo, el cual, normalmente, ha sido reivindicado como un valor conquistado por el liberalismo.

De forma resumida, por tanto, se podría decir que los principios filosóficos del comunitarismo cívico son:

1. Se concibe al individuo como un ser esencialmente social. Es constitutivo de la propia autoidentidad —como individuo— el establecimiento de un conjunto de lazos sociales, compromisos y roles comunes.

2. La determinación de cómo deberíamos vivir las personas depende de una determinación previa de qué tipo de relaciones sociales y participación comunitaria tienen que ser valoradas como buenas por sí mismas. El bien es previo a la justicia (lo correcto). Toda noción de «derechos», tal y como funciona desde un planteamiento liberal, olvida el papel constitutivo de la comunidad en la conformación del yo.

3. Las personas no pueden alcanzar un conocimiento del bien humano de un modo espontáneo, y no pueden aprenderlo solamente por medio de una introspección solitaria o filosóficamente abstracta. No se alcanza tal conocimiento separadamente de los fines que se deben perseguir aquí y ahora, en el marco de una comunidad concreta. Para saber cómo debemos vivir y cómo se deben organizar las comunidades, debemos ser adiestrados y educados en las excelencias del carácter (virtudes cívicas) y debemos servir como aprendices en una comunidad heredera de una tradición moral —que nada tiene que ver con la tradición defendida por el conserva-

dor Burke— que tiene que ayudarnos a formar nuestro carácter.[102]

4. El conocimiento de la organización de la sociedad depende de una visión integral del bien de la comunidad. Pero el pluralismo de la sociedad moderna impide lograr una comunidad cívica dotada de tradiciones propias y de un *ethos* común, por lo que el ciudadano debe concentrarse en el aprendizaje y ejercicio de ciertas virtudes públicas en comunidades locales y grupos que intencionalmente producen una participación real y continuada.[103]

Un planteamiento de las relaciones entre el individuo y la sociedad exclusivamente basado en la prevalencia de la idea de los derechos individuales es limitado, de acuerdo con este catálogo. De hecho, los individuos son capaces de percibirse a sí mismos de modo que no reduzcan las formas de vida colectiva a un papel exclusivamente instrumental. Particularmente, son capaces de reconocer que tienen ciertos deberes y obligaciones que trascienden ese mínimo cívico del mutuo respeto. Pueden llegar a reconocer que poseen una identidad social, que se expresa de muchas formas en la vida colectiva.

Muchas de las críticas comunitaristas al liberalismo filosófico son claramente sugerentes, aunque no todas ellas resultan igualmente válidas. Por ejemplo, me parece que no podemos desacreditar de un modo global la tradición filosófica del liberalismo sino, más bien, reformularlo, intentando corregir aquellas tendencias que, dentro del mismo, en nuestras modernas sociedades lo están pervirtiendo.

En el fondo, el comunitarismo, como ética o nueva filosofía pública, no es más que la reacción crítica a los errores o las tendencias que, dentro de una misma tradición liberal, resultan aversivas para el ciudadano o la sociedad.[104] El comunitarismo tiene, así, algo de reactivo, algo de terapéutico —pero no de paternalista—, algo de diagnóstico de la situación.

A la vista de estas ideas, ¿qué implicaciones tiene el comunitarismo para una teoría de la educación política? Se pueden concluir varias ideas para responder a esta pregunta.

En primer lugar, del comunitarismo se deriva la creencia de que el pleno desarrollo de la personalidad humana, como objetivo principal de la educación, no se puede lograr al margen de la comunidad y de las vinculaciones sociales que los ciudadanos realizan con contextos comunitarios particulares. Además, en segundo término, educar dentro de la comunidad, y favorecer el desarrollo moral y el sentido de civilidad, exige también organizar la práctica educativa de acuerdo con un concepto de libertad, en tanto que orientada al logro de la felicidad pública. Sin embargo la libertad no es un *a priori*, pues el hombre no elige con anterioridad a los fines que le constituyen. En realidad es la comunidad cívica la que favorece que elijamos unos u otros proyectos de vida, de acuerdo con un ideal moral de servicio a la comunidad. Por eso, en tercer lugar, transmitiendo los valores sociales asociados a la participación en la escena pública la comunidad educa en la libertad y en la justicia. Nos volvemos justos desde la práctica constante y habitual de la civilidad, en el contexto de una comunidad que nos urge a buscar el sentido y a negociar con los otros, mediante las artes propias de la ciudadanía —el diálogo, la persuasión, la conversación pública, el juicio— los significados en que se funda dicha comunidad civil. Para salvar la fragilidad propia de la vida cívica en democracia, el pensamiento comunitarista cree fundamental, así, basar las actividades formativas en una idea normativa de la educación, concebida como actividad intrínsecamente moral y fundada en el desarrollo del carácter de los ciudadanos para promover en ellos el interés por el ejercicio de las virtudes cívicas.

El diagnóstico comunitarista de nuestro espacio político, y el de sus implicaciones para la educación, se puede completar, no obstante. En el próximo capítulo intentaremos hacerlo a la luz de las aportaciones que muchos autores han creído ver en la tradición republicana del humanismo cívico, la cual pone el énfasis en muchos de los aspectos en los que las modernas teorías comunitaristas han incidido, y particularmente en la estrecha conexión existente entre la idea de la virtud cívica y la práctica democrática. De modo especial mi objetivo en el próximo capítulo será doble. Por una parte, destacar la idea de que una educación política requiere también formas adecuadas de pensar lo que tradicionalmente se ha entendido como educación moral y, en segundo término, explorar el concepto de «ciudadanía» que se haya comprometido en cualquier concepto de educación cívico-política.

SEGUNDA PARTE

DIMENSIONES DE LA EDUCACIÓN POLÍTICA

«Nunca estoy más activo que cuando no hago nada, nunca menos solo que cuando estoy a solas conmigo mismo»

CATÓN

ÉTICA DE LA CIVILIDAD: LA ACTUALIDAD DEL HUMANISMO CÍVICO

«La dificultad consiste en la falta de espacios públicos a los que pudiera tener acceso el pueblo y en los cuales pudiera seleccionar una élite, o, más exactamente, donde pudiera seleccionarse a sí misma. En otras palabras, la dificultad reside en que la política se ha convertido en una profesión y en una carrera y que, por tanto, la élite es elegida de acuerdo a normas y criterios que son no políticos por naturaleza»

HANNAH ARENDT,
Sobre la revolución

3.1. El deber de la civilidad: la tradición republicana

Cualquier intento por recuperar o revitalizar la tradición republicana del humanismo cívico —la tradición que está en la base de las modernas propuestas comunitaristas— se enfrenta, en nuestras modernas sociedades, a diversos obstáculos fundamentales.

Por una parte, una tentativa como ésta, ¿acaso no supone un mero ejercicio de añoranza de un pasado imposible, e incluso, quizás, indeseable, de actualizar? Cuando Robert Dahl expone y critica en *La democracia y sus críticos* los esfuerzos de los pensadores comunitaristas contemporáneos —como Walzer o MacIntyre— por recuperar el espíritu cívico de las pequeñas comunidades, inspiradas en el ideal cívico de la *polis* griega, se plantea el mismo interrogante: «Si estos y otros estudios [se refiere a las investigaciones de MacIntyre y otros pensadores comunitaristas o republicanos] nos invitan a retornar a las antiguas tradiciones de la virtud política y el bien común, no nos dan ni un solo vestigio de evidencia de que la vida política en los países democráticos sea menos moral y decente que durante los muchos siglos en que la vida intelectual estuvo dominada por las tradiciones que ellos describen, o de que las personas envueltas en la vida pública estén ahora menos comprometidas con el bien público».[1]

Alain Touraine, en su libro *¿Qué es la democracia?*, ofrece una análisis crítico similar en su tono realista al de Dahl, al enjuiciar la tradición cívica republicana y los intentos de asentar la vida democrática en la excelencia de la virtud cívica y una participación en la esfera pública inspirada en el bien común: «La idea republicana pertenece por tanto a la libertad de los Antiguos y no conduce a la libertad de los Modernos [...]. Racionalización, espíritu cívico, elitismo republicano, todas esas palabras pueden inspirar la admiración o la crítica, pero ninguna de ellas está asociada necesariamente al espíritu democrático, al libre debate o a la ley de la mayoría».[2] Touraine es claro: «*Democracia* sería una palabra muy pobre si no estuviera definida por los campos de batalla donde tantos hombres y mujeres han combatido por ella. Y si tenemos necesidad de una definición fuerte de la democracia es, en parte, porque es preciso oponerla a los que, en nombre de luchas democráticas antiguas, se hicieron y se hacen todavía servidores del absolutismo y la intolerancia. Ya no queremos una democracia de participación; no podemos contentarnos con una democracia de deliberación; necesitamos una democracia de liberación».[3]

El punto central de estas observaciones críticas hacia las propuestas comunitaristas y republicanas es casi siempre el mismo. Todo se resume en la idea de que estas tradiciones, que nos hacen retornar al ideal clásico de la ciudadanía —para cuyo desarrollo adecuado la educación moral del ciudadano y su capacidad de deliberación y juicio resultaban requisitos fundamentales—, están organizadas en torno a lo que B. Constant calificó como «libertad de los antiguos».[4] Constant criticaba en este famoso escrito a los «imitadores de los modelos clásicos» —que él mismo tanto apreciaba— señalando el error de que una mirada excesivamente puesta en tales modelos nos haga olvidar de la distancia que nos separa a nosotros, los modernos, de los antiguos. Un examen detenido de esta distancia, y de las diferencias que nos separan, mostraba, a juicio de Constant, «la inutilidad y la inconveniencia de perseguir fantasmas que pertenecen a una etapa histórica ya clausurada».[5] La pregunta, por tanto, parece pertinente: ¿es posible revitalizar la tradición republicana o recuperar alguno de sus principios hoy? ¿No entraña más bien este esfuerzo un ejercicio de añoranza sin relevancia real para el presente?; solicitar, como parece propio de la doctrina republicana del humanismo cívico, del ciudadano una mayor implicación en la esfera público-política, ¿no resulta contradictorio con el hecho de que la liberación del hombre de la política genera en la sociedad civil recursos y energías que son imprescindibles para el progreso económico?[6] En definitiva, ¿qué necesidad tenemos de actualizar una tradición tan exigente como la republicana si, al parecer, nos debería bastar con las propuestas que, acerca del mismo concepto, nos hace una doctrina, mucho más realista, como la del liberalismo? Para dar cabida a una respuesta razonable a estos interrogantes es necesario explorar con más detalle el núcleo doctrinal del republicanismo clásico. Pero quisiera apuntar, primero, algunas razones que justifican el envite.

En efecto, la crítica a estas viejas tradiciones de pensamiento filosófico-político, que ensalzan la necesidad de una más estrecha relación entre la virtud cívica, la libertad política y la participación en la esfera pública, resulta inevitable en nuestras democracias actuales, en las que el mismo ideal democrático —siempre inalcanzado— está paradójicamente por reinventar. Aquella tensión esencial intrínseca a la misma democracia de la que ya hablamos en el primer capítulo, en el sentido de que, por muy imposible que nos resulte alcanzar los auténticos ideales democráticos, una verdadera democracia debe tender a lograrlos en sus prácticas e instituciones, hace, no obstante, inevitable, que tradiciones como la republicana se hagan presentes en nuestros modos de imaginar nuevas formas de vida y educación cívica.

En el caso de la Grecia antigua, la democracia se resumía en una sencilla idea —razonablemente exacta, aunque selectiva— que tendía a mostrar cómo podía construirse una sociedad basada en la voluntad y libre elección de los ciudadanos que la hacían funcionar. La acción común se identificaba, así, con el desarrollo mismo de la autonomía, con la capacidad de elegir libremente el propio destino de la comunidad y de sus individuos. Hoy, desde luego, desde el punto de vista de la relevancia práctica que para nosotros posee la democracia, «ésta constituye —como dice John Dunn— una idea mucho menos sencilla y, por supuesto, resulta menos atractiva, menos clara, honesta e incomparablemente menos seductora».[7]

Sin embargo, no existe pensamiento sin recuerdo ni memoria. Y el pensamiento político requiere una memoria y una rememoración especialmente fuerte. Si la democracia se hace más auténtica y merecedora de ser vivida cuanto más se acerque a su ideal, tal vez no tengamos otra opción que asumir el riesgo —propio, por otra parte, de la misma libertad humana— de acercarnos a sus ideales y valores más excelsos con el solo recurso a una razón que sabe recordar las tradiciones antiguas que hicieron alumbrar la libertad democrática.

Y una buena manera de hacerlo es comenzar recordando algunos aspectos del nacimiento de la democracia americana. En efecto, Alexis de Tocqueville observó, en *La democracia en América*, que para el ciudadano americano posrevolucionario la política era el marco de realización humana por excelencia. Principalmente como resultado de la descentralización del propio sistema, la aparición del *asociacionismo* conformaba la voluntad de los ciudadanos al servicio de la colectividad, ideal de servicio éste que, en su opinión, parecía estar revalorizado por el ejercicio de determinadas *virtudes públicas*, que eran los medios principales de evitación del provincianismo y de la solitaria placidez que caracterizaba el posible abandono en la vida privada.

En su obra *Sobre la revolución*, Hannah Arendt ha descrito este espíritu revolucionario en los términos siguientes: «La experiencia específicamente americana había enseñado a los hombres de la revolución que la acción, aunque puede ser iniciada en el aislamiento y decidida por individuos concretos por diferentes motivos, sólo puede ser realizada por algún tipo de esfuerzo colectivo».[8]

Tocqueville creyó ver en los primeros años posrevolucionarios una identificación tal entre felicidad individual y prosperidad general que hacía de la esfera privada y la esfera pública un verdadero *continuum*: «El habitante —escribía— se apega a cada uno de los intereses de su país como a los suyos propios. Se glorifica con la gloria de la nación; en los triunfos que ésta obtiene cree reconocer su obra personal y ello le enorgullece, a la vez que se alegra de la prosperidad general de la que se beneficia. Experimenta por su patria un sentimiento análogo al que tiene por su familia y es también una suerte de egoísmo lo que le hace interesarse por el Estado».[9]

El verdadero motor de tal identificación no era otro que la búsqueda del ideal que había permitido la revolución misma y la aparición de la democracia americana, es decir, el *ideal de libertad*. Así, en su opinión, los primeros momentos posrevolucionarios mostraban con claridad el fenómeno significativo, que a él mismo tanto le fascinaba, y que posteriormente encontró a un vivo defensor en Dewey, de que la sociedad americana hubiese hecho de la democracia, no sólo un sistema político estimulante, sino más bien *una forma de vida peculiar*, cuyo mantenimiento y pervivencia necesariamente exigía de determinados «hábitos del corazón», según los llamó el propio Tocqueville, es decir, la práctica de las virtudes públicas destinadas a configurar la genuina condición política de nuestra naturaleza.

Arendt insiste repetidas veces en la identificación entre «libertad pública» y «participación cívica». Así, escribe al comparar la Revolución francesa y la americana: «En efecto, o la libertad política, en su acepción más amplia, significa el derecho a "participar en el gobierno", o no significa nada».[10]

El republicanismo cívico expresa un cuerpo de ideas y doctrinas cuyo origen más directo se encuentra, de un lado, en Aristóteles, y de otro, en las repúblicas romana y veneciana.[11] Como señala Inciarte: «Una república, lo que los griegos llamaban *politeia*, no es, en principio, más que una comunidad política bien gobernada».[12] Éste es el principio básico que informa la actualidad —y el clasicismo mismo— de la tradición cívica republicana, un principio —el del buen gobierno— que se traduce en dos ideas esenciales: a) la primacía del bien común sobre el bien privado; y b) que el gobernante no gobierna en su propio provecho sino en el de la comunidad de ciudadanos.

En este sentido, la doctrina republicana se basa en una clara ética, que informa la naturaleza misma de la actividad política y cívica, y el carácter mismo de sus compromisos: una ética de servicio a la comunidad.

Según la doctrina cívico-política inspirada en esta tradición —que encuentra una de sus mejores expresiones en los famosos *Discorsi* de Maquiavelo—, la forma de vida más elevada es la llamada libertad republicana. De acuerdo con ella, la vida pública es vista como una esfera de actividad superior a la vida privada, por ser en ella donde el ciudadano puede alcanzar su máximo desarrollo y plenitud, y una idea clara de la libertad como autorrealización acorde con su naturaleza esencialmente política.

La evolución histórica de la tradición republicana acaba dejando una clara huella en el humanismo cívico de finales de la Edad Media y comienzos de la época moderna, quedando posteriormente replanteada —en el siglo XVIII— tanto en Inglaterra como en Estados Unidos. A partir de entonces, puede decirse que dentro de esta tradición existen dos claras orientaciones: el republicanismo cívico aristocrático —de carácter más bien conservador— y el republicanismo cívico democrático, menos elitista que el anterior y también más radical.

Para Robert Bellah, en la tradición republicana se sostiene básicamente que la motivación de los ciudadanos para el despliegue de la acción pública es la virtud cívica, la cual transforma las acciones guiadas a partir de los propios intereses. En este sentido, esta tradición interpreta la participación pública como una especie de educación moral, siendo sus objetivos la justicia y el bien público o común. Contrariamente a las tesis planteadas por la tradición del individualismo liberal, el republicanismo cívico desea generar lo que diversos autores califican de una «nueva visión de lo público», que se asienta en la convicción de que el bien común no es una suma de beneficios privados, sino el que beneficia al conjunto de la sociedad y conduce a la «felicidad pública»: «Incluye —señala Bellah— todo lo que hace que la vida pública sea disfrutada en lugar de temida, desde unos servicios públicos adecuados hasta la confianza y la amistad cívica».[13]

Virtud cívica y bien público son, por tanto, las nociones clave en torno a las cuales giran las propuestas fundamentales que, en relación a tan novedosa percepción del ámbito público, se contienen en la tradición del republicanismo cívico. Ahora bien, dichas propuestas encuentran un fundamento claro en determinados presupuestos, que —a pesar de las diferencias que sobre otros puntos mantienen entre sí— comparte esta tradición con los ideales democráticos defendidos por la Grecia clásica. Tales presupuestos, o convicciones sustantivas, se pueden situar en dos grandes grupos de ideas.

El primero está constituido por ideas relacionadas con la consideración del ser humano como ser esencialmente social y político. En cuanto tal, se considera, por un lado, que el hombre bueno es también un buen ciudadano, o dicho de otro modo, que el buen ciudadano es una dimensión de la persona moralmente buena. Por otra parte, se considera que un buen sistema político es una asociación constituida por buenos ciudadanos que poseen el atributo de la virtud cívica, que es la predisposición encaminada a procurar el bien de todos en los asuntos públicos. El buen sistema político, de acuerdo con ello, no sólo refleja la virtud de sus integrantes, sino que también la procura y la alienta.[14]

El segundo grupo de ideas está constituido por la convicción de que el sistema político óptimo es aquel en el que, de un lado, todos los ciudadanos son considerados como iguales en diversos aspectos importantes —por ejemplo ante la ley— y de otro, que promueve la participación del pueblo en su gobierno.

En otro sentido, sin embargo, la tradición republicana se separa claramente de las ideas democráticas de la Grecia clásica, pues junto a la afirmación de la importancia de la virtud cívica, también subraya con énfasis su fragilidad, y la posibilidad de la corrupción, tanto en el pueblo como en sus líderes. Para afrontar esta fragilidad, se requiere el ejercicio de la *virtù*, es decir, tanto ardor público y valentía cívica —capacidad para sacrificar los intereses propios en beneficio del bien común— como honestidad, probidad y rectitud moral, es decir, un carácter bien formado por la práctica de las virtudes o excelencias del carácter. En este sentido, la doctrina cívica republicana es especialmente sensible a considerar como una virtud cívica fundamental el *patriotismo* y a pensar que un excesivo lujo, producido por la actividad comercial, contenía en sí mismo más efectos perversos que propiamente beneficiosos.[15] Este punto ha sido señalado muy correctamente, entre otros, por el historiador americano de las ideas J. G. A. Pocock en su obra *The Maquiavellian Moment*.[16]

La afirmación de estas ideas encuentra también su explicación en un rasgo típico de toda «sociedad civil», a saber: que el pueblo no es una totalidad homogénea ni está constituido por un grupo de individuos que comparten las mismas ideas e intereses. Lo normal es que la sociedad civil esté constituida por grupos que se distribuyen o se agrupan en torno a tres elementos básicos: el aristocrático (los pocos), el democrático (los muchos) y el monárquico (uno). Así, la tarea esencial de los republicanos será elaborar una constitución que refleje los intereses de uno, de pocos y de muchos, dando lugar con ello a un gobierno mixto, tal y como, históricamente, pareció darse en la república romana —con su sistema de cónsules, Senado y tribunos del pueblo— y mucho después —en el siglo XVIII— en Inglaterra, con su ordenamiento constitucional de la Monarquía, la Cámara de los Lores y la Cámara de los Comunes.

142

Pero los acontecimientos que tuvieron lugar en este siglo, especialmente en Gran Bretaña y Estados Unidos, modificaron en gran parte los primeros planteamientos republicanos, dando origen a una orientación republicana más radicalizada —menos aristocrática y en cambio más democrática— algunos de cuyos representantes más insignes fueron, entre otros, los Whigs radicales del siglo XVIII y Thomas Jefferson. Así como para la visión republicana aristocrática el papel del pueblo —aunque importante—, debía limitarse, porque era más lo que había de temerse de él que confiar, para el republicanismo democrático el elemento más temible eran los pocos, más que los muchos. Aquí el bien público *es*, sin más, el bienestar del pueblo, y no un estratégico balance entre los intereses de éste y los intereses de los pocos. Ambos puntos de vista comparten la idea de que la concentración del poder debe evitarse, por peligrosa; pero difieren en sus respectivas soluciones al problema: los primeros, abogando por un gobierno mixto que equilibre los intereses de uno, de los pocos y de los muchos; y los segundos recelando de la idea de que los diferentes intereses estén realmente representados en distintas instituciones. Como es sabido, ante la imposibilidad de encontrar soluciones que conformen a ambos puntos de vista, la tradición republicana dio origen a la transformación de la idea del gobierno mixto por la idea de la separación constitucional e institucional de poderes —legislativo, ejecutivo y judicial— que puso en boga Montesquieu, el verdadero artífice de la sociogénesis de la moral.

A partir de aquí, como ha subrayado Dahl, la tradición republicana transmitió a las posteriores generaciones defensoras de la democracia diversas cuestiones sin resolver. En primer lugar, la cuestión relativa al mejor modo de entender, representar y equilibrar los intereses existentes en el marco de un sistema democrático indudablemente más complejo; en segundo término, la cuestión, más bien técnica, del diseño de un sistema republicano capaz de manejar los conflictos a que da lugar tal diversidad de intereses; en tercer lugar, dada la importancia otorgada a la virtud cívica, como exigencia sin la cual no es posible lograr el bien público, la cuestión del establecimiento de una república en sociedades de gran tamaño, esto es, la inevitable cuestión del número, dada la transformación que se ha dado entre la pequeña ciudad-estado y el estado-nación; y, por último, la cuestión de la aplicación de la teoría republicana, en particular a la escala de la nación moderna, y en general a las modernas ideas democráticas, en las que la discrepancia, la capacidad de disensión y el pluralismo son sus rasgos constitutivos más llamativos.

Así pues, para esta concepción el individuo alcanza la condición de ciudadano con el ejercicio de los deberes propios de la práctica de la ciudadanía. Esto significa que la ciudadanía, como dice Oldfield, no es una práctica natural, sino que implica cierta educación y motivación. Para este autor, de la lectura atenta del republicanismo cívico se puede concluir que la práctica de la ciudadanía supone varias condiciones básicas: (a) primero, los sujetos necesitan ser fortalecidos —en términos de conocimientos, habilidades, información y bienestar— para llegar a ser agentes efectivos de la sociedad; (b) en segundo término, necesitan gozar de determinadas oportunidades, en los términos de una mayor descentralización del poder político y económico; y (c) necesitan estar suficientemente motivados para implicarse en la práctica de la ciudadanía seriamente.[17]

A la vista de estos desarrollos, podemos preguntarnos: ¿qué aportación real realiza la actualización de la tradición del republicanismo cívico al debate entre liberales y comunitaristas? Esta pregunta —como apunta Quentin Skinner— está relacionada con la cuestión relativa a cómo garantizar la libertad individual de los ciudadanos sin minimizar con ello las exigencias que hacia ellos dirigen los deberes sociales.[18]

Skinner no cree necesario criticar la idea de que la mejor manera de pensar la relación entre los ciudadanos individuales y los poderes del Estado es subrayar la importancia del idéntico derecho que tienen todos a perseguir los fines que han elegido y proyectado. Pero sí le preocupa que para ello sea necesario concebir las obligaciones y deberes de la ciudadanía como meras «interferencias».

144

Y para rechazar esta pretensión, argumento de acuerdo con la doctrina central del republicanismo cívico.

Para los teóricos republicanos la maximización de la libertad exige una entrega incondicional a una vida dedicada al servicio público, a una vida en la que el bien común se sitúe por encima de consideraciones inspiradas en el beneficio individual. En efecto, una comunidad es libre si posee una constitución libre que permite mantener, y promocionar, estilos de vida libre, esto es, la voluntad de los ciudadanos.

Para lograrlo, observa Skinner siguiendo a Maquiavelo, es preciso detectar y evitar las fuentes principales que pervierten dicha constitución libre. La primera se refiere al deseo de ascender, al precio que sea, en la jerarquía política para obtener índices de influencia abusivos. Y la segunda, recurrir a la riqueza como medio de corrupción. Para conjurar estos peligros sólo se puede instaurar un fuerte sentido del deber cívico: «Se sostiene que es indispensable para el mantenimiento de un gobierno libre que todo el cuerpo político de los ciudadanos esté imbuido de un sentido de virtud pública tan poderoso que no pueda ser sobornado ni obligado a que fuerzas externas o las ambiciones facciosas socaven el bien común».[19]

Para ello, los ciudadanos deben hacer de la práctica cívica un compromiso inspirado en un ideal de servicio al bien común, pero de dos formas diferentes: disposición para la defensa de la comunidad de cualquier fuerza extraña y control del gobierno para evitar que caiga en manos de individuos ambiciosos o grupos facciosos. Ninguna de las cosas puede llevarse a término sin una firme voluntad dispuesta por la virtud y el hábito —que en el lenguaje republicano se traduce el «amor a la patria», es decir, *patriotismo*— y sin una correcta formación del hábito de la deliberación y el buen juicio político. El ciudadano no sólo debe ser íntegro, sino con capacidad para discernir el bien del mal, lo justo de lo injusto, lo mejor de lo peor. Debe estar informado, para conformarse su juicio político.

En una palabra, si deseamos vivir libremente, debemos, al mismo tiempo, estar dispuestos a defender nuestra constitución con nuestras mejores artes cívicas. Y ello requiere, sin duda, ganancia en la experiencia de la civilidad y educación. Pero sobre todo constancia y vigilancia, pues el riesgo de la apatía o de la ineptitud es constante.

Este cuadro de la tradición republicana, aunque sugerente, nos plantea innumerables dudas, como señalaba al comienzo del capítulo. La más importante es que carecemos de las condiciones adecuadas para practicar el ideal de la ciudadanía que el republicanismo propone. Sin embargo, como dice Skinner, esta objeción carece de una base firme. Pues «existen muchas arenas donde se desarrolla la vida pública, donde las acciones del ejecutivo pueden ser controladas, donde una mayor participación política puede servir para profundizar la *accountability* de nuestros representantes, al menos exigiéndoles que presten mayor atención a las aspiraciones y los planteamientos reales de la mayoría de los ciudadanos». Así pues, a menos que actuemos para prevenir el tipo de corrupción política propio de nuestros gobernantes actuales, concediendo mayor importancia a nuestros deberes de civilidad que a nuestros derechos individuales e inintercambiables, «no cabe más que esperar que las propias libertades personales sean suprimidas».[20]

Creo que una mayor atención al pensamiento neorrepublicano de Arendt puede ayudarnos a comprender mejor todavía las tesis defendidas por Skinner. Para ello es necesario comentar un instante el concepto de libertad,[21] y la distinción que, dentro de este mismo término, recupera, con Montesquieu, entre dos de sus sentidos fundamentales.[22]

Montesquieu diferencia entre *libertad filosófica* y *libertad política*. La primera «consiste en el ejercicio de la voluntad propia o, al menos (si es preciso abarcar todos los sistemas), en la opinión que cada uno tiene de que ejerce su voluntad». Por el contrario, la libertad política «consiste en la seguridad o, al menos, en la opinión que se tiene de la propia seguridad».

En el Libro XI, capítulo 3, insiste Montesquieu en que en las democracias parece que el pueblo hace lo que quiere —lo que invita a pensar que una democracia es equivalente a permisivismo, en realidad «la libertad política no consiste en hacer lo que uno quiera. En un estado, es decir, en una sociedad en la que hay leyes, la libertad sólo puede consistir en poder hacer lo que se debe querer y en no estar obligado a hacer lo que no se debe querer». Así, libertad e independencia tienen relación, pero no son la misma cosa. La libertad es el derecho de hacer «todo lo que las leyes permiten, de modo que si un ciudadano pudiera hacer lo que las leyes prohíben, ya no habría libertad, pues todos los demás tendrían igualmente esta facultad».[23]

Esta distinción es crucial, y Arendt insiste en ella con el propósito de subrayar una idea central: la libertad, como libertad política, no puede conectarse con la idea de la «voluntad» —que es un concepto no político—, sino que debe relacionarse con la idea de *poder*: «La libertad correlativa de la política no es un fenómeno de la voluntad».[24] La libertad es sinónimo de poder, es sinónimo de capacidad para mostrar la propia identidad en el marco de un espacio de aparición y revelación, es decir, el espacio público: «Si entendemos lo político en el sentido de la *polis*, su objetivo o *raison d'être* sería el de establecer y conservar un espacio en que pueda mostrarse la libertad como virtuosismo: es el campo en el que la libertad es una realidad mundana, expresable en palabras que se pueden oír, en hechos que se pueden ver, y en acontecimientos sobre los que se habla, a los que se recuerda y convierte en narraciones antes de que, por último, se incorporen en el gran libro de relatos de la historia humana».[25]

Lo que acontece en este espacio de apariencias es por definición «político», aunque no sea un producto directo de la acción. La libertad no se confunde con la voluntad; no es tanto un atributo de la voluntad ni del pensamiento, sino de la acción, cuya naturaleza es eminentemente política, una acción que busca concitar otras acciones, expresarse y comunicar con ellas. Pero tampoco cabe confundirla con el concepto de *liberación*, liberación como «ausencia de», un concepto meramente negativo. La libertad es positividad, capacidad y potencia. Poder de manifestación, de expresión, de revelación.

El *poder* al que Arendt se refiere es la capacidad humana para actuar de forma concertada: «*Poder* corresponde a la capacidad humana, no simplemente para actuar, sino para actuar concertadamente. El poder nunca es propiedad de un individuo; pertenece a un grupo y sigue existiendo mientras el grupo se mantenga unido».[26] Es una capacidad vinculada a la facultad del habla —al discurso—, a la capacidad para persuadir —retórica—, a la capacidad para iniciar la acción. Y es un poder que sólo tiene razón de ser en un contexto de «pluralidad», en un espacio *inter homines*. Sólo ahí se alumbra la libertad, en tanto que libertad política. Es una esfera de igualdad y distinción. Desde este análisis, poder y *violencia* no coinciden. La violencia posee un carácter instrumental: «La *fuerza*, que utilizamos en el habla cotidiana como sinónimo de violencia, especialmente si la violencia sirve como medio de coacción, debería quedar reservada en su lenguaje terminológico, a las "fuerzas de la Naturaleza" o a la "fuerza de las circunstancias"».[27] Poder y violencia marcan unas coordenadas. Pero dentro de ellas resulta improbable encontrar como su integral a la *autoridad*. De un lado, la autoridad no se basa en la *persuasión*, pues a diferencia del poder requiere asimetría. Pero por otra tiene su fundamento en el respeto y el reconocimiento, a diferencia de lo que ocurre con la violencia, que es siempre manifestación de una pérdida de autoridad.[28]

Como puede apreciarse, lo mismo que la libertad, el concepto de poder arendtiano es un concepto dotado de un valor comunicativo esencial. De acuerdo con ello, es un fin en sí mismo, imposible de concebir de acuerdo a la categoría instrumental medios-fines. Una política basada en estos conceptos es, así, una política fundada en la deliberación, el juicio y la opinión de los ciudadanos, como fuentes de potencia y acción concertada. El poder, así, requiere *participación*, en vez de obediencia. Nuestros modos contemporáneos de concebir la actividad política —como profesión, como actividad técnica orientada por la razón instrumental— pervierte el sentido de esta actividad. Y pervierte también el sentido del poder. Pues desde este estrecho esquema mental la política no es sino una manifestación más de la misma esencia de racionalidad tecnológica: el poder —control— de la realidad. Pero si esto es así, la política se convierte en una lucha de un poder —los que mandan, como expertos— contra otro poder, contra otra voluntad de poder y de control: la de los ciudadanos. La política se trastoca y se transforma hasta devenir en una lucha, en una guerra de poderes. Se abre la vida política al gobierno de un poder totalitario. Quizás ello explique por qué nos resulta hoy tan familiar pensar la libertad como liberación, pues sólo desde una huida liberadora podemos salir —así pensamos— de la esclavitud en la que nos sume el totalitarismo. Arendt proporciona otra visión del problema, como hemos visto. Y con ello nos devuelve, sin proporcionarnos una respuesta cerrada, sino por el contrario abierta, la pregunta por la ciudadanía: ¿en qué consiste ser ciudadano?

3.2. La naturaleza contestable de la ciudadanía

Como acabamos de ver, de acuerdo con la tradición republicana, el ejercicio de la ciudadanía requiere educación. Ser ciudadano exige, fundamentalmente, una actuación, una actividad o *práctica*, y no simplemente el reconocimiento de determinados derechos. Impone una práctica consecuente con una definición no instrumental de las relaciones del individuo con el Estado y la sociedad. Esta práctica está informada por el cultivo del carácter —una educación moral basada en el ejercicio de las virtudes cívicas—, la primacía del interés común sobre los intereses privados —que se articula en torno a una ética del servicio a la comunidad— y la práctica de la deliberación y el juicio, es decir, las artes específicas de una ciudadanía moral.

Desde este punto de vista, ser un ciudadano no es contradictorio con el hecho de llegar a ser una *buena persona*. La identidad que confiere la ciudadanía es una identidad de tipo social, pero una que no puede construirse al margen o separadamente de nuestra concepción del *bien humano*. Identidad y bien se requieren mutuamente, y esto también vale para la constitución de la identidad cívica.

149

Como hemos dicho ya, en la última década la reflexión sobre el concepto de ciudadanía está centrando la atención de muchos teóricos y filósofos de la política. Sin embargo, con la llegada de los años noventa, y debido a las tensiones propias de ésta última década, las cuales han obligado no sólo a redefinir la importancia y el valor del sentimiento de pertenencia a una comunidad, si no a reelaborar, a la luz de los retos que las sociedades multiculturales están planteando, la noción misma de ciudadano e identidad cívica, el centro de las discusiones en la teoría y la filosofía política puede decirse que están girando en torno al concepto de *ciudadanía*.

De alguna forma, podría decirse que si la tradición liberal hace depender la condición de ciudadanía de un estatus, el comunitarismo y el republicanismo hacen que dependa de una actividad o práctica que, en parte, se escapa o está más allá del control directo de los ciudadanos. Es como si, a pesar de todo, se ignorase la importancia que tienen las interpretaciones de los propios ciudadanos de los principios legales, las prácticas sociales y la diversidad de intereses que caracterizan a las modernas sociedades. De alguna forma, por tanto, el ciudadano parece ser, finalmente, el *objeto* en vez del *sujeto* o *agente* de la ciudadanía.

Creo que, para salvar esta posible objeción, puede pensarse en la ciudadanía como un concepto que jamás debería perder su naturaleza esencialmente contestable. Y una manera de lograrlo es repensarla como un espacio de memorias y luchas donde las identidades colectivas juegan un papel principal. Se trata de un espacio en el que los ciudadanos descodifican determinados lenguajes y prácticas, un espacio de memoria dotado de determinados símbolos (como la constitución), signos (tradiciones de derechos), ritos (celebraciones nacionales), mitos (unidad nacional), e instancias de rememoración (celebraciones). Vista así, la ciudadanía es una empresa hermenéutica, la práctica de una realidad textual y narrativa, una forma de discurso y tradición, y por ello de memoria y rememoración crítica.[29]

Esta interpretación es congruente con la historia del concepto de ciudadanía, que es tan antigua como la idea misma de la democracia. Aunque no siempre ambos conceptos —ciudadanía y democracia— han ido juntos, como señala Bilbeny, la caída del comunismo, y como consecuencia también de las fuertes críticas recibidas por el liberalismo, por su ineficacia social, parece haber mostrado la necesidad de vincular ambos conceptos: «La democracia no se sostiene sin el apoyo de la ciudadanía: antes que pura libertad o pura justicia es la capacidad jurídica, tanto como moral, para poder elegir ambas cosas en sincronía y con garantías».[30]

Pero, la ciudadanía expresa un cierto ideal. Un ideal vinculado a nuestra tradición clásica. Como dice el historiador de las ideas políticas, J. G. A. Pocock, cuando hablamos del ideal de la ciudadanía en la época «clásica» conviene tener presente que este último término se refiere a una edad clásica en un doble sentido. Por un lado, en el sentido de que nos referimos a épocas ya pasadas que parecen tener para nosotros la clase de autoridad capaz de expresarse en un ideal perdurable y en cierto modo canónico. En segundo lugar, por tiempos «clásicos» hay que entender las antiguas civilizaciones del Mediterráneo, en especial la Atenas de los siglos V y IV a.C. y la Roma que va de siglo III a.C. hasta el siglo I d.C. La cuestión principal estriba, pues, en que la ciudadanía es, en sí misma, un ideal clásico, es decir, uno de los valores fundamentales inherentes a nuestra civilización y tradición.[31]

En este elevado sentido, la ciudadanía es, como ha señalado Michael Ignatieff, un «noble mito» vinculado a la tradición política republicana que arranca de la *Política* de Aristóteles; pero un mito que, desde nuestra perspectiva contemporánea, cabe contrastar y oponer al paradigma de la doctrina liberal.[32] Como hemos visto ya, el tener que hacerlo así, es decir, el hecho de tener que poner el concepto de ciudadanía en contraste con diversas tradiciones sociomorales, es una exigencia derivada de la misma naturaleza contestable de la ciudadanía.

Desde una perspectiva genérica, la ciudadanía es un estado civil (*status civitatis*) en el que se implican elementos jurídicos, políticos y morales. «Sirve, en general, para identificar a aquellos miembros de una comunidad política o estado que han de estar protegidos por las institu-

151

ciones y al mismo tiempo estar dispuestos a contribuir por ellas».[33]

Jurídicamente, la ciudadanía es un título que sirve para reconocer la pertenencia de una persona a un estado y su capacidad individual como miembro activo de éste. En este sentido, la ciudadanía equivale al reconocimiento de una serie de derechos y de deberes, relacionados con la participación en la esfera pública. Pero también la ciudadanía entraña un vínculo político, que es proporcionar la puesta en práctica de esta clase de derechos y deberes reconocidos. De ahí deriva el hecho de que la ciudadanía, lejos de poder quedar reconocida a la adquisición de un mero estatus, constituye una cualidad moral, es decir, posee una especial *dignidad*. Se trata de una cualidad distintiva del hecho de pertenecer a una comunidad política. Es el dato que nos confiere *identidad* como seres políticos, lo que nos da nuestra realidad y *apariencia* ante los demás. Ser ciudadano, aquí, es no sólo poder participar en la esfera pública, sino poder ser visto y oído, poder mostrar quién es uno ante los demás. Desprovistos de ciudadanía, aún mantenemos nuestra dignidad como seres humanos, pero no somos vistos como seres políticos. Somos *aliens*, estamos fuera de lugar.

Este carácter de la ciudadanía es fundamental. Indica —como observa Bilbeny— que no se es ciudadano por el hecho de pertenecer al mundo de los vivos, sino a la esfera —política— de los libres e iguales, a la esfera de la *pluralidad humana*. Por tanto: «La ciudadanía ha comportado siempre una dignidad, lo que hace, a su vez, que la pérdida del título de ciudadano represente un castigo y una humillación para los individuos que pierden el rango correspondiente».[34] Hannah Arendt destacó esta idea muy lúcidamente en *Los orígenes del totalitarismo*: «El ser humano que ha perdido su lugar en la comunidad, su estatus político en la lucha de su época y la personalidad legal que hace de sus acciones y de parte de su destino un conjunto coherente, queda abandonado con aquellas cualidades que normalmente sólo pueden destacar en la esfera de la vida privada y que deben permanecer indiferenciadas, simplemente existentes, en todas las cuestiones de carácter público».[35]

El ciudadano desprovisto de su estado de ciudadanía es, por así decir, devuelto al seno de la existencia privada, aquella en la que los hombres buscamos los lazos íntimos de la amistad, la simpatía y el amor. Nuestra única posibilidad es o bien el esfuerzo —que se transforma en una forma de lucha y resistencia— por salir de allí, para recuperar nuestro estado anterior, o el recuerdo de nuestro estado de ciudadanía. Se trata de un recuerdo privado, no público, y por tanto en ausencia de un lenguaje y de un discurso que sirva para comunicarlo. Ser privados de la ciudadanía es como ser privados de la capacidad para actuar, incluso del lenguaje y del discurso público.

Pero si esto es así, la ciudadanía es también una cualidad o rango moral: implica una virtud. Ser ciudadano es una actividad normativa. No se puede ser ciudadano y no aspirar a una buena ciudadanía: «El ciudadano no sólo debe ser libre y contribuir con sus impuestos. Ha de estar educado en la virtud de la justicia».[36]

De acuerdo con esta caracterización, la ciudadanía responde a una doble lógica. Es, por un lado, un *concepto extensivo*, en la medida que indica que el ciudadano es cada vez más digno de más participación y responsabilidades. Como concepto extensivo, la ciudadanía no se puede pronunciar en singular. Es un concepto plural. Uno puede ejercer cada vez más y más ciudadanía, ahí donde se configure un espacio público de aparición. Al mismo tiempo, es un *concepto de limitación*, en la medida que indica que cada poder debe estar limitado por poderes opuestos.[37]

Como concepto extensivo, la ciudadanía constituye una tensión moral, un deseo de extender la conciencia ciudadana a mayores ámbitos de participación. Como concepto limitado, la ciudadanía expresa la necesidad de oponerse al poder —al poder que destruye— mediante la acción y un sentido agonal de la misma ciudadanía.

Deseo dar ahora algunas razones, vinculadas a esta descripción provisional que acabo de hacer de la ciudadanía, del renovado interés por la reflexión sobre esta noción, así como de los peligros, riesgos y obstáculos que afronta su posible teorización.

Kymlicka y Norman señalan diversas causas relacionadas con el primer asunto. En primer lugar, la ciudadanía es el resultado de una evolución natural en el discurso político, porque la ciudadanía parece integrar las demandas de la justicia y de pertenencia a una comunidad. En efecto, recordemos cómo para el Rawls de *Teoría de la justicia*, según se citaba anteriormente, una concepción compartida de la justicia establece vínculos de amistad cívica. Del mismo modo, según Alain Touraine, que sigue en este punto las tesis de Michael Walzer, no existe ciudadanía sin sentido de pertenencia a una comunidad política.

Una segunda razón la encontramos en un buen número de acontecimientos políticos recientes —incremento de la apatía política en los votantes, movimientos nacionalistas, etc.—, los cuales muestran que la salud y la estabilidad de la democracia no depende tanto, o solamente, de la justicia y de su estructura básica como de determinadas cualidades y actitudes morales de los ciudadanos. Si no se forman determinadas actitudes y rasgos de carácter en los ciudadanos, las democracias se vuelven tan difíciles de gobernar como inestables. Todo ello explica por qué en muchos de los actuales estudios sobre teoría de la ciudadanía dos de las cuestiones a los que los estudiosos se refieren con mayor insitencia son, por un lado, las cuestiones relacionadas con la «identidad cívica» y lo que algunos llaman la «ciudadanía diferenciada», y por otra parte la «virtud cívica».

Ahora bien, la construcción de una teoría de la ciudadanía, o la simple reflexión sobre este concepto, no está exenta de obstáculos. Uno de ellos se encuentra, según Kymlicka y Norman, en que el ámbito de una teoría de la ciudadanía parece potencialmente ilimitado. Conviene centrar el marco de interés para una teoría de tal naturaleza, porque casi cualquier problema de filosofía política implica relaciones entre ciudadanos o entre ciudadanos y el Estado.

El segundo obstáculo se refiere al hecho de que una mínima investigación histórica del ideal de ciudadanía nos muestra la existencia no de una, sino de dos interpretaciones rivales de la ciudadanía, que a veces se confunden o se presentan con poca claridad, y que ya referimos más atrás: la *ciudadanía como estatus legal* y la *ciudadanía como práctica* o actividad moralmente deseable. En mi opinión, los diferentes usos del término ciudadanía y los diferentes modelos teóricos de ciudadanía se pueden reagrupar o reordenar de acuerdo con estas dos categorías conceptuales.

Ahora bien, pese a la natural dificultad que entraña una labor de síntesis de estos diferentes modelos de ciudadanía, una cosa parece clara. Como han señalado ya muchos autores, la ciudadanía no es un concepto ahistórico, descontextualizado e incontestable.

Según Gallie, un concepto esencialmente contestable implica «usarlo contra otros usos y reconocer que el uso personal del concepto tiene que ser mantenido contra esos otros usos. Todavía más resumidamente, usar un concepto esencialmente contestable significa usarlo tanto agresiva como defensivamente».[38] Todo concepto esencialmente contestable, de acuerdo con los argumentos tanto de Gallie como de Connolly,[39] reúne tres características principales, que resumiré ahora brevemente: a) es un concepto *apreciativo*, en el sentido de que acredita o entraña siempre cierto tipo de logro valorativo; b) es un concepto *abierto*, es decir, redefinible y revisable principalmente a la luz de tradiciones de pensamiento rivales; y c) es un concepto que describe un núcleo intrínsecamente complejo de *prácticas*.

E. B. Gorham recoge en otra investigación los anteriores argumentos y señala que la ciudadanía es un concepto esencialmente contestable en el sentido acuñado por Gallie y Connolly. Uno no puede proponer simplemente una sencilla definición de la ciudadanía —viene a decir— y pasar después a construir un programa de acción o de servicio cívico.[40] Si la capacidad de discutir razonadamente y de oponer argumentos rivales es una característica principal de la democracia, entonces la contestabilidad es una nota que debe preservarse como elemento definitorio de la ciudadanía, en el sentido de que cada ciudadano debe ser capaz de razonar, justificar y apoyar su propia comprensión de todo lo que entraña el ejercicio de la ciudadanía. En este sentido, tal y como se señala en el importante proyecto americano de educación política *Civitas*, publicado en 1991 bajo los auspicios de instituciones como el Center for Civic Education, el Council for the Advancement of Citizenship y el National Council for the Social Studies, una parte nada despreciable de los objetivos de formación cívica en contextos democráticos sería ayudar a los individuos a determinar qué papel cívico desean jugar en su sociedad y capacitarles para discernir entre los diversos conceptos de ciudadanía de acuerdo con las diversas tradiciones de pensamiento cívico.[41]

Sin embargo, la conclusión anterior sitúa el análisis teórico de la ciudadanía en el marco de un discurso, por así decir, eminentemente cognitivo. Algunas contribuciones actuales de la filosofía política contemporánea relacionadas con la ciudadanía ponen el acento en la idea de que el mantenimiento y supervivencia de nuestras democracias modernas depende también, y quizá sobre todo, de las actitudes éticas, la sensibilidad moral y, en definitiva, de las virtudes de los políticos y de los ciudadanos.

Así, en uno de los últimos informes encargados por el Club de Roma, que fue preparado por Yehezkel Dror —actualmente titular de la Cátedra Wolfson de administración pública en la Universidad Hebrea de Jerusalén— y que trató sobre el tema *La capacidad de gobernar*, se decía que «es fundamental un giro radical en la moralidad de la élite de gobernación jerárquica, al tiempo que las virtudes deben convertirse en algo más profundo que la amabilidad y la simpatía. Sin este requisito, otras mejoras en la capacidad de gobernar pueden redundar en un empeoramiento de la situación».[42]

No es fácil, por tanto, enfrentarse con grandes expectativas de obtener un gran acuerdo al estudio de ese escurridizo concepto de la «ciudadanía». Algo hay en él que se nos escapa. Algo nos impide determinarlo. Cuánto más fijo lo creemos —al definirlo y, por tanto, al especializarlo—, más lo distinguimos, lo diferenciamos y lo contraponemos. Cuánto más estático y dotado de atributos lo pensamos, más y más se nos abre el concepto. Su larga historia nos atrae, y al mismo tiempo nos parece tranquilizar al mostrarnos vías sugestivas para su análisis. Y cuánto más encarnamos social e históricamente esta noción, en las diversas y desiguales tradiciones de pensamiento ético, político y cívico que la han pensado, más nos desconsuela comprobar cómo su misma historia nos traiciona, al sentirnos incapaces de actualizar sus lecciones y los significados que se le han venido atribuyendo.

Y, sin embargo, la pregunta más pertinente sobre la ciudadanía —la misma que a propósito de la virtud Aristóteles transformó en una interrogante singularmente práctica y esencialmente ejecutiva y procedimental— sigue persiguiéndonos: *¿qué es la ciudadanía?*

De un lado, resulta relativamente fácil definir la ciudadanía mediante la atribución de un conjunto de rasgos y características, que en su conjunto toman como punto de referencia el marco jurídico-normativo de un Estado concreto. Desde este punto de vista, hablamos de la ciudadanía para referirnos a la *ciudadanía legal,* por así decir, a un estatus o título que se otorga al conjunto de individuos de una nación específica. Aparentemente, este modo de proceder para definir el término no plantea problemas. Pero eso es sólo pura apariencia. Porque la ciudadanía no es únicamente un valor jurídico o un sistema de protección de derechos. También es un «sentimiento común» de pertenencia que no puede establecerse mediante leyes y en el que la cultura desempeña una función imprescindible.

De esta suerte, el concepto de ciudadanía no se puede usar ni en mera oposición a la idea de súbdito, ni como concepto que atribuye un título del que no pueden gozar los sujetos que, no siendo nativos del lugar, no tienen más remedio que hacer su vida en él. La ciudadanía no tiene meramente una *valor jurídico.* Su valor trasciende, pues, con mucho, este plano, hasta alcanzar la dimensión de *valor ético-social.*

3.3. Características de la práctica cívica

Es desde esta vía de análisis desde la cual la ciudadanía toma las notas que Gallie atribuyó, en su influyente ensayo antes citado, a los «conceptos esencialmente contestables», y sobre los que, como vimos antes, señalaba: «Usar un concepto esencialmente contestable significa usarlo en contra de otros usos y reconocer que el uso personal del concepto tiene que mantenerse contra otros».[43]

Los caracteres antes mencionados son, recordémoslos, los tres siguientes. En primer lugar, un concepto contestable es un concepto evaluativo o prescriptivo, en segundo término una noción abierta, y, por último, un concepto contestable describe un núcleo intrínsecamente complejo de prácticas. Explicaré separadamente estos tres rasgos aplicándolos al concepto que nos ocupa.

1. Como concepto evaluativo, la definición de un concepto contestable no se limita a describir asépticamente una realidad, sino que en su definición indicamos una dirección, marcamos una norma. Aquí el concepto de «ciudadanía» funciona como lo haría en su caso una brújula. Me detendré en la explicación más detallada de este primer rasgo, con la ayuda de la analogía que Annemarie Pieper propone en su intento de explicar la significación de la ética para la praxis humana.[44] La ética, dice, es una teoría de la praxis que atiende a la moralidad de esa praxis:

«Partiendo del concepto de la moral desarrolla el sentido de una acción, que no es consecuencia de un acto inmediato, arbitrario, caprichoso, incondicionado y meramente subjetivo, sino consecuencia de una voluntad que se determina a sí misma libremente desde la distancia crítica y teniendo en cuenta que debe limitarse en función de la libertad de los demás».[45]

Y añade a su explicación: «Quien pretendiendo utilizar una brújula para llegar a su punto de destino piense que puede sencillamente leer en ella su posición y el camino que debe seguir para llegar a su meta, no entiende lo que es una brújula. Ésta no da información directa sobre la posición de él ni de ningún otro; lo único que hace es señalar siempre una dirección: la dirección norte. A pesar de ello, conduce al viajero a su meta, siempre que éste sepa a dónde quiere ir, y con ello también la dirección en la que se encuentra su objetivo a partir de la posición de la que parta. En definitiva, la brújula no indica directamente el camino a seguir, sino que muestra cómo debe buscarse el camino correcto».[46]

Pues bien, aunque debe ponerse mucho cuidado en el uso de metáforas y analogías a la hora de construir conceptos y teorías, o al tratar de explicarlas, lo cierto es que la proyección de esta metáfora a la ética es clara y ejemplificadora de su sentido. Lo mismo que la brújula, la ética —como doctrina o teoría de la vida buena, el arte de vivir en la excelencia— no nos dice lo que hay que hacer, sino que prescribe la moralidad como libertad esencial del ser humano. El trabajo —la peor parte— lo tiene que realizar el sujeto, que es el que, en última instancia, tiene que deliberar, juzgar, decidir y actuar moralmente. Es decir, es el propio individuo el que se la *juega* —y aludo aquí a la palabra «juego» con toda intencionalidad, en el sentido de que todo juego es creación de un mundo de posibilidades, el mismo tipo de mundo que crea la libertad es su ejercicio. Es aquí donde las distintas teorías éticas enriquecen el panorama de los procedimientos y de las estrategias, los modos de actuación concretos.

La pregunta es inevitable: ¿funciona la analogía en el caso de la ciudadanía? Lo primero que hay que aclarar, para responder a esta pregunta, es que el nivel de discurso de la ética y el de la ciudadanía no son, en cierto sentido, equiparables. Porque si respetamos la distinción moderna entre ética y moral —y no quisiera entrar aquí en más detalles sobre este asunto, al que sólo me refiero por motivos circunstanciales—, la ciudadanía correlaciona, y pido disculpas por esta licencia estadística, con la moral, esto es, con lo que la ética prescribe de acuerdo con la analogía mencionada. Según esto, la metáfora de la brújula funcionaría mejor para explicar esa otra teoría práctica que es la filosofía política.

Ahora bien, aunque desde el punto de vista epistemológico ética y ciudadanía conforman distintos tipos de discursos, hay un plano en el que nuestra analogía sí funciona. Pues hay que darse cuenta que de lo que estamos hablando es del concepto de ciudadanía. Esto es, estamos intentando saber qué es la ciudadanía, de qué tipo de noción se trata y qué significa, en concreto, apuntar como primer rasgo de nuestro contestable término su carácter evaluativo. Desde este plano, la ciudadanía sí expresa una clase de teoría-

159

práctica; entraña un cierto saber práctico, un tipo de conocimiento normativo empeñado en expresar tipos de acciones y conductas, realidades prácticas, cosas que deben hacerse. Por eso me parece a mí que la analogía indica bastante acertadamente el hecho de que la ciudadanía, como concepto evaluativo, está destinada a marcar direcciones, vías y caminos, no dejando encerrar su valor en la adquisición de un mero estatus que se obtiene cuando el sujeto ve reconocidos determinados derechos y unas mínimas obligaciones cuasi contractuales —pagar los impuestos y votar cada cuatro años— a cambio de ver reconocida la primacía moral de la vida privada —ese «ámbito íntimo» del que ha hablado Helena Béjar de forma tan interesante—[47] sobre el ámbito de lo común. En fin, la ciudadanía no es la mera adquisición de un «estatus»; ¿qué es entonces? Avancemos en nuestro análisis para poder responder a esta pregunta.

2. El segundo rasgo que hemos mencionado en los conceptos contestables es el de apertura. Son conceptos abiertos, hemos dicho. De acuerdo con este segundo rasgo, la ciudadanía es un concepto sometido a constante revisión y redefinición. Es un concepto abierto como lo es, en otro sentido, el lenguaje mismo. Y aquí de nuevo me serviré de otra analogía, esta vez de M. Oakeshott. En su obra *On Human Conduct*, este autor explora entre otros asuntos la naturaleza de la sociedad civil, a la que define a partir del análisis de la noción de *práctica*.[48] Sobre ésta señala que una práctica es como un lenguaje. Así como el lenguaje no nos dice lo que tenemos que decir, sino que nos proporciona recursos para decir lo que queremos expresar, una práctica no indica qué debe hacerse, sino que nos proporciona datos para la ejecución de acciones humanas sustantivas. En cierto modo, según Oakeshott, la práctica funciona como un lenguaje a interpretar.

También la ciudadanía encierra una dimensión hermenéutica e interpretativa. Debido a lo susceptible de revisión de su posible significación, y por no expresar tampoco la idea de la mera adquisición de un estatus, la ciudadanía se nos presenta como ese lenguaje interpretable del que habla el autor citado. Es, realmente, una práctica, un ejercicio en el que la capacidad de interpretación y deliberación, la capacidad de juicio mismo resulta imprescindible. El signo de la ciudadanía, en efecto, es, de esta suerte, la capacidad de juicio, la habilidad y la competencia para juzgar y actuar correspondientemente a las realidades de lo público y lo político. Ahora bien, ¿se trata de una habilidad que exige una especial competencia? La habilidad de la ciudadanía, ¿supone la afirmación de una competencia absoluta o más bien relativa? Como ya vimos, se trata de una competencia relativa.

3. Hemos señalado, en efecto, que los conceptos contestables describen un núcleo fundamental e intrínsecamente complejo de prácticas. El concepto de «práctica» es, como ha señalado Richard Bernstein en *Praxis y acción*, uno de esos términos con los que la historia de las ideas filosóficas ha jugado constantemente. La historia de la idea de «práctica», es extraordinariamente variable en cuanto a la atención prestada, mostrando en su decurso una cadena de progresos y retrocesos, de realces y vituperaciones realmente sorprendente. En este concepto se cumple bastante claramente esa idea tan querida por el MacIntyre de *Tras la virtud* según la cual no se puede estudiar determinadas nociones —como las que pertenecen al discurso moral— como si la historia de los términos y su encarnadura social, o como si las conclusiones de una variedad de disciplinas —entre las que se encuentran desde luego la antropología y la sociología— fuesen algo accidental y despreciable. En definitiva, con la noción de «práctica» no se puede trabajar, para decirlo en sus propios términos, «estilo sillón de Oxford», porque la mayor parte de los términos que pertenecen al ámbito de las ciencias humanas —que son siempre ciencias de la acción— varían *a medida que* cambia la vida social.[49]

Es esa misma historia la que nos recuerda que originariamente la noción de práctica no se formó tanto contra la *theoría* como contra el espíritu artístico de la elaboración. Como saben, Aristóteles distingue entre el saber que dirige la capacidad de ejecución técnica —la *techné*— del saber que dirige la práctica o *phrónesis*. Y aunque en la actualidad muchos creen ver en esta distinción una separación

161

entre saber técnico y saber práctico —capacidad de juicio y decisión— en realidad esta distinción significa ordenación y clasificación, en el sentido de subordinación de la primera a la segunda. Pero se trata de una subordinación bien peculiar, y que Robert Bellah y sus colaboradores han sabido expresar con peculiar acierto en su último libro, *The Good Society*, al señalar que «nuestra situación actual reclama un incremento sin precedentes en la habilidad para atender las nuevas posibilidades, tanto morales como técnicas, y situar las nuevas posibilidades técnicas en un contexto moral».[50]

Sin embargo, concebida en los términos de una «práctica», es decir, de una acción deliberada, la ciudadanía no expresa un solo tipo de ejecución aislada. Se trata, como decíamos, de un núcleo intrínsecamente complejo de prácticas. Y así, en el interesante libro de Barber *Strong Democracy*, aunque en muchos aspectos también discutible, este autor señala precisamente que la educación política, como condición facilitadora de una democracia fuerte, supone un cruce o intersección de prácticas de comunicación, de participación y servicio a la comunidad. Estas actividades siempre suponen conflicto y contestabilidad, justamente aquello que caracteriza la misma democracia: un encuentro entre gentes que poseen diferentes intereses, perspectivas y opiniones en el que, y a través del cual, constantemente revisan sus puntos de vista, tanto individualmente como en común. Y todo ello sucede en un marco de conflicto, de elaboración de un saber imperfecto e incierto en el que la acción común, y la apertura y descubrimiento de espacios comunes, se hace necesaria.

Así la contestabilidad esencial del concepto de ciudadanía nos descubre, y de forma sorprendente, la incontestable necesidad del despliegue de la acción común, de la formación del juicio cívico —una especie de *phrónesis cívica*— y la necesidad de adquirir el saber de la ciudadanía. Ante la insistente visión, en nuestro contexto actual de diversidad, de la diferencia como oposición —el otro como el enemigo del que he de defenderme— este saber de la ciudadanía reclama el descubrimiento de una auténtica ciencia del ser humano, en los términos que un «ironista liberal» como Rorty defiende cuando señala, como ya vimos, que el progreso moral en el que él mismo cree, y que debe orientarse en la dirección de una mayor solidaridad humana, debe consistir «en la capacidad de percibir cada vez con mayor claridad que las diferencias tradicionales (de tribu, de religión, de raza, de costumbre, y las demás de la misma especie) carecen de importancia cuando se las compara con las similitudes referentes al dolor y a la humillación»;[51] o, como ya apunté, en los términos de Gadamer, cuando nota, con el mismo énfasis que Rorty, que «también en los otros y los de otra clase se puede establecer una especie de encuentro con uno mismo. Más apremiante que nunca es, sin embargo, la tarea de aprender a reconocer lo común en los otros y los de otra clase».[52]

Hasta aquí, las consideraciones que he presentado se han encaminado a la determinación de los rasgos fundamentales de la ciudadanía como concepto contestable. Si tengo alguna razón en lo que he dicho, una de las conclusiones a la que nos podemos ceñir es que la ciudadanía es siempre la definición de un ejercicio moral, la ejecución de una práctica de compromiso. Es decir, se trata de una práctica o actividad compartida que no se emprende meramente como medio para alcanzar un fin instrumentalmente definido, sino como una actividad éticamente buena en sí misma. Toda genuina comunidad se compone de tales prácticas, y su rasgo más característico es, precisamente, el hecho de realizarse de acuerdo a una estructura moral de mayor alcance dentro de la cual, y a través de la cual, los ciudadanos desarrollan su carácter moral y la capacidad de juicio cívico público.

De acuerdo con estas ideas, la apertura y contestabilidad del concepto no parece tanta como para concluir que la ciudadanía es cualquier cosa que se pretenda que sea. Aunque el recurso al análisis de la historia de la ciudadanía a veces nos desconsuele, como decía, desde el punto de vista metodológico, es decir, desde el punto de vista del método más adecuado para su estudio, el recurso a la confrontación cívica de las diversas tradiciones de pensamiento crítico me parece, como ya señalé en el capítulo anterior, el más apto.

3. 4. La formación del carácter cívico

De acuerdo con el pensamiento comunitarista y la tradición republicana, la educación de la ciudadanía no es una práctica extraña a la educación moral. De algún modo, ambas prácticas coinciden. Porque ser un buen ciudadano y llegar a ser una buena persona de hecho constituyen búsquedas coincidentes. Para comprender bien lo que entraña esta afirmación debemos explicar dos conceptos: el concepto de «moral», y sus relaciones con el término «ética», y el concepto de «bien» o «bueno».

Comencemos con la primera noción. Desde Kant, es usual distinguir entre ética y moral. Derivada del vocablo griego *ethos*, el término ética tiene dos significados esenciales: en primer lugar, uso, hábito o *costumbre* (moralmente buena) y, en segundo término, *carácter*. En este último sentido, ética indica el carácter de la persona afianzado como actitud básica de la virtud. Así, decimos que actúa éticamente aquel que, en vez de adaptarse acríticamente a las reglas de comportamiento y escalas de valor heredadas, eleva a hábito invariable, en cambio, hacer lo que en cada caso sea correcto de acuerdo con su reflexión e inteligencia. La palabra latina *mos* es una traducción de los dos conceptos griegos de *ethos* y significa, así, tanto buena costumbre como carácter.

Aunque no es inapropiado utilizar como sinónimos ambos términos, sin embargo en filosofía moral, como decíamos antes, se ha acordado distinguirlos, reservando el sustantivo *ética* así como el adjetivo *ético* exclusivamente a la ciencia filosófica cuyo objeto de estudio es la acción moral del individuo y empleando el término *moral* para designar el contenido de las normas, juicios de valor, etcétera.[53]

De acuerdo con estas distinciones, la referencia a «dimensiones éticas» de la educación cívica significará el estudio de los aspectos morales contenidos en la formación del individuo en tanto que ciudadano. Cuando hablamos de «carácter moral» del ciudadano lo que hacemos es indicar que el individuo, en tanto que ciudadano o miembro que pertenece a la ciudad, es decir, a una comunidad social y política concreta, es susceptible de poseer un conjunto de disposiciones, cualidades o rasgos que le llevan a actuar y a comportarse de un modo determinado, en la dirección que marca lo inteligido por él, en cada circunstancia concreta, como éticamente correcto.

Esto último nos lleva al concepto de «bien». Aun a pesar de que en nuestras sociedades pluralistas existen concepciones divergentes, y hasta opuestas, sobre el bien personal, la vida buena o lo que vuelve deseable una forma de vida, es posible dar una definición amplia del término «bueno» que tenga, desde el punto de vista educativo o pedagógico, cierta importancia e interés. Propongo dos sentidos de la palabra bueno: un sentido *epistemológico* y un sentido *moral*.

En sentido epistemológico es bueno aquello —por ejemplo, el contenido de una convicción, creencia, etc.— que es racional y razonable y digno de ser defendido, aceptado o enseñado. Lo que tiene cierta razonabilidad. En sentido moral, es buena aquella acción o actuación personal que está inspirada en: a) criterios éticos o en principios éticos de procedimiento; y b) aquella acción o actuación cuya realización pretende, de modo intencional, deliberado y consciente, promover en los demás actuaciones de principio, o principios de procedimiento educativo.

De acuerdo con ambos sentidos, una buena actuación, conducta o práctica no se confunde, aunque tampoco se opone necesariamente, a una actuación, conducta o práctica con éxito o eficaz. A ésta le interesa lograr el resultado, lo pretendido, con independencia de cómo se realice el proceso. En la primera, el proceso es tan importante como su resultado. Será buena persona o buen ciudadano aquel cuyas creencias, convicciones o actuaciones no atenten contra el sentido común y sean razonables —y, por tanto, no las impone abusivamente a otros— y aquel cuyas acciones o actuaciones están inspiradas en razones o motivos morales y promueven en los demás actuaciones de principio, en vez de respuestas acríticas. Una buena persona, como un buen ciudadano, por tanto, es razonable en lo que cree —aunque haya otros muchos que no compartan sus creencias, convicciones e ideas— y actúa de modo que en sus acciones y tras su conducta deja traslucir razones morales

165

que lo avalan evitando, en todo caso, irrumpir abusivamente en los procesos de deliberación interna de los demás o pretender que éstos adopten un compromiso inquebrantable e irreflexivo acerca del tipo de creencias o convicciones que privadamente defiende. Por tanto, ni manipula a los otros ni intenta adoctrinarles.

En este punto, es necesario hacer algunas puntualizaciones sobre el concepto de carácter. Sigo aquí la exposición de Nancy Sherman, en su estudio *The Fabric of Character*. Para esta autora, el carácter tiene que ver con las actitudes, sensibilidad y creencias que influyen o afectan el modo en que una persona ve, actúa y conduce su vida. El carácter está compuesto por determinados rasgos, disposiciones o cualidades, permanentes, que denominamos virtudes cuando son moralmente buenas y vicios cuando no lo son. El carácter es, así, un modelo o patrón de actuación permanente que se va formando o construyendo bien, a través de las correspondientes virtudes morales, o deformando, mediante determinados vicios o inclinaciones moralmente incorrectas.[54]

La formación del carácter implica formación de hábitos, pero no de cualquier manera. Por una parte, se trata de hábitos —repetición de actos— apoyados o basados en un pensamiento de tipo práctico, es decir, en lo que Aristóteles llama *phrónesis*, buen juicio en la acción o sabiduría práctica. Y, por otro lado, se trata de hábitos que permiten la repetición de acciones cada vez más refinadas y que suponen un progreso cualitativo con respecto a acciones pasadas o anteriores. Así, toda formación de hábitos implica el ejercicio, por así decir, de una *práctica crítica* y acciones virtuosas, en el sentido de ser acciones que combinan un juicio sobre las circunstancias donde se actúa, emociones reactivas y niveles de elección y decisión entre cursos alternativos de acción. En este tipo de actuaciones, nuestro *querer* se inclina de una determinada manera.

Cuando formamos nuestro carácter, por tanto, conseguimos elevar nuestro nivel de percepción moral de las situaciones particulares, mejoramos nuestra capacidad de elección y nuestros juicios —al estar basados en buenos rasgos del carácter—, somos capaces de una mejor colaboración con los demás —al permitirnos definir nuestras relaciones por los vínculos propios de la amistad y el aprecio— y nos educamos como agentes morales: nos hacemos humanamente competentes.

El ciudadano competente necesita, de acuerdo con estas ideas, formarse como un buen ciudadano, lo que es igual a tener que formarse, o educarse moralmente, como una buena persona. Para ello, necesita formar su carácter moral, mediante el cultivo de los buenos rasgos que le proporcionan el ejercicio de las pertinentes virtudes cívicas.

Éstas son, en su raíz, tipos de virtudes morales, aunque adjetivadas como virtudes cívicas o públicas, esto es, pertinentes a la esfera de lo común. ¿Qué función cumplen estas virtudes? Un primer argumento que se puede ofrecer es que, como señala Victoria Camps, «aunque nuestras creencias sean dispares e inconmensurables, por muy plural que sea la sociedad contemporánea, si algo significa la moral, es el compartir un mismo punto de vista respecto a la necesidad de defender unos derechos fundamentales de todos y cada uno de los seres humanos. Pues bien, la asunción de tales derechos si es auténtica, ha de generar unas actitudes, unas disposiciones, que son las virtudes públicas».[55] Se trata de virtudes «públicas» o «cívicas» porque, como hace notar Roos Poole, «una moral concreta expresa las exigencias de una forma concreta de vida social; es la voz de la sociedad y a los miembros de esa sociedad se dirige. Su función es guiar la conducta según maneras que estén en consonancia con esa forma de vida social».[56] En este sentido, la moral, más que una razón, es una exigencia, un compromiso: «Si ha de haber —continúa Poole— una concepción de la moral que mire por nuestros verdaderos intereses, ha de ser aquella que podamos reconocer establecida dentro de una forma de vida que nos resulte coherente, satisfactoria y llena de sentido. Si ha de haber alguna razón por la cual debamos hacer lo que es debido, será porque somos capaces de reconocer que obrar así es propicio para —quizás hasta constitutivo de— nuestro propio bienestar. Las exigencias morales han de reconocerse no como imposiciones externas, sino como requisitos de nuestra propia naturaleza».[57]

De acuerdo con la exposición de MacIntyre en *Tras la virtud*, la función de las virtudes es, por tanto, doble. En primer lugar, son cualidades humanas adquiridas cuya posesión y ejercicio nos vuelve competentes para lograr los bienes internos a las prácticas sociales y cuya carencia nos impide lograr cualquiera de tales bienes internos, con lo que tales prácticas quedarían orientadas a los bienes externos contingentes a las prácticas y éstas podrían deteriorarse moralmente. En segundo término, las virtudes son las disposiciones que nos sostienen en el tipo más adecuado de búsqueda de lo bueno, ayudándonos a vencer los riesgos, distracciones y peligros que encontremos. Las virtudes, en este sentido, nos procuran un creciente autoconocimiento y creciente conocimiento del bien.[58]

Junto a las distintas comunidades y el proceso mismo —sistemático o no— de educación moral de los individuos, la sociedad política es un factor importante de formación del carácter de los ciudadanos, en el sentido que estamos comentando, sobre todo garantizando la convivencia ordenada y pacífica —mediante la ley, el derecho y la implantación de la justicia— de personas y comunidades, sin la cual no es posible la educación moral.[59]

La construcción del carácter moral de los ciudadanos, en un contexto social moderno y pluralista, permite sostener la vida democrática e impedir que se pervierta. Nos facilita acceder a una mejor comprensión de la ecología moral que sostiene las vidas de todos nosotros. En una situación actual como la nuestra, que precisa un incremento sin precedentes de nuevas posibilidades, tanto técnicas como éticas, en suma, la formación del carácter de la ciudadanía nos permite situar las nuevas posibilidades de desarrollo tecnológico en un contexto básicamente moral, como garantía para la construcción de una «buena sociedad».[60]

La perspectiva que adopto acerca del proceso de desarrollo moral del sujeto, en tanto que individuo y como ciudadano, es, hasta cierto punto fundamental, una tarea heroica. Es decir, desde el prisma de la construcción del carácter, a través del ejercicio de las virtudes cívicas o excelencias, el ciudadano maduro o virtuoso —el *spoudaiós* aristotélico— es un proyecto heroico.

Emilio Lledó ha dejado muy claro este significado de la virtud en sus estudios de los poemas homéricos. En los estudios sobre la ética de Homero, dice Lledó, se ha insistido en el carácter agonal de sus personajes. El sistema de valores en que se asienta la obra de Homero, en realidad toda sociedad homérica, parece establecido sobre la superioridad, especial competencia y excelencia de sus protagonistas. El héroe que revela su excelencia, su *areté*, manifiesta una cierta elevación —es *aristós*— lo que supone «esfuerzo» y «valor»: el esfuerzo por ser el mejor, en el contexto de una competencia leal, y precisa también reconocimiento; ser nombrado *aristós*: «Su vida queda proyectada en un marco social para el cual vive y al que, en el fondo, sirve. La hazaña nunca es completamente individual. El individuo humano es también, como su misma naturaleza le enseña, indigente. Ser el mejor requiere que alguien lo sepa e, incluso, que lo comunique».[61] La virtud es, así, comunicable —aunque como saber, una sabiduría incomunicable— y comunicación; precisa un discurso.

En este sentido, el héroe es un modelo, es un ejemplo. La virtud de este virtuoso no es una abstracción, una *theoría* despegada del contexto social. Esto se ve bien en el héroe épico homérico. No es nada, ni nadie, sin la acción, sin una hazaña que pueda ser contada, comunicada —por el lenguaje poético— recordada o rememorada, en el seno de una *comunidad ética de memoria*.

La acción del héroe —del virtuoso, como ideal ético de conducta y modelo moral— es una acción arriesgada y esforzada, por eso requiere la fuerza de la virtud. Este modelo moral de héroe, del personaje de las sociedades heroicas de Homero, muestra —lo que es importante para nuestro tema— que el hombre es lo que hace, principalmente. Juzgar a un hombre es, dice MacIntyre, juzgar sus acciones, sus hazañas, sus excelencias, sus virtudes, en definitiva. Este modelo de sociedad nos enseña algo importante: que moral y estructura social son, de hecho, una y la misma cosa. Y lo que tenemos que aprender de tales modelos de sociedad es, por tanto, doble:

«Primero, que toda moral está siempre en cierto grado vinculada a lo socialmente singular y local y que las aspiraciones de la moral de la modernidad a una universalidad libre de toda particularidad son una ilusión; y segundo, que la virtud no se puede poseer excepto como parte de una tradición dentro de la cual la heredamos y la discernimos de una serie de predecesoras, en cuya serie las sociedades heroicas ocupan el primer lugar».[62] Así pues, somos lo que el pasado ha hecho de nosotros. La sociedad heroica forma, así, parte de nosotros, en los términos de un pasado y origen, que no puede ser abandonado, aunque sí actualizado. La formación de nuestra propia *cultura moral*, una forma de cultura cívica, implica el recuerdo, la rememoración y actualización de esta parte de nuestra historia y nuestro pasado, representado en el héroe, como ideal moral y ético de conducta libre.

El ciudadano moralmente educado, construido en su carácter, requiere la virtud, la excelencia, concretada en el ejercicio de virtudes cívicas, que moldean su querer, su voluntad y arrojo en la acción pública. Es un actor, pero también un espectador. Y en tanto que actor y espectador, en tanto que sujeto activo o agente cívico, el ciudadano, al actuar como tal, tensa su actividad entre el *drama* y el *discurso* de la vida pública. Su acción es *expresiva* y, simultáneamente, *comunicativa*. En su actuación expresa sus juicios y los comunica. *Se* comunica.

3.5. El juego de la ciudadanía

Seguramente tardaríamos largo tiempo en ponernos de acuerdo en determinar la estructura y contenidos de la ética de la ciudadanía o, por decirlo con mayor rigor, la moral ciudadana. Pero seguro que las posibilidades de acuerdo serían menores si alguien la definiese en los términos de un *juego*. Es precisamente esta idea la que quiero comenzar a defender en esta última parte del capítulo.

La ciudadanía es, sin duda, una clase de actividad social. Es un ejercicio, como hemos visto. Toda actividad tiene que cumplir, al menos, dos rasgos: la intencionalidad y la exterioridad. Tal vez no sean los rasgos más cruciales de la actividad, o tal vez pueda pensarse que el más

170

importante es el primero. Pero lo cierto es que sin el componente de visibilidad de la acción, sin una exterioridad, no se puede comunicar la actividad. No hay comunicación. Por ello Hannah Arendt señaló tan audazmente en *La condición humana* esa intrínseca relación entre acción y discurso.

En este sentido, todo intento de valorar éticamente cualquier tipo de actividad —incluida la práctica de la ciudadanía— supone examinar, ante todo, la calidad de su comunicación. Normalmente juzgamos a un hombre como moralmente bueno o malo según sean sus intenciones y sus obras, lo que en parte siempre nos remite al plano de la conciencia y de la intimidad. A pesar de ello, el ejercicio de la ciudadanía es pura exterioridad, más que interioridad. Y en cuanto tal es una forma de comunicación, un modo de lenguaje. En la ciudadanía se comunica algo, y nos comunicamos. El ámbito de lo común —la esfera pública—, ese ámbito de las «apariencias», y de lo externo es el que prioritariamente define la ciudadanía. Y en él hay comunicación en la misma medida que hay acción y discurso. Por eso la ética de la ciudadanía implica el ejercicio de una buena comunicación, y será buena si es juego. Y será juego —y es de desear que sea un «buen juego»— si cumple —como señala Jesús de Garay siguiendo a Huizinga—[63] cuatro notas: si es *libre*, si provoca *placer*, si no responde a la satisfacción de una necesidad —si es *superfluo*, en suma— y, por último, si contiene un elemento de *ficción*.[64]

En efecto, el ejercicio de la ciudadanía, como el de la ética, tiene que ser eminentemente libre, en vez de coactivo. Se tiene que poder ser ciudadano porque a uno le dé la gana. Como con el juego. Éste pierde todas sus virtualidades si es obligado. Uno juega porque quiere. Es arbitrario —en cuanto a la elección de jugar o no— pero sometido a reglas, en su ejercicio. Y es en el proceso de desarrollo del juego mismo —el momento en el que nos sometemos a reglas y dejamos que discurra; el momento en el que hay, por tanto, actividad, ejercicio, trabajo y esfuerzo— el contexto propicio para aprender algo, porque lo que se hace se aprende, mucho más que lo que simplemente se escucha o ve.

En este sentido, la ética de la ciudadanía lo que debe hacer es marcar las reglas del juego cívico. Éstas marcan un tipo de obligación moral, pero sólo una vez que se acepta el juego de la ciudadanía. Quien no quiere sentirse ciudadano, no está obligado a jugar, pero tampoco tiene derecho a estorbar. Debe mantenerse al margen, sin molestar. Tal vez después de ver jugar a los demás se anime, o tal vez no. Pero no jugará bien si se le obliga.

Planteada como juego, la ética ciudadana —la moral cívica— implica pues libertad, pero también goce, satisfacción y una dosis de placer. Cuando el juego es verdadero y auténtico, se disfruta. Esto no significa que la actividad de jugar no entrañe esfuerzo o trabajo. Pero sobre todo tiene que haber disfrute, auténtico placer en jugar. Con el ejercicio de la condición cívica tiene que ocurrir lo mismo. Pero esto parece contradecir el hecho, ineludible, de que para la mayor parte de nosotros ser un buen ciudadano implica más esfuerzo y más obligaciones que placeres. Por ejemplo, el lema —que aparecía escrito en un mural en el aula donde imparto mis clases de Filosofía de la Educación— «compartir es divertido» es más un eufemismo que otra cosa. Cuando le pregunté a un alumno qué le parecía el lema, respondió: «Es mentira. Compartir no es divertido, lo que no significa que no sea importante o algo valioso, desde distintos puntos de vista. La verdad es que mi primera reacción es la de no compartir. Y necesito pensarlo dos veces para cambiar de opinión».

No se puede negar la sinceridad del alumno. En el fondo de su respuesta, late alguna verdad, que se podría formular así: hay cosas que no nos producen placer, que no son divertidas, pero que conviene hacerlas, o que es bueno o valioso hacerlas. El ejercicio del sentido cívico, o la formación de una conciencia cívica, de hecho, es verdad, supone cosas que no son gratas, que cuesta esfuerzo hacer, como por ejemplo compartir cosas con los demás, o ser tolerante o solidario. En ello no obtengo placer en principio. Hace falta que se genere un hábito para empezar a obtener placer. Pensemos en una partida de cartas. Cuando se empieza a jugar, el jugador está normalmente en tensión, más atento a las reglas del juego, a comprobar

172

si ha entendido su funcionamiento y a no cometer errores que a otra cosa. Después de un rato, comienza a sentir placer, es decir, cuando se ha habituado a las reglas del juego, y empieza a dominarlas. Insisto en que el ejercicio de la ciudadanía debe ser igual. Y es la ética de la que hablamos la que debe permitir al ciudadano dominar las reglas del juego cívico. Para ello, tenemos que poder participar, sentirnos con confianza, vernos respetados, percibir que nuestras creencias, nuestras ideas y nuestras decisiones sirven para algo y, sobre todo, son tenidas en cuenta. Es entonces cuando comenzamos a disfrutar de nuestra identidad cívica. Y ello no se da sin la ayuda de la educación. Por ello estoy esencialmente de acuerdo con Esperanza Guisán cuando dice en *Ética sin religión* que «el robustecimiento y fortalecimiento de la democracia profunda o democracia *ética* sólo es posible mediante un *proceso educativo* que desarrolle el *juicio crítico* y favorezca la puesta en ejercicio de las *capacidades de razonamiento*, al tiempo que desarrolle la sensibilidad de forma que las capacidades espontáneas de *sympatheia* se expandan adecuadamente».[65]

Los dos últimos rasgos del juego —que es *superfluo*, al no estar motivado por ninguna necesidad y *ficticio*, es decir, que se encuentra fuera de la realidad, de algún modo— son las notas más difíciles de aplicar a nuestro tema. Pues, comenzando por el primero, ¿acaso no es cierto que el componente básico de la participación activa que contiene la idea de una ciudadanía no es cada vez más la respuesta a una necesidad, a saber, la de permitir consolidar una democracia profundamente ética? Por una parte, este tipo de ciudadanía es valorada por sí misma, pero por otra es el antídoto contra la perversión de nuestra frágil democracia moderna. Además, ¿cómo atreverse a llamar superfluo a algo tan importante como el ejercicio activo de la ciudadanía, cuando tantas y tan razonadas proclamas se hacen en su favor? Y por lo que se refiere a la ficción del juego, ¿en qué sentido se dice que la ética de la ciudadanía, es decir, el ejercicio moral de la práctica cívica, es algo situado fuera de la realidad?; ¿en el sentido de ser algo utópico e inalcanzable?; ¿un mero *desideratum*?

No es fácil responder con seguridad a estos interrogantes, aunque bien consideradas las cosas estas dos notas del juego, aplicadas a nuestro tema, bien pudieran indicar dos ideas concretas. En primer lugar que el juego de la ciudadanía, es decir, ese *cruce de prácticas* en las que sobre todo se da la comunicación y cierta clase de «articulación de libertades» es algo superfluo sólo en el sentido de que la propia libertad hace que se pueda abandonar en cualquier momento. Sólo en la medida en que resulta placentero jugar —es decir, en la medida en que se goza de la práctica cívica— nos acucia la necesidad de seguir este juego de la ciudadanía. Pero es importante que tal ejercicio cívico sea algo esencialmente libre, una actividad libre, pues sólo así podrá ser algo susceptible de mejorarse y profundizarse éticamente. El ejercicio de la ciudadanía es algo superfluo, en definitiva, en la medida que se opone a lo necesario, esto es, en la medida que entra de lleno en el ámbito de lo «posible por libertad». Y de nuevo aquí, hay que insistir en ello con énfasis, el análisis de la condición cívica muestra esas intrínsecas aporías y ambigüedades que recorren toda la vida política. Me refiero a esa tensión continua que se da en el ejercicio de la vida política y democrática cuando, de modo simultáneo, percibimos la necesidad de educar en una ciudadanía activa —para fortalecer el modo de vida democrático— y la libertad intrínseca que caracteriza el mismo modo de ser cívico.

En cuanto a la nota de ficción, ese «como si» que se da en todo juego, aplicada a la ciudadanía, supone el desarrollo de acciones reflexiva e imaginativamente comprometidas. El «como si» funciona como suposición, como hipótesis. Indica el despliegue —individual y comunal— de una capacidad de deliberación y juicio reflexionante. Es lo que ocurre con juegos como el ajedrez. En toda buena partida siempre se da una combinación imaginativa y reflexionante de reglas básicas y estratégicas. El ajedrecista combina jugadas, supone movimientos, idea diferentes estrategias. Siempre se implica en el juego cierta potencia deliberante y, sobre todo, capacidad de juicio. En suma, en el ajedrez, como en otros juegos, y desde luego tam-

174

bién en el ejercicio comunitario de la práctica cívica, siempre se da la ocasión y la necesidad de imaginar nuevas posibilidades, las cuales introducen en este juego de la ciudadanía un elemento de libertad y, correlativamente, de incertidumbre e indeterminación. Se convierte así la ética de la ciudadanía en una práctica eminentemente reflexiva, en una actividad donde se exige una continua elección entre lo mejor y lo peor —y no tanto entre alternativas extremas: el bien y el mal— siempre bajo condiciones de incertidumbre ética.

Y es aquí donde la capacidad de juicio cívico y la formación de una mentalidad cívica deliberante constituyen dimensiones esenciales de formación y educación política. Pues así como tradicionalmente siempre se ha distinguido al gran estadista por su prudencia y juicio político, el ciudadano competente se distingue también por su maestría moral y por su capacidad de juicio cívico; por su habilidad para juzgar las realidades de lo común, no tanto a título individual como desde la categoría del «nosotros», desde una visión compartida de lo común; de esa mesa en torno a la cual podemos jugar una partida, o tomar café y charlar —compartiendo así una actividad— y al mismo tiempo evitar caer, como decía Hannah Arendt, los unos sobre los otros. Como ha escrito Barber: «El ciudadano es un diestro participante de la política, instruido en las artes de la interacción social y marcado por la capacidad para distinguir los requerimientos de "nuestros" estilos de pensamiento de aquellos que se refieren a "mis" estilos de pensamiento. Referirse al juicio político democrático es hablar de la educación política y también de estilos de participación política que van más allá del voto ocasional. Es del juicio político diestro de lo que hablamos cuando nos referimos al ciudadano competente; y [...] tanto la ciudadanía como la competencia dependen de experiencia y continuo compromiso político».[66]

Como ya he mencionado a lo largo del libro, una pensadora que ha realizado una significativa —aunque controvertida— contribución al análisis de la competencia cívica bajo la luz que proporcionan la actividad del pensamiento —como comprensión— y el ejercicio de la facultad del juicio político fue Hannah Arendt. Los dos próximos capítulos estarán dedicados, en buena parte, a exponer en qué consistió la específica aportación del pensamiento arendtiano y a evaluar su «anacrónica actualidad», como ha señalado Paolo Flores D'Arcais.[67]

LA COMPRENSIÓN POLÍTICA: LA VOLUNTAD DE SENTIDO EN HANNAH ARENDT

«¿Pensaríamos mucho, y pensaríamos bien y con corrección, si no pensáramos, por decirlo así, en comunidad con otros que nos *comunican* sus pensamientos y a los que comunicamos los nuestros? Por consiguiente, se puede decir bien que el poder externo que priva a los hombres de la libertad de comunicar *públicamente* sus pensamientos los priva también de la libertad de *pensar*.»

KANT,
Cómo orientarse en el pensamiento

«Si pudiera apartar de mi camino la magia, desaprender del todo sus fórmulas, yo estaría, naturaleza, ante ti, como un hombre solitario. Entonces valdría la pena el esfuerzo de ser humano.»

GOETHE,
Fausto, II, 11.404-11.407

En este capítulo voy a embarcarme en la difícil tarea de repensar el espacio de lo público desde el esquema de pensamiento de Hannah Arendt. En este ejercicio, poco premeditado, y sin embargo comprensivo, intentaré pensar lo político desde Arendt, pero en mi propio pensamiento. Es decir, pensaré lo político desde un pensar —el mío— que se ha criado en la textura de eso que llamamos la educación, como objeto del reflexionar. Sin retórica: pensaré lo público y lo político intentando comprenderlo desde la educación, pero desde el esquema de la vida mental arendtiana.

Como en tantos otros pensadores, pero de modo peculiar en Hannah Arendt, su pensamiento está esencialmente vinculado, y condicionado, por su propia vida, por lo que, antes que nada, exploraré, en la siguiente sección, y de forma resumida, algunos elementos biográficos.

Para que quede lo más claro posible el propósito central de este capítulo, a continuación abordaré dos cuestiones concretas, que prepararán el terreno de los temas que trataré posteriormente, en los dos últimos epígrafes del capítulo, a saber: su teoría educativa, en el marco de la crisis de la modernidad, y su teoría de la ciudadanía, de la esfera pública y de la acción humana.

Esas cuestiones concretas a que me refiero son las siguientes. En primer lugar, enlazaré esta pretensión con las consideraciones ya realizadas acerca de la ciudadanía. Posteriormente intentaré situar el proyecto filosófico de Arendt dentro del debate actual en filosofía política, para evaluar la justeza de las diversas apropiaciones que vienen haciéndose de su pensamiento.

4.1. Hannah Arendt: una reflexión biográfica

La vida y la historia intelectual de Hannah Arendt está estrechamente asociada al fenómeno terrible del totalitarismo nazi y a dos pensadores de la talla de Martin Heidegger y Karl Jaspers. Su biografía nos muestra la historia de una generación de intelectuales europeos obligados al exilio por el nazismo. Es una historia, la suya, vinculada al concepto de *apátrida* y de *paria* o, como frecuentemente se autocalificó, de *outsider*.[1]

Como tantos otros intelectuales, fue Hannah Arendt una «mensajera del infortunio» cuya experiencia con el totalitarismo nazi la llevó, ya en Estados Unidos, a escribir esa «obra maestra», como llegó a calificarse por la crítica, que es su libro *Los orígenes del totalitarismo.*[2]

Esta obra es muy importante, y sería impropio explicarla tan sólo en términos de una especie de catarsis personal. Estoy de acuerdo con la opinión de Margaret Canovan[3] cuando dice que el punto central de su teoría del totalitarismo ha sido mal comprendido, porque su teoría de la acción, como el resto de su pensamiento político, está arraigada en su propia respuesta al fenómeno totalitario, y no es, como muchas veces se ha supuesto erróneamente, un ejercicio de nostalgia de la *polis* griega.

Desde esta obra hasta su inacabado libro —publicado póstumamente, en 1978— *La vida del espíritu*, que había sido concebido como complemento de tal vez su libro más popular entre nosotros *La condición humana*, su trayectoria intelectual estuvo animada por lo que, de acuerdo tanto con Lessing como con Kant, Arendt denominó *Selbstdenken* o «pensamiento propio» e independiente. Es decir, por la llama ilustrada de la sabiduría filosófica y del pensamiento libre, una luz que gráficamente la propia Arendt describe en el prefacio de *Hombres en tiempos de oscuridad* de este modo: «Incluso en los tiempos más sombríos tenemos el derecho a esperar cierta luz. Ésta puede proceder no tanto de teorías y conceptos como de la llama titilante, incierta y frecuentemente débil, que algunos hombres y mujeres, en sus vidas y en sus obras, encenderán casi bajo cualquier circunstancia, proyectándose durante todo el tiempo que les fue dado vivir en la tierra».[4]

Hannah Arendt buscó esa luz, siguiendo el ejemplo de muchos de los pensadores sobre los que escribió, y cada vez que la encontró intentó proyectarla en el mundo, al cual amaba. Con la luz de su pensamiento trató de iluminar, cuantas veces fue oscurecido, ese reino de lo público por el que tanta atracción sintió y sobre el cual escribiría en *La condición humana*.

Y es que, como Elisabeth Young-Bruehl ha dejado escrito en la magnífica biografía que publicó en 1983, con el título *Hannah Arendt: por amor al mundo* : «La luz emanada de la obra de una persona penetra directamente en el mundo y permanece después de la muerte de su autor. Será grande o pequeña, duradera o transitoria, dependiendo del mundo y sus circunstancias. La posterioridad juzgará. La luz que emana de la vida de un ser humano —de las palabras que dijo, de sus gestos, de sus amistades— sobrevive solamente en los recuerdos. Para penetrar en el mundo debe encontrar una nueva forma, anotada y transmitida, hay que construir su historia a partir de muchos recuerdos y de muchas historias».[5]

Como toda biografía, la de Hannah Arendt —que refleja la historia del mundo, tanto como en su obra intentó comprenderla— es la «concentración en un *bios*». Especialmente su vida conforma un relato que merece ser transmitido a las futuras generaciones pues fue, como su amigo W. H. Auden escribió una vez, «un rostro privado en público más sabio y agradable que muchos rostros públicos en privado».

Hannah Arendt no pudo evitar la fama, como tampoco la fuerte controversia que muchos de sus libros provocaron, como el de *Eichmann en Jerusalén: Un estudio sobre la banalidad del mal*.[6] Su reconocimiento público era tal a los 45 años —dieciocho después de su exilio de la Alemania nazi— que el 14 de mayo de 1951 escribía a Karl Jaspers, su admirado amigo, maestro y director de la tesis que redactó sobre *El concepto de Amor en S. Agustín*, en 1929: «¿Le escribí que hace una semana me convertí en una *cover-girl* y tuve que verme en todos los kioskos de prensa?».[7]

Hannah Arendt pasó su infancia en Könnigsberg. De allí procedía su familia, compuesta de judíos ilustrados próximos a posiciones socialistas: los Arendt y los Cohen. Paul Arendt, su padre, era ingeniero y aficionado a las humanidades, y poseía una extensa biblioteca repleta de clásicos. Su madre, Martha Cohen, había sido educada en casa y enviada a París tres años a estudiar música y francés. Aunque ninguno era religioso, la joven Hannah fue enviada a la sinagoga con el rabino Vogelstein, de quien al parecer se enamoraría platónicamente la joven Hannah, la cual proyectó casarse de mayor con él. Su madre le advirtió que tendría que aceptar no comer cerdo, a lo que repuso: «Bien, entonces me casaré con un rabino con cerdo».

Su acercamiento a la filosofía se produciría en los años de universidad, aunque por su precoz inteligencia a los catorce años ya leía a Kant, a Kierkegaard y estudiaba con pasión el griego. En Marburgo estudia con Heidegger, a quien conoce cuando ella tenía 18 años y el filósofo 35, el cual la inicia tanto en filosofía como también en su «educación sentimental». En Heidelberg estudia con Jaspers, que será a partir de entonces no sólo un maestro y amigo inestimable, sino también el padre que Hannah había perdido en el año 1913.

A pesar de estas dos influencias, su teoría y planteamientos son difícilmente clasificables. Su condición de «apátrida» también se extiende al terreno intelectual, hasta el punto de que el 28 de octubre de 1964 dice a Günter Gauss, en el transcurso de una entrevista televisada: «Yo no pertenezco al círculo de los filósofos [...]. No me siento filósofa de ninguna manera y tampoco creo que haya sido recibida en el círculo de los filósofos».

Y, efectivamente, muchos pensadores y filósofos han criticado sus planteamientos. Los filósofos, acusándole de haberse preocupado más por el análisis de los acontecimientos de su tiempo que por exponer los fundamentos del saber —Hannah Arendt siempre pensó que el pensamiento debía dirigirse a la formación de la opinión, en vez de al descubrimiento del ser y de la inmutable verdad— y los politólogos, por el contrario, rechazando su forma excesivamente abstracta y filosófica de cuestionarse sobre los acontecimientos políticos. En suma, ambos juicios corroboran su condición intelectual de apátrida, tal y como ella misma llega a decirlo abiertamente en otra entrevista, al ser preguntada por su posición en la teoría política, y responder: «No lo sé. Realmente no lo sé y nunca lo he sabido [...]. No estoy en ninguna parte».

No obstante estas declaraciones, el estudio de sus obras muestra que su punto de arranque epistémico es el *fenomenológico*. Su análisis de los fenómenos políticos —como el del totalitarismo, la revolución, el poder, por ejemplo— revela el esfuerzo por establecer una genealogía de tales fenómenos, con el objeto de desvelar su sentido original. Su preocupación fue buscar los orígenes no pervertidos de los fenómenos políticos, para lo cual analiza la relación entre la política y la condición humana a partir, en unos casos, del modelo normativo de la *polis* griega y, en otros libros, inspirándose en la revolución americana.

Concretamente, la huella de Heidegger se deja sentir en tres temas centrales: la relación de los conceptos con la experiencia humana, la importancia del lenguaje y la interpretación de la «acción» como revelación del agente.

En cualquier caso, sobre la filosofía política de Hannah Arendt se han vertido muchos adjetivos, la mayoría de los cuales yerran en lo fundamental: se la ha calificado de conservadora, de demócrata radical, incluso de comunitarista. Margaret Canovan, en su excelente libro *Hannah Arendt: a reinterpretation of her political thought* declara, más acertadamente a mi juicio, que su pensamiento es *sinfónico* mejor que secuencial. A menudo los lectores de la obra de Arendt encuentran sólo una parte de un continente mayor que se halla sumergido. Maurizio Passerin d'Entrèves, en *The political philosophy of Hannah Arendt*, pone explícitamente en duda que el pensamiento de Hannah Arendt pueda ser asociado, como ya vimos, sin más al actual movimiento neoaristotélico o comunitarista dentro de la filosofía política: «Si existe una tradición de pensamiento con la que Arendt pueda ser identificada, ésta es la tradición clásica del republicanismo cívico originada en Aristóteles y expuesta en los escritos de Maquiavelo, Montesquieu, Jefferson y Tocqueville».[8]

Según esta tradición, como ya vimos, la política encuentra su auténtica expresión cuando los ciudadanos se reúnen en un espacio público para deliberar y decidir sobre asuntos de interés común. Aquí, como para Arendt, la actividad política es valorada porque capacita a los ciudadanos para ejercer sus poderes de agencia cívica y para desarrollar su capacidad de juicio. Lo que verdaderamente Hannah Arendt pretendió, en materia de filosofía política, fue restablecer lo que en su libro *Sobre la revolución* llama «la tradición revolucionaria y el tesoro perdido», esto es, el *espíritu público*.[9]

El concepto de juicio político ocupa un lugar central en el pensamiento político de Hannah Arendt. Su teoría de la ciudadanía, su concepción de las consecuencias de la modernidad y del «auge de lo social», en detrimento de la «esfera pública», están relacionados de forma estrecha y muy íntima con sus apreciaciones sobre la facultad humana de juzgar.

Desgraciadamente, la inesperada muerte de Hannah Arendt nos privó de un ensayo sistemático sobre este concepto, al que pensaba haberle dedicado el tercer volumen de su última obra, publicada póstumamente con el título *The Life of the Mind*.[10] Para hacernos una idea global de su pensamiento sobre esta temática hay que recurrir a unos pocos escritos publicados en vida y al ciclo de conferencias impartidas en la *New School for Social Research*, de Chicago, sobre la filosofía política de Kant.[11]

Entre lo que actualmente todos los estudiosos de su pensamiento consideran el centro de su pensamiento político —*La condición humana*— y *La vida del espíritu*, puede decirse que sus opiniones sobre el juicio parecen situarse a lo largo de un continuo, uno de cuyos polos lo constituye la *vita activa* y el otro la *vita contemplativa*. Los especialistas del pensamiento arendtiano, frecuentemente asombrados y perplejos por las aparentes contradicciones de su propio sistema conceptual, han acabado reconociendo, en muchos casos, que sus ideas sobre el juicio en realidad presentan no uno sino dos modelos complementarios de la facultad humana de juzgar: el modelo del actor y el modelo del espectador. Es decir, el juicio como cualidad del actor político y el juicio como cualidad del espectador desinteresado.

Pero sus ideas sobre esta cuestión no se pueden entender, ni en sí mismas ni en sus concretas implicaciones para la educación de la ciudadanía, independientemente de su crítica de la modernidad. Éste es un punto que habrá que desarrollar. Para ello, insertaré la crítica arendtiana de la modernidad dentro de un espectro más amplio de críticas, las cuales parecen haber diluido, pero después realzado, el interés por el análisis de la ciudadanía en los términos de una actividad deseable, es decir, como una actividad moral ininteligible independientemente del concepto de *acción*.

4.2. Pensar la política en la hendidura del tiempo

Hemos visto en el capítulo anterior que la ciudadanía es un concepto esencialmente contestable, aunque no tanto como para impedir encontrar un núcleo incontestable de significado. ¿Cómo?: aceptando la pertenencia a una tradición de investigación, pensamiento y práctica cívico-política y contrastando con otras tradiciones de pensamiento rivales.[12] Si la ciudadanía es un sentimiento de pertenencia que nos proporciona una identidad —como miembros activos de una comunidad política— tan sólo desde esa pertenencia y desde el lenguaje de las tradiciones y *ethos* que la componen podremos entender completamente el alcance de los compromisos que nos impone y a los que nos obliga nuestra ciudadanía. Madurar esos compromisos es algo que se puede *aprender* a hacer, es decir, es una meta de una educación cívica. Sin embargo, nuestras sociedades son abiertas, y a menudo conviven distintas tradiciones morales dentro de un mismo contexto. El contraste reflexivo entre ellas es esencial para no dejar nuestro sentimiento de ciudadanía enclaustrado en una mirada limitada.

En mi opinión, por tanto, lejos de poder limitar la ciudadanía a la mera adquisición de un estatus, considero que existe la posibilidad de elaborar un concepto moral de ciudadanía —de una buena ciudadanía— cuando la pensamos en los términos de una *práctica* de compromiso o actividad deseable y narrativa. Como tal práctica, Arendt diría que la ciudadanía es, como ha destacado Celso Lafer, *el derecho a tener derechos*.[13] En este sentido, por tanto, el proceso de definición de la ciudadanía en un proceso esencialmente dialógico, intersubjetivo, algo en suma que no se puede hacer si abandonamos el diálogo, la conversación y, por supuesto, la educación moral, en los términos ya mencionados. Es un proceso de aprendizaje compartido.

Queda claro, entonces, que al plantear la discusión sobre el sentido de la ciudadanía en los términos de una *práctica*, de alguna forma mi propia posición se aleja también del enfoque comunitarista, del que ya hemos hablado antes, para acercarse más a la filosofía política de Hannah Arendt,

184

pensadora en la que he podido encontrar una fuente de inspiración excelente sobre el tema que voy a tratar y una vía de salida muy sugerente al debate sobre «el bien común» entre liberalistas y comunitaristas.

Como señala M. Passerin d'Entrèves en su libro *The Political Philosophy of Hannah Arendt*, la concepción arendtiana del interés público «no se reduce a la suma de las preferencias individuales o a la idea de un bien común indiferenciado. Ya que la *pluralidad* es considerada por ella como el principio político *par excellence*, el bien que una comunidad intenta lograr siempre es un bien *plural*, es decir, un bien que refleja tanto las diferencias entre las personas, esto es, sus intereses y opiniones distintivas, como la comunalidad que les hace estar juntos en tanto que ciudadanos, o sea, la solidaridad y la reciprocidad que cultivan como políticamente iguales».[14] Dentro de este juego reflexivo, la facultad de pensar deviene una facultad eminentemente política y arraigada en la voluntad de comprensión, de sentido y de *rememoración*.

En este punto, Arendt sigue claramente a Hegel, a quien cita cuando señala que la tarea de la mente humana es tratar de comprender qué ha ocurrido tras la conclusión y el cese de toda acción y acontecimiento. Tal comprensión, como apunté en el capítulo 1, es el modo básicamente humano de reconciliarnos con la realidad, de estar en paz con el mundo. La comprensión, como el *perdón* —aunque para Arendt son diferentes— constituyen la única posibilidad para remediar, siquiera en parte, la inextricable fragilidad de la acción, una fragilidad que conlleva imprevisibilidad e impredecibilidad.[15]

Para deshacer lo hecho —para lograr el milagro de borrar lo imborrable— no podemos sino comprender, es decir, reconciliarnos y tratar de encontrar sentido. Y para asegurarnos una garantía en el incierto futuro, sólo podemos recurrir a la facultad de *prometer*, de hacer y cumplir promesas. Pero comprender y prometer son, en esencia, actos de nuestra facultad de pensar, una facultad que no podemos encerrar en un marco racionalista. Es una facultad en la que algo más que la lógica entra en juego, como es la memoria (*rememoración*).

185

Estas ideas tienen mucho que ver con la constitución de la identidad cívica, y con la especificidad de los compromisos que puede asumir un ciudadano. Al menos nos plantean ciertas perplejidades. A pesar de todo lo que pueda decirse, pensar y actuar son cosas diferentes, y es claro que cuando se habla de participación cívica se está hablando de acción y no de pensamiento. ¿Cómo insertar, pues, dentro de una realidad práctica y comprometida como es la ejecución de actos cívicos una facultad que denota, justamente, la parálisis de toda acción?

En rigor, para Arendt pensar sólo puede hacerlo alguien por sí mismo, adoptando la forma de un pensamiento propio. Por el contrario, la acción política, la acción de la ciudadanía en la arena pública es, o debería ser, una acción concertada. En este punto, las relaciones entre pensamiento (propio) y acción (concertada), entre la teoría y la práctica, son muy problemáticas. Éste es tal vez uno de los puntos oscuros del enfoque de Arendt. No obstante, como veremos, hay una fórmula que nos permite una mayor vinculación entre pensar y actuar, dentro del marco de la actuación cívica. Se trata de una relación en la que el pensamiento no adopta ya la forma de un pensamiento propio, sino que se vuelve *pensamiento representativo* y que constituye la base, precisamente, de la facultad que permite el tránsito del pensar al actuar, esto es, la facultad de juicio político.

El segundo tema que teníamos que tratar se refiere a las diversas apropiaciones del pensamiento político arendtiano dentro del marco de la teoría política contemporánea. Para ello voy a seguir la interesante discusión que recientemente ha ofrecido Dana Villa en su libro titulado *Arendt and Heidegger: The Fate of the Political*.[16]

Según Villa, es evidente que la obra de Arendt presenta una original concepción de la vida política uno de cuyos principales méritos ha sido el haber contribuido a la renovación del interés por el concepto aristotélico de la *praxis*, en una época teñida por las críticas a la instrumentalización de la acción y por el decaimiento del ámbito público en la teoría y la práctica modernas. Sin embargo, a pesar de esta coincidente lectura aristotélica de la obra de Arendt, la misma no está plenamente justificada. Una vez que logramos iluminar la verdadera naturaleza del proyecto arendtiano, el carácter de la influencia de Aristóteles en Arendt resulta claramente contestable, siendo en muchos aspectos más negativa que positiva.[17] Según Villa, en realidad argumenta contra Aristóteles, y no solamente contra sus prejuicios filosóficos. En este sentido, la teoría de la acción de Arendt es una reconceptualización radical de la *praxis* aristotélica.

El juicio sobre el aristotelismo de Arendt se debe a una triple apropiación de su pensamiento, por parte de tres frentes teóricos: los teóricos de la democracia participativa, la tradición de la teoría crítica y, por último, el pensamiento comunitarista. Para los primeros el interés de la obra de Arendt reside en su concepción de la ciudadanía y en la identificación entre los conceptos de acción y de política. Para los portavoces de la teoría crítica, el aspecto más interesante es la distinción entre los conceptos de labor, trabajo y acción, distinción cuyo valor el propio Habermas llegó a reconocer en *Teoría y praxis*.[18] Por último, los comunitaristas subrayan el acierto de Arendt al destacar la importancia del libro III de la *Política* de Aristóteles, dedicado a la teoría del ciudadano y las clases de régimen.

Ahora bien, la teoría arendtiana de la acción humana no es un mero ejercicio de recuperación, ni una mirada crítica al presente a través de otra esperanzadora hacia el pasado. Por razones que se entenderán más tarde, su intento no es un esfuerzo de recuperación de categorías y conceptos antiguos, o alguna forma de restauración de la tradición, sino más bien la desconstrucción y el intento de superar las reificaciones de una tradición ya muerta. Su teoría de la acción es, así, parte de un proyecto más ambicioso de rememoración y recuerdo en el que los conceptos no se reciben ya sólo *qua* conceptos, sino que, más bien, destilamos de ellos algo de su original espíritu y significado. Lo que Arendt ambiciona, pues, no es un proyecto crítico de recuperación, sino un intento de pensar la acción de una manera radicalmente antitradicional.

En este punto, según Arendt, no tenemos margen de elección, a la vista, como luego haré notar más detenidamente, de la terrible novedad que supone el totalitarismo: «La terrible originalidad del totalitarismo no se debe a que alguna "idea" nueva haya entrado en el mundo, sino al hecho de que sus acciones rompen con todas nuestras tradiciones; han pulverizado literalmente nuestras categorías de pensamiento político y nuestros criterios de juicio moral».[19]

La brecha o ruptura de nuestra tradición hace, por tanto, de la recuperación de los conceptos del pasado, en cuanto tales, algo simplemente imposible. En cambio, dentro de esa brecha entre el pasado y el futuro, el pensamiento adquirirá la forma de la comprensión, es decir, de un acto de reconciliación con la realidad y de búsqueda del sentido. Pensar es, así, ensayar. El ensayo es el género más apropiado para esta forma de pensamiento.

La importancia que estas ideas tienen para la educación es clara. Educar políticamente a la ciudadanía exigiría, de acuerdo con ellas, formarles el hábito de un pensar comprensivo, de una actividad de pensamiento y juicio hábil, precisamente, en saber moverse en la brecha del tiempo, en la hendidura abierta en la tradición. Si fenómenos como el totalitarismo han roto con nuestras categorías tradicionales de pensamiento y juicio moral, el ciudadano debe ser formado en la capacidad para pensar sin fundamentos claros, sin asideros, en el peculiar aislamiento de un presente en el que la autoridad, en forma de tradición, parece haber desaparecido de alguna forma.

Así, como Jean Claude Eslin también ha destacado, el mérito de Arendt consiste en habernos ayudado a desarrollar las figuras esenciales de la «privación del mundo» —antisemitismo, imperialismo, totalitarismo—, los tres círculos del «mal político», y en habernos enseñado a evaluar el alcance de las verdaderas consecuencias del pensamiento totalitario: la destrucción de la capacidad de iniciar y comenzar algo nuevo; la incapacidad de reflexión y juicio de humanidad; el desposeimiento de la ciudadanía, del derecho a tener derechos; el ensombrecimiento del escenario público.[20]

4.3. Pensamiento, comprensión y la búsqueda del sentido

Un pensamiento heterodoxo no cabe en los rígidos moldes de la ortodoxia. Un pensamiento libre, y afincado en la experiencia personal, no se somete con facilidad. Un pensamiento propio e independiente no cabe tampoco en lo ajeno de sí mismo, en lo extraño. Probablemente, un pensar de esta naturaleza sólo es posible apresarlo desde la tentativa, desde el ensayo, desde una forma de pensar, en su misma raíz, *dóxica*, desde el puro «ejercicio» del pensar.[21] Como ya señalé en el capítulo 1, afincados como estamos en la inevitable mediación de la *tradición* —en la «razón de un origen»—, los hombres necesitamos del intercambio de puntos de vista y de opiniones para acercarnos a eso que nombramos como la «verdad».

Hannah Arendt fue una pensadora cuyas características se avienen precisamente al atrevido diagnóstico que acabo de formular.[22] Y, sin embargo, las etiquetas, los moldes, tal vez cierto «secuestro» de su pensamiento, se han dejado notar desde la primera lectura del primer lector que quiso interpretarla. Como dice Dana Villa, su pensamiento se ha visto sometido a muchas y variadas apropiaciones —especialmente su teoría de la acción humana— aunque no siempre tales apropiaciones han logrado desbrozar el núcleo gordiano de su compleja trama conceptual.[23]

En efecto, a menudo se ha acusado a Arendt, y en especial en los foros académicos, de manifestar un pensamiento caótico y arbitrario e incluso de escaso valor. Así, Ernst Gellner decía en *Cultura, identidad y política* que la falta de rigor lógico de Hannah Arendt hacía dudar del valor real de su contribución al pensamiento político; Stuart Hampshire, por su parte, no dudó en declarar que su obra póstuma, *La vida del espíritu*, no era más que un nido de «nieblas metafísicas»;[24] A. Rich, en un texto sobre «el mundo común de las mujeres», notaba también que Arendt era una mente femenina impregnada de ideología masculina;[25] y, por poner un último ejemplo, Isaiah Berlin, en un diálogo con Ramin Johanbegloo, señalaba sin pudor ninguno que «debo admitir que no respeto mucho las ideas de la dama. Muchas personas notables admiraron su obra. Yo no puedo [...]. Todo es una corriente de asociación metafísica libre. Se mueve de una frase a otra sin nexos lógicos, sin vínculos racionales e imaginativos».[26]

Probablemente, si nos atenemos a los cánones vigentes de la Academia, estas críticas estén ajustadas. El problema es que muchos críticos —o mejor dicho, este tipo de críticos de Arendt— buscan en ella algo que es imposible encontrar. Su discurso es, como ya señalé, un pensamiento desde la fragilidad, y su última vocación, simplemente «comprender».[27] Como ella misma señaló: «La propia razón, la capacidad para pensar de que disponemos, tiene necesidad de autorrealizarse. Los filósofos y los metafísicos la han monopolizado. Ello ha permitido grandes cosas, pero ha conllevado también algunas desagradables: hemos olvidado que *todo* ser humano tiene necesidad de pensar, no de un pensar abstracto ni de contestar a las cuestiones últimas acerca de Dios, la inmortalidad y la libertad, sino únicamente de pensar mientras vive».[28]

En efecto, como señala Pier Paolo Portinaro en su ensayo «La política como comienzo y el fin de la política», el hilo conductor de la obra arendtiana es «la voluntad de no abandonar el mundo del sentido común»,[29] es decir, de la cultura del juicio político. Frente a la clásica contraposición —que Arendt criticó reiteradamente— entre *ser* y *apariencia*, nuestra autora restaura su carácter indiferenciado en el seno de los asuntos humanos —esto es, en la trama misma de una filosofía práctica—, tal y como hace notar en *Sobre la revolución*: «En política, en mayor grado que en cualquier otra parte, no tenemos la posibilidad de distinguir entre ser y apariencia. En la esfera de los asuntos humanos, ser y apariencia son la misma cosa».[30] Esta indistinción entre el mundo del ser y el mundo de las apariencias hace que el *código de la política* sea, precisamente, el de la *fragilidad*.

Así que, en cierto modo, este rasgo de la arbitrariedad apunta hacia una dirección correcta, aunque su alcance último, sin embargo, escapa a una lectura superficial de su obra, o una lectura ceñida a su vertiente *oficial* y más visible. Pues existen, al menos, dos niveles —o, mejor dicho, *desniveles*— en su pensamiento.

El primero, a menudo oculto, está arraigado en la defensa del pensamiento libre e independiente, en el pensar propio y «por sí mismo», es decir, en una forma de pensar genuinamente crítica e ilustrada. Esta modalidad se muestra en muchas de las observaciones que Arendt vierte, como por ejemplo en *Eichmann en Jerusalén*.[31] En obras de este tipo, y en innumerables ensayos y conferencias, Arendt practica la *comprensión* como un ejercicio en la facultad del pensar, de una actividad pensante y reflexiva dentro del marco de la ruptura de la tradición, es decir, de un pensar en la «hendidura del tiempo».[32] Como dice Gisela T. Kaplan en su artículo «Hannah Arendt: la vida de una judía», Arendt adopta, en este sentido, y de una forma consciente, la postura de *paria* para usar este concepto como punto de arranque para el pensamiento y la práctica del juicio, para la acción política y la realización de ese espacio de libertad que surge *inter homines*.[33]

En definitiva, Arendt alaba la comprensión como una virtud del pensador, del filósofo, no en su condición profesionalizada, sino como agente humano que ama y trata las cosas de un mundo en el que cosas como los horrores del totalitarismo son simplemente posibles. De hecho, como veremos después, su teoría de la acción humana, en tanto que acción política, exige de la comprensión, como elemento central de la actividad pensante, para asir de algún modo su inextricable fragilidad, su imprevisibilidad y su impredecibilidad.

El segundo nivel de su pensamiento —quizás el más visible— se refleja en obras como *La condición humana*[34] o *Sobre la revolución*, en donde expone argumentos que a menudo no apura, y hasta arbitrarios, incluso, desde el formal ángulo de la Academia. Quizás en este segundo nivel no encontremos del todo a la auténtica Arendt, aunque la circularidad de sus argumentos, que a menudo despistan, lejos de ser arbitrarios y caóticos, poco a poco nos van dando la impresión de que en sus obras tomamos conciencia de la existencia de un continente oculto mucho más amplio y extenso.

Con independencia, por tanto, de una evaluación más detallada de las concretas aportaciones del pensamiento de Arendt, lo cierto es que su obra es sumamente sugerente, estimulante y, al mismo tiempo, inquietante. Bhihhu Parekh ha resumido las razones de este diagnóstico de una forma muy clara.[35]

En primer lugar, su pensamiento es un pensar arraigado y nutrido en la experiencia, en una experiencia particular. Es una de las pensadoras políticas más sobresalientes en su elaboración filosófica contra el sustrato o núcleo del pensamiento totalitario, hasta el punto de que la mayoría de sus creaciones conceptuales muestran signos evidentes de ser el resultado de un pensar nacido desde la dolorosa experiencia con el totalitarismo.

Paul Ricoeur ha subrayado esta característica del pensamiento de Arendt con agudo énfasis. Según Ricoeur, el análisis que hace Arendt del totalitarismo —un fenómeno, en apariencia, tan sólo ligado a las circunstancias de la época— trasciende, por sus conclusiones, lo meramente puntual —expresado en la pregunta: «¿qué ha sucedido?»— para mostrar la atrevida tesis que afecta al hombre y a su posible recreación en la maldad con el otro. Es decir, plantea la posibilidad de tener que comprender un mundo en el que es posible volver superflua la vida humana. De acuerdo con el análisis de Arendt, el sistema totalitario se apoya en una terrible *novedad*: en un concepto hasta la fecha impensable de «poder»; un poder sin tradición, sin herencia ni antecedentes. Así, pensar en un mundo en el que es posible el totalitarismo entraña una posibilidad contraria, que es la que Arendt subraya: pensar un mundo no totalitario. ¿Dónde encontrar ese mundo? La respuesta arendtiana es: en los orígenes no pervertidos de la condición humana. Ésta es la tensión que mueve el dinamismo del pensamiento de Arendt, un dinamismo que no equivale a rescatar un pasado imposible de actualizar, sino uno que le lleva a enarbolar un *pensamiento resistente*, tanto filosófica como políticamente hablando. De acuerdo con este análisis de Ricoeur, la obra de Arendt enseña que lo político es el lugar donde se vinculan lo duradero, lo permanente y lo frágil. Si por un lado la violencia es la explotación de esa condición humana de la fragilidad, su renovación es la salida de la corrupción, del *mal polí-*

tico. Por eso sus referencias, calificadas de nostálgicas por los críticos de Arendt, a la *polis* griega o a la *revolución* americana cumplen con el objetivo de tratar de mostrar los momentos no pervertidos de la acción política, aquellos momentos en los que los hombres son los verdaderos protagonistas de los milagros que ellos mismos realizan, justo por haber recibido el doble regalo de la libertad y de la capacidad de obrar.[36]

En segundo término, Arendt destaca por su insistencia en tomar la tradición filosófico-política y su contenido como una tradición, hasta cierto punto, inauténtica y condicionada por el fantasma de Platón.

En tercer lugar, Arendt es innovadora en su aplicación del método fenomenológico a la comprensión de la política. Por otra parte, y a diferencia de Platón y de la tradición filosófica que arranca de Aristóteles, Arendt vincula la actividad y el conocimiento de la política al criterio de la belleza, en vez de condicionarla a los conceptos de verdad y de bien. Un aspecto especialmente sugerente de su filosofía política es, también, su concepción del mundo como escenario. Para ella, el mundo es como un teatro en el que todo organismo busca aparecer en escena y formar parte en él. Para Arendt, pensar, como actuar políticamente, es aparecer. Además, Arendt sugiere una nueva cultura fundamentada en una forma pública de ver y apreciar el mundo.

Estos rasgos constituyen, en un apretado resumen, los elementos innovadores del pensamiento político arendtiano. Todos ellos se basan en una explícita crítica a la filosofía política tradicional, crítica que a lo largo de su obra se desarrolla de acuerdo con las tesis siguientes: a) la filosofía política tradicional no aprecia suficientemente la «dignidad» de la política, al no verla, en el fondo, como una actividad autocontenida, dotada de un valor intrínseco. En este punto, la valoración aristotélica de la vida cívica no mantiene el mismo nivel de autonomía —ya que Aristóteles hace depender el valor de las vinculaciones políticas a una forma de entender la vida buena y feliz— que el análisis de Arendt; b) del mismo modo, y relacionado con lo anterior, la filosofía política tradicional no subrayó suficientemente tampoco el carácter autónomo de la política, el hecho de que la vida política plantea a los hombres distintos problemas ontológicos, epistemológicos, metodológicos, morales y de otra índole; c) la filosofía política tradicional, además, prestó mayor atención a los rasgos formales de la vida política que al carácter y estructura de las experiencias específicamente políticas; d) finalmente, la filosofía política tradicional redujo la política a cuestiones de «reglamentación», ofreciendo un relato, en opinión de Arendt, distorsionado del escenario de la vida política.[37]

Para comprender la naturaleza de la crítica de Arendt a la filosofía política clásica, hay que reparar en la distinción que frecuentemente hacía entre «filósofos políticos» y «escritores políticos» (como Maquiavelo, Tocqueville, Jefferson, Tom Paine, etc.). Su crítica se refiere a aquéllos, y no a éstos, de quien se sentía más cercana. Así, su crítica se dirige al marco conceptual general en el que se mueve la filosofía política tradicional, un marco diseñado a partir de la idea de «naturaleza». Un marco de estas características está, según ella, incapacitado para estudiar el mundo humano, donde la mayoría de las preguntas, distinciones y formas de investigación no son de aplicación directa, y donde el hombre es, a la vez, sujeto y objeto de análisis.

Toda su forma de trabajar, por tanto, está guiada no por el tipo de cuestiones que representan la búsqueda de «la verdad», sino por preguntas que expresan la investigación de un significado, la búsqueda del sentido, tal y como deja claro en *La vida del espíritu*.[38] Arendt no define con claridad lo que entiende por «significado», pero en sus textos se deja ver tanto la huella de Hegel —cuando habla de la comprensión como reconciliación— como la de Sócrates (el sentido socrático de «valor de las cosas»).

En los siguientes epígrafes discutiré dos temas fundamentales de la filosofía política arendtiana. En primer lugar, sus ideas sobre la modernidad y sus consecuencias, con especial referencia a la «crisis de la educación». A continuación, su teoría de la acción humana y de la esfera pública, que es la base en la que se asienta su concepción de la ciudadanía.

4.4. La modernidad y la crisis de la educación

Como ya dije en anteriores capítulos, sólo en los últimos años hemos visto el renacimiento del interés por la teorización del ideal de la ciudadanía, y por la reflexión sobre los factores que contribuyen a la formación de la civilidad y la educación política. El proyecto arendtiano se puede situar, en este sentido, entre los más originales —aunque también controvertidos— a la hora de relanzar la idea de ciudadanía. Esta rehabilitación del ideal de la civilidad, sin embargo, está unido, dentro de la filosofía política arendtiana, a sus ideas sobre la modernidad y sus consecuencias. Y es precisamente el diagnóstico que Arendt hace de las consecuencias de la modernidad, junto al de otros muchos pensadores, lo que parece haber contribuido tanto al desinterés de décadas precedentes por el concepto de ciudadanía, dentro del discurso político, como a la renovación por su exploración.[39]

R. Alejandro señala que «la ciudadanía sugiere una tensión permanente entre diferentes componentes que articulan la identidad política y colectiva de los miembros de una sociedad democrática».[40] Esta tensión muestra la naturaleza esencialmente abierta y expansiva de la ciudadanía, algo así como un mosaico de vocabularios dominantes y subordinados.

En efecto, la falta de interés por la reflexión sobre la ciudadanía pudo deberse a que durante años reinó la firme creencia de que en un contexto en el que el ámbito de lo político y de sus actividades asociadas parecía tan sólo una entre otras muchas esferas igualmente valiosas de la acción humana, la ciudadanía pudo ser considerada como herencia de un vocabulario político perteneciente a una era ya perdida, de interés sólo para los historiadores y los eruditos.

Pero un análisis más detenido de las causas que motivaron la falta de interés por la reflexión sobre esta noción muestra otras razones más detalladas. El autor citado señala tres, fundamentalmente: a) la emergencia del valor de la subjetividad; b) la universalización del principio de autonomía moral; y c) la creciente división de la vida social en esferas separadas (lo público y lo privado).

La *emergencia de la subjetividad* significó un desplazamiento de la filosofía en la cual la mente humana fue considerándose paulatinamente como centro de la autonomía. Así, la investigación filosófica fue considerando a la mente como un espacio de soberanía moral cuyo valor debía ser defendido frente a las instituciones y las creencias tradicionales. La *universalización de la autonomía* moral significó que cada individuo, desprovisto de su estatus social, era el origen y la fuente de moralidad y estaba capacitado para elegir su propio proyecto de felicidad. La *distinción público-privado* sirvió como instrumento para salvaguardar la recién inventada soberanía moral de la interferencia del Estado.

Estos tres factores constituyen la herencia fundamental de la modernidad. Y no es extraño que la mayor parte de los filósofos políticos que se han sumado en los últimos años a las críticas de la tradición de pensamiento liberal y, por extensión, a la recuperación de la idea de la ciudadanía como un valor esencial del discurso político, hayan acabado afirmando, con distinto tono y énfasis, que es justamente la modernidad y sus valores asociados la causa principal de una errónea definición del ideal de ciudadanía.

Por otra parte, en su ensayo *La ética de la autenticidad*, Ch. Taylor incide en la misma consideración que estamos tratando al advertir como fuentes esenciales del «malestar de la modernidad» —es decir, aquellos rasgos de nuestra cultura que experimentamos como pérdida o declive a medida que se desarrolla nuestra civilización— el individualismo, la primacía de la razón instrumental y la pérdida de libertad como consecuencia de un gobierno inspirado en un «inmenso poder tutelar».[41] Según Taylor, la única defensa posible frente a esa falta de libertad, consecuencia tanto de un exceso de individualismo como de una reducción de la razón a la razón instrumental, es replantearnos la propuesta de Alexis de Tocqueville, es decir, la formación de «una vigorosa cultura política en la que se valore la participación, tanto en los diversos niveles de gobierno, como en asociaciones voluntarias».[42] Esta propuesta incide de lleno en la exigencia, a la que hoy parecemos asistir, de redefinir la noción de ciudadanía.

De alguna forma, una exacta comprensión de la «paradoja» en la que se encuentra la idea de la ciudadanía en nuestras sociedades tiene que ver con los planos de articulación en que se presentan, dentro de la «modernidad», el espacio privado y el ámbito público.

Nos encontramos en un período de «entre épocas»: entre la época industrial o moderna y la era postindustrial o posmoderna. Así pues, la primera pregunta que hay que hacerse es: ¿qué es la modernidad? Distintos autores han respondido a ella de formas diferentes.[43]

Para Kant, es el paso del hombre a la condición de adulto, es decir: la capacidad para explicarse el mundo autónomamente, por el recurso a un uso autónomo de la razón. La modernidad tienen que ver, así, con la ilustración y con la emancipación.[44]

Según Rorty, Kant había sentado el supuesto de que la deliberación moral necesariamente debe tomar la forma de una deducción a partir de principios generales y en lo posible no empíricos. En tal sentido, Kant orientó la filosofía moral en una dirección tal —formalista y universalista— que a los filósofos morales mismos debía resultarles difícil advertir la importancia real que para el mismo progreso moral podían tener las descripciones empíricas, detalladas y particulares, por ejemplo las del dolor y la humillación que padecen grupos humanos enteros, y que en opinión del filósofo americano constituyen la mejor contribución que los intelectuales modernos pueden realizar al progreso moral, más que los tratados filosóficos o teóricos encaminados a proporcionar y justificar una fundamentación racional última, plenamente acabada, de la moralidad y la ética.

Indudablemente, Kant deseaba promover desarrollos del tipo que se han venido produciendo desde su época, como el despliegue de las instituciones democráticas y la generación de una conciencia política cosmopolita. Pero pensaba que el mejor modo de hacerlo era subrayando la racionalidad y la obligación moral, en vez de la conmiseración ante el dolor o el remordimiento por la crueldad. Así, «el respeto por la razón» —una razón ilustrada y emancipada, autónoma e independiente de toda mediación de la voluntad— era el *núcleo común* de la humanidad, y el único motivo «no meramente empírico» que necesitase depender de la accidentalidad de los acontecimientos históricos. Y así, hace notar Rorty aludiendo a Kant, «al contraponer el "respeto racional" a los sentimientos de conmiseración y de benevolencia, hizo que estos últimos apareciesen como motivos dudosos y de segundo orden, por ejemplo para no ser cruel. Transformó la "moralidad" en algo distinto de la capacidad de advertir el dolor y la humillación y de identificarse con ellos».[45] Frente a este planteamiento, un importante grupo de filósofos en la actualidad se han vuelto contra tales pretensiones kantianas, desde distintas direcciones.

El mismo Rorty defiende una tesis, incompatible de todo punto con cualquier actitud universalista, sea secular o religiosa, que se sustenta en la creencia de la existencia de un progreso moral que «se orienta en realidad en dirección de una mayor solidaridad humana». Rorty está convencido (como en general todos los historicistas que han rechazado la existencia de un «núcleo común humano», una «naturaleza humana» o una «esencia humana») que «la socialización y, por tanto, la circunstancia histórica, abarcan la totalidad: que nada hay "debajo" de la socialización o antes de la historia que sea definitorio de lo humano».[46]

Por su parte, Weber caracterizó a la modernidad como desencantamiento: el proceso de quitarle a la concepción del mundo los aspectos míticos e ilusorios; la eliminación del misterio y el atenimiento a la seguridad científica. Pero Weber, al mismo tiempo, supo ver los efectos negativos de tal proceso de desencantamiento: la pérdida del sentido, el politeísmo de los valores y la aparición de los especialistas.[47]

Tenemos pues dos versiones de la modernidad. Interesa destacarlas, más que desarrollar en profundidad las fuentes doctrinales de las que parten. En sentido positivo, *ilustración*; en sentido negativo, *desencantamiento*. A partir de aquí, cabe cifrar en dos grandes valores o tendencias dominantes las coordenadas dentro de las cuales se enmarcan las distintas formas en las que ha cristalizado la modernidad: el economicismo y la burocratización.

Estas tendencias dan lugar al entramado económico-político en que consiste una superestructura por debajo de la cual, ocultas y sin poder ver la luz, se encuentran aquellas otras relaciones que no pueden traducirse en los términos propios de aquélla: riqueza, influencia, poder. Tales relaciones conforman una estructura, que se encuentra dominada por entero por el *ethos vital*. Pues bien, según A. Llano, lo que hoy llamamos posmodernidad es una vuelta o regreso a ese mundo de la vida corriente que hasta ahora estaba sumergido bajo la superestructura. Es el mundo radicalmente humano, el de las solidaridades, la sustancia misma del *ethos* o cultura.

Ante este panorama cabe pensar en dos posibilidades: o la colonización —intromisión del Estado y el mercado en el *ethos vital*— o la emergencia, es decir, la aportación de sentido que va desde la estructura vital a la superestructura: la libertad creativa; la responsabilidad personal. Esta segunda posibilidad es una opción radicalmente personalizante, no alienante, porque está regida por un *criterio de incidencia*: un bien es mayor en la medida en que incida más profundamente en la persona.

Ética, política, educación, por citar sólo algunos de los más importantes ejemplos, son una cierta clase de tales bienes; pero también pueden no serlo. La condición básica es que cada uno de ellos contribuya a la realización de una vida mejor, a la construcción de una *vida buena* —individual o colectiva— pero, simultáneamente, a condición también de que, desde una perspectiva de mayor alcance —por ejemplo, evolutiva— contribuyan a la supervivencia misma del hombre, como individuo, comunidad o incluso especie.

Pero esta tesis no se cumple en nuestra época. Por una parte, se percibe desde luego una tensión hacia formas de vida social ancladas en el mencionado *ethos vital*. Pero por otra, el hombre moderno se ve escindido ante un doble imperativo: el que le dicta desarrollar sus potencialidades en la paz de la intimidad y el imperativo que le mueve a hacer efectiva su condición de criatura social. Para responder a este segundo imperativo, el individuo tiene que aprender a desarrollar —y encontrar condiciones sociales adecuadas para ello, que hoy por hoy no se dan del todo— cierta dimensión de sí mismo: es la dimensión de la ciudadanía; la dimensión social del desarrollo humano. Así, el segundo imperativo del que hablamos, y del cual tiene que hacerse cargo la escuela, y en general el sistema educativo, es un imperativo cívico.

Es notorio, como acabamos de ver, que las condiciones objetivas de la modernidad tienen mucho que ver con la idea de la búsqueda de bienes anónimos e impersonales, así como con el pluralismo, la dispersión y la heterogeneidad social. Pero planteada la cuestión desde otro plano, podría también decirse que nuestras modernas democracias encuentran la razón de ser de su actual crisis en una «crisis de inobservancia», a pesar de su naturaleza procedimental y representativa. Realmente no acaban representando debidamente los intereses de los ciudadanos, los cuales no se ven reflejados en ellas, porque la política ha sido monopolizada por los políticos profesionales, los cuales se han agazapado bajo la sombra de un cierto «poder de peritaje». La política, y junto con ella el espacio público y la participación ciudadana activa, ha dejado de interesar al ciudadano, que ya no se siente capacitado para juzgar la política y se da cuenta de que el interés por ella ha quedado encerrado en la política de los profesionales.

De ahí que la ciudadanía sea sólo débil y limitada: reducida al ejercicio ocasional del voto y sin constancia. Y de ahí también que el mejor modo posible para fortalecer la condición de la ciudadanía sea respondiendo a los dictados de un nuevo imperativo cívico, para lo cual es necesario, en primer lugar, conseguir que la democracia representativa se acerque a los ideales democráticos puros, y en segundo término, idear una educación cívica que capacite para juzgar la política y que motive a participar en el ámbito público, contribuyendo con ello a un proyecto social común y al bien público.

En efecto, como dice Helena Béjar: «El hombre moderno se ve continuamente escindido entre el deseo de desarrollar sus potencialidades en la paz de la privacidad y la necesidad de ser una criatura social».[48] El individualismo —efecto principal del repliegue en la vida privada— constituye una cierta elección moral, aunque al mismo tiempo se convierta en problemática en la medida que otras nuevas necesidades modernas exijan el desarrollo de las mismas potencialidades en la esfera de la vida pública. En cualquier caso, el abandono en la intimidad es consecuencia no ya sólo de una específica concepción de la naturaleza humana y de la subjetividad, sino de una experiencia de lo social, según la cual lo privado es una esfera robada al mundo público; una esfera que, sustraída a la mirada del poder, se encuentra sustancialmente anclada en una noción defensiva de la intimidad.

Hannah Arendt señaló en *La condición humana* que la época moderna trajo como consecuencia la sustitución de la esfera pública por el auge de lo social: «El auge de la sociedad acarreó la simultánea decadencia de la esfera pública y privada».[49] La pérdida de un mundo común y de espacios de aparición en los que el ciudadano puede manifestarse como tal, son consecuencias de una modernidad en la que «los hombres no pueden convertirse en ciudadanos del mundo como lo son de sus respectivos países».[50]

En su explicación de la crisis de la modernidad, Arendt hereda parte de los análisis que he ofrecido al principio de esta sección. Subraya tanto el efecto que la modernidad tiene en la «diferenciación institucional» como en la «diferenciación cultural». La crisis de la que habla afecta, sobre todo, a la acción humana, que para ella es la esencia de la actividad política. Supone la victoria del *homo laborans* sobre el *homo politicus*. Pero su victoria es, al mismo tiempo, una derrota, que se traduce en la desaparición de «un mundo común». Con esta desaparición lo que decae es la esfera pública como un lugar de revelación y expresión de nobles palabras y heroicas gestas. Es, por así decir, el triunfo de la sombra sobre el reino de la luz, y una verdadera desnaturalización de la política, que a partir de entonces es vista, juzgada y vivida en términos de lo «social».[51]

Su análisis de la modernidad está tratado tanto en *La condición humana* como en sus ensayos reunidos bajo el título de *Entre el pasado y el futuro*. Sus reflexiones sobre este asunto incluyen un espacio breve, pero sustancioso, sobre la «crisis de la educación». Sólo si entendemos bien su análisis de esta cuestión alcanzaremos una mejor comprensión de sus ideas sobre la acción humana —que en su concreta dimensión política se transforma en una esfera de revelación y comunicación para los ciudadanos— y, por tanto, su concepción de la esfera pública y del juicio político, que serán los temas que trataré después.

En efecto, la crisis de la educación es la consecuencia de la crisis general del mundo moderno, cuyas primeras manifestaciones son, según Arendt, la «crisis de la autoridad» y la «crisis de la tradición».[52] La incorporación de Arendt al debate educativo está motivada, como ella misma señala, porque da la oportunidad de explorar e interrogarse por la esencia de la educación. Y tal esencia se encuentra en el hecho de la «natalidad»: «la esencia de la educación es la natalidad, el hecho de que los seres humanos nacen en el mundo».[53] La natalidad, y no la creatividad, al uso moderno, es el hecho antropológico fundamental, dice, el punto de arranque de la *libertad*, de la posibilidad de un comienzo radical. Sin embargo, este poder de comenzar algo nuevo no toma sentido sino en relación con algo ya existente que debe transformarse o conservarse, y que en cualquier caso precede al recién llegado.

Sin embargo, es a partir del siglo XVIII —bajo la influencia sobre todo de Rousseau— que esta idea de la «novedad» se transforma en una idea política de gran importancia en materia educativa: la educación como un medio de la política, y ésta como una forma de educación. Y ahí estriba el error. Como siempre, Arendt se atreve a plantear una tesis, en apariencia, contradictoria con la evidencia histórica, desde la antigüedad hasta nuestros días: «La educación no puede jugar ningún papel en política, pues en política son siempre aquellos que ya están educados quienes lo desempeñan».[54]

Al exponer esta tesis, Arendt habla sobre todo de la educación americana, pero con la sensación de que aquello que ocurre en un país, tarde o temprano puede llegar a ocurrir en el resto de los países. Por tanto, su planteamiento nos alcanza de lleno. Para desarrollar su tesis, Arendt señala que la incomprensión de la esencia de la educación es el resultado de tres ideas básicas, tres ideas que se han convertido en tres prejuicios en materia educativa: la creencia en la existencia de un mundo autónomo del niño, parangonable al mundo de los adultos, que deben autogobernarse; la creencia en la existencia de una ciencia pedagógica, un saber de la materia de enseñanza que puede sustituir el contenido de lo que hay que enseñar; y, por último, la sustitución del «hacer» por el «aprender».[55]

La primera idea tiene como consecuencia el efecto de trasladar —por una temprana exposición del niño a la luz del mundo público— los prejuicios de la esfera pública adulta a la esfera de la infancia. La segunda idea, cuya base se encuentra en la convicción de la que arranca la tercera, a saber: la creencia de que es imposible aprender más que lo que hace uno por sí mismo, se traduce en la generalizada convicción de que es imposible transmitir las experiencias y los saberes ya sedimentados desde antiguo, en el marco de una realidad enteramente nueva. Se trata del *pathos de la novedad.*

De este diagnóstico de la situación, Arendt concluye que los adultos tienen la responsabilidad de introducir al niño en el mundo, para lo cual deben ejercer su *autoridad.* Pero el caso es que la autoridad ha sido abolida de plano por los adultos, lo que significa que rehúsan asumir sus responsabilidades, la responsabilidad del mundo en el que han colocado a los niños.

El maestro es el representante de todos los educadores y del mundo adulto. Pero el rechazo de éstos de un mundo no querido entraña también el rechazo de la responsabilidad de la educación misma, la renuncia a la responsabilidad de enseñar lo que ese mundo contiene. Así, nos encontramos que en la esencia de la crisis de la educación late la posibilidad de enseñar sin educar, de hacer que la enseñanza renuncie a su dimensión educativa. Es en este punto donde Hannah Arendt señala que la educación debe ser *conservadora,*[56] es decir, ser capaz de preservar lo nuevo y revolucionario que pueda haber en cada niño y de preservar, simultáneamente, el mundo contra las posibles innovaciones del niño: «La educación es el punto en el que se decide si queremos suficientemente al mundo para asumir la responsabilidad con él y, además, salvarlo de la ruina que sería inevitable sin la renovación y sin la llegada de los jóvenes y las generaciones nuevas. También mediante la educación discernimos si queremos a nuestros hijos lo suficiente para no ahuyentarlos de nuestro mundo ni abandonarlos a su propia suerte, ni privarles de la oportunidad de emprender algo nuevo, algo no previsto por nosotros, sino más bien prepararlos de antemano para la tarea de renovar un mundo común».[57] En este punto, la educación es un factor crucial de preservación de un mundo común, justo aquello que la modernidad parece —según el análisis de Hannah Arendt— haber diluido. Pero también la educación es un elemento crucial de preparación en la capacidad de aparecer, de mostrarse, de revelarse en ese mundo común y en cada escenario público. En eso consiste, sustancialmente, y de forma concreta, la educación política y la construcción del compromiso cívico: en preparar para una acción expresiva, reveladora de la propia identidad, en la que el pensamiento adquiere la forma del sentido común: el juicio (político) que funda y da sentido a la comunidad.

4.5. La acción y la revelación: la concepción de la ciudadanía

Para Arendt, a la luz de lo público se hace más clara nuestra identidad como seres políticos. En un hermoso ensayo sobre Lessing formula esta idea del modo siguiente: «Si la función del reino público es echar luz sobre los sucesos del hombre al proporcionar un espacio de apariencias donde puedan mostrar de palabra y obra, para bien o para mal, quiénes son y qué pueden hacer, entonces la oscuridad ha llegado cuando esta luz se ha extinguido por "lagunas de credibilidad" y un "gobierno invisible", por un discurso que no revela lo que es sino que lo esconde debajo de un tapete, por medio de exhortaciones (morales y otras) que, bajo el pretexto de sostener viejas verdades, degradan toda verdad a una trivialidad sin sentido».[58] El reino de lo público, a diferencia de la esfera privada, que siempre supone un retraimiento, una forma de repliegue sobre sí mismo, es un espacio caracterizado por la claridad, por la luz, por el resplandor que se deja sentir a través de la acción y la aparición de la libertad humana en condiciones de «pluralidad».

Como ya hemos visto, en su concepción de la esfera pública, Hannah Arendt asentó sus reflexiones en la experiencia dolorosa del totalitarismo, cuyos efectos ella misma padeció, junto a aquellos —sus amigos— que formaban lo que ella siempre llamó «mi tribu». A veces no tenemos más remedio que recurrir a las situaciones más extremas para comprender lo obvio, lo más cotidiano, aquello —como la libertad de la que gozamos en nuestras sociedades— que damos, por habitual, como por sentado. Por eso quisiera introducir aquí una reflexión personal, al hilo de la propia experiencia y pensamiento de Arendt, sobre la ciudadanía y la amistad cívica.

Desde siempre se ha ensalzado la amistad como una virtud cívica propia de los ciudadanos. Cuando así se hace, y se la convierte en amistad cívica, incluso en fraternidad cívica, a veces no se repara en la interna contradicción —la pareja de opuestos— que ocultan tales expresiones. Porque si lo «cívico» hace siempre referencia al reino de lo público, la «amistad» es una virtud de la intimidad, de lo familiar y más íntimo de uno, aquello precisamente que huye de la luz de la publicidad y se esconde en las sombras —alumbradas sin embargo por otras luces más titilantes— de la intimidad y el sentimiento; en suma, lo que nos oculta o retrae de las miradas extrañas.

Las gentes que en la historia de la humanidad han sido lastimadas, desposeídas y perseguidas, y que por ello, al haberlas desarraigado, han accedido a la condición de «parias», precisamente tienden a establecer vínculos familiares de amistad, estrechando sus lazos hasta el punto de hacer desaparecer el mundo —el espacio común más amplio— que, antes de sus padecimientos, aún permanecía intacto.

Las persecuciones de estas gentes, producidas por fenómenos como el totalitarismo —un horrible monstruo de la historia, de muchas caras—, tienen así el doble efecto de, por una parte, hacer aparecer el reino de la intimidad, y con él al individualismo como una fuente de felicidad posible —cuando todo lo demás ha desaparecido ya—

y, por otro lado, destruir el reino de lo público, y con él la dimensión de la ciudadanía. El totalitarismo, que destruye la sociedad, al final es «tan torpe» que se vuelve inhábil para darse cuenta de su incapacidad para destruir esas otras *sociedades de amistad* que crean los perseguidos al unirse —y al resistir— como único medio de salvación frente a los horrores de aquél. De alguna manera, como si fuese un anillo de hierro, el totalitarismo aprieta a los hombres unos contra otros, anulando el espacio público —y con ello la aparición de la acción como inicio de la libertad política— y permitiendo, en su lugar, que una proximidad sin diferencias destruya la singularidad.

En las situaciones más duras son precisamente las cualidades que sólo pueden destacar en la esfera de la vida privada las que nos proporcionan la única tabla de salvación siempre que hemos perdido nuestro lugar en el seno de la comunidad. Muchos de los desarrollos actuales de la filosofía política, en su intento de proporcionar una teoría de la ciudadanía, y de la formación de la civilidad, más acabada que la del liberalismo individualista, y por ello más filiada a los vínculos y lazos que una comunidad nos proporciona, rechazan tal vez con mucha prisa la idea de que la ciudadanía es también poder gozar de un estatus reconocido y expresado en una serie de *derechos*. Una de las aportaciones de Hannah Arendt, y que tiene el gran mérito de poder deducirse de una experiencia empírica muy concreta —la de quienes sufrieron los horrores del totalitarismo— estriba precisamente en haber sabido articular en una concepción unitaria de la ciudadanía los planos de lo ideal y lo real.

Ahora bien, de acuerdo con los innumerables diagnósticos y análisis que se han venido realizando en las últimas décadas del estado actual de nuestra sociedad moderna, uno de sus síntomas más llamativos —junto al ascenso de un fuerte individualismo— es el *intimismo*.

Helena Béjar, en su reflexión sobre *Las amistades peligrosas*, de Choderlos de Laclos,[59] novela publicada en 1782, comenta al respecto que «la enfermedad de la sociedad moderna es el intimismo, el repliegue social y la comprensión de las relaciones personales como encuentro prioritaria-

206

mente subjetivo. El proceso de civilización, que corre paralelo al avance del individualismo, conlleva, paradójicamente, la pérdida de civilidad».[60]

La *civilidad* expresa un tipo de sociabilidad que tiende a proteger entre sí a las personas, permitiéndoles no obstante, como dice R. Sennet, disfrutar de la compañía de «los otros».[61] La civilidad expresa, así, un tipo de conducta social que, de forma deliberada, se autoimpone una distancia —un espacio intermedio, por tanto— entre los individuos, los cuales «establecen límites metafóricos para frenar la ferocidad potencial de las relaciones humanas».[62]

El análisis de Sennet implica la creencia de que las personas sólo pueden ser sociables cuando se aseguran una protección respecto a los demás, es decir, cuando separan sus lazos —naturalmente más estrechos en el seno de una sociedad íntima y en la esfera de la intimidad— e interponen, por así decir, un espacio intermedio entre ellos —una esfera pública, un ámbito común— justo para impedir, como diría Hannah Arendt, que los hombres caigamos los unos sobre los otros.[63]

Sin embargo, este diagnóstico de Sennet resulta, según Béjar, desmedido. Pues que la esfera privada sea en nuestros días el refugio de la individualidad, viene a decir que no implica que entrañe un núcleo intrínseco de destructividad.

Al hilo de estas reflexiones, podemos preguntarnos entonces si es posible pensar en la comunidad de ciudadanos como una esfera pública arraigada en una comunidad de sentimientos, en una sentimentalidad. Me refiero a si es posible, a la hora de plantearse la pregunta por la educación de la ciudadanía, establecer un vínculo más estrecho entre los reinos de lo público y lo privado sin por ello destruir el sentimiento de civilidad.

Esta inquietud se deriva de la progresiva escisión, a la que asistimos desde el siglo XVIII, entre las esferas de lo público y lo privado. Como entonces, en nuestro siglo parecemos asistir a una especie de admirable equilibrio entre el «ámbito de la naturaleza» (la infancia, la familia, las amistades) y el «ámbito de la cultura» (el de la civilidad). Esta suerte de separación, que torna difícil, cuando no imposible, tener el mismo éxito en la vida personal que en el terre-

no profesional o en el ámbito del servicio a la comunidad
—como han señalado Robert Bellah y sus colaboradores
en dos excelentes trabajos—[64] tal vez haya provocado ya
que la ciudad, la esfera propicia para el ejercicio de la práctica cívica, no sea más que una mera «reunión de extraños
donde es preciso hacer un esfuerzo para conocerse».[65] Es
decir, ¿acaso asistimos hoy a una separación tal entre «ex-
presividad» y «autenticidad» como para resultarnos imposible idear modelos de ciudadanía no sólo volcados al compromiso con la acción pública sino capaces también de
expresar una comunidad de afectos y sentimientos?

La trayectoria mental de Hannah Arendt nos permite
atisbar algunas posibles respuestas a estas y otras preguntas. El concepto central de la filosofía política de Hannah
Arendt es el de *pluralidad*, que según ella explica la condición básica de la *acción*, sin la cual no se puede explicar la
naturaleza no pervertida de la actividad política. Hannah
Arendt desarrolla estos conceptos en *La condición humana*. El hilo conductor de esta obra, como ya señalé, es el
relato del triunfo de la modernidad, o mejor, el de las consecuencias negativas del triunfo de la modernidad, que se
traduce en la primacía de la labor —del *homo laborans*—
sobre la acción, que define al *homo politicus*.

Probablemente la idea más clara que se puede comenzar presentando es que en Arendt los conceptos de acción,
pluralidad y espacio público se encuentran estrechamente
vinculados formando una unidad conceptual que sirve de
base para su teoría del juicio político.

Como hemos visto, según Hannah Arendt una de las
consecuencias más importantes de la «modernidad» es la
desaparición de la esfera pública. La esfera pública es el ámbito de «revelación» en el que reinan la libertad y la igualdad, el espacio en el que los individuos, en tanto que ciudadanos, interactúan por medio del habla y la persuasión
y el contexto propicio en el que muestran sus genuinas
identidades y deciden, mediante la deliberación colectiva,
sobre asuntos de interés común.

Con la pérdida de la esfera pública se desvitaliza la ciudadanía misma. Por eso, para revitalizarla, es necesario
una reactivación de lo público, concepto que define de dos

formas. En primer lugar, lo público hace referencia a la *apariencia*, es decir, a lo que todo el mundo puede ver y oír. Es público lo que puede ser visto, lo que resulta, por tanto, más aparente. En segundo lugar, lo público es lo *común*. Un espacio en común que se interpone entre los individuos. Algo que une a los sujetos, pero que a la vez les separa y les impide, por así decir, que caigan los unos encima de los otros.

Como «espacio de aparición», en la esfera pública estamos en condiciones de mostrar nuestras identidades, de evaluar las acciones, de descubrir experiencias. La esfera pública nos proporciona la luz y la publicidad necesarias para el establecimiento de nuestras identidades colectivas, para el reconocimiento de la realidad común y la revisión de las acciones de los demás. Como «espacio común», la esfera pública se interpone entre nosotros y a la vez nos une. Proporciona, por así decir, el contexto físico imprescindible para que pueda surgir la acción política.[66] De acuerdo con estas dos dimensiones, toda esfera pública reclama la creación de un mundo común y de numerosos espacios o escenarios de aparición en los cuales el agente pueda revelar su identidad. Ahora bien, ¿qué es lo que proporciona identidad y al mismo tiempo facilita que ésta se reconozca? La respuesta es: la *acción*. En la acción, como decía Dante, el agente muestra quién es, se identifica. Para Arendt también. Frente a la *labor* y al *trabajo* —que son otras dimensiones de la actividad humana—, la *acción*, incapaz de ser pensada sin el discurso, tiene como su condición básica la pluralidad: «La acción —señala Arendt en *La condición humana*—, única actividad que se da entre los hombres sin la mediación de cosas o materia, corresponde a la condición humana de la pluralidad, al hecho de que los hombres, no el Hombre, vivan en la Tierra y habiten en el mundo. Mientras que todos los aspectos de la condición humana están de algún modo relacionados con la política, esta pluralidad es específicamente la condición —no sólo la *conditio sine qua non*, sino la *conditio per quam*— de toda vida política».[67]

La acción implica tomar una iniciativa, un comienzo en cuyo término acaban participando una pluralidad de sujetos. Esta pluralidad humana tiene el doble carácter de igualdad y distinción. Por un lado, los hombres somos iguales, pues de lo contrario estaríamos obligados a no entendernos. Por otra parte, somos distintos, ya que de lo contrario no necesitaríamos ni de acción ni de discurso para entendernos.

Como básica condición de la acción, pues, la pluralidad humana reclama entendimiento mutuo y discurso. La pluralidad lleva implícita en sí misma tanto la *finalidad* de toda vida auténticamente política —la comunicación— como su *procedimiento*: el discurso. Aunque la realidad cotidiana desdiga ambos aspectos de forma alarmante —la política es poder e intento de dominio—, aquí hablamos de la naturaleza del fenómeno político, de aquello a lo que está llamada la política entre los hombres, desde el horizonte que dibuja su orden ideal.

Toda forma de vida pública es, así, una fuente de revelación de la propia identidad, del *quién* que cada uno somos. La práctica educativa —que es, esencialmente, una actividad comunicativa— no puede ignorar este punto. La educación cívica, como genuina forma de formación de la naturaleza política del hombre, se transforma, así, en una acción discursiva reveladora de la identidad personal. Como dice Arendt: «Mediante la acción y el discurso, los hombres muestran quiénes son, revelan activamente su única y personal identidad y hacen su aparición en el mundo humano [...]. Sin la revelación del agente en el acto, la acción pierde su específico carácter y pasa a ser una forma de realización entre otras. En efecto, entonces no es menos medio para un fin que lo es la fabricación para producir un objeto».[68]

En efecto, como recuerda Passerin D'Entrèves, el *espacio de aparición* y la *construcción de un mundo común*, forman parte del concepto arendtiano de esfera pública.[69] Como «espacio de aparición», en la esfera pública estamos en condiciones de mostrar nuestras identidades, de evaluar las acciones, de descubrir experiencias. La esfera pública nos proporciona la luz y la publicidad necesarias para el establecimiento de nuestras identidades colectivas, para el reconocimiento de la realidad común y la revisión de las acciones de los demás. Como «espacio común», la esfera pública se interpone entre nosotros y a la vez nos une. Proporciona, por así decir, el contexto físico imprescindible para que pueda surgir la acción política.

El concepto de esfera pública de esta autora está caracterizado, según Margaret Canovan, por tres notas esenciales, cuyo análisis es imprescindible para comprender su concepción de la ciudadanía: a) artificialidad; b) cualidad espacial; y c) intereses públicos y privados.[70]

A. *La artificialidad de la vida pública*: la vida pública y la actividad política son, para Arendt, construcciones artificiales del hombre. Esta característica más que deplorarse, debe celebrarse, en su opinión. La política no constituye una predisposición natural del hombre o la realización de rasgos inherentes a la naturaleza humana. Es, por el contrario, un logro cultural que permite a los humanos trascender las necesidades de la vida y mostrar un mundo en el que la acción política y el discurso puedan florecer.

Este planteamiento tiene algunas consecuencias fundamentales: 1) el principio de igualdad política de los ciudadanos no es el resultado de una condición natural que preceda a la constitución del ámbito público. No es un atributo humano natural ni puede tampoco basarse en una teoría de los derechos naturales, sino que es un atributo artificial que adquieren los individuos cuando acceden a la esfera pública y que es asegurado por las instituciones democráticas; 2) en segundo término, para Arendt tienen poca importancia en el proceso de adquisición de la identidad cívica las identidades étnicas, religiosas o raciales. La ciudadanía no depende tanto de la raza o la religión como de los derechos políticos formales de libertad e igualdad; y 3) finalmente, según el planteamiento de Arendt existe un claro predominio de los valores de la solidaridad, la amistad cívica y los valores públicos de la imparcialidad.

B. *La cualidad espacial de la vida pública*: este segundo rasgo de la esfera pública se refiere al hecho de que las actividades políticas están localizadas es un espacio público concreto dentro del cual los ciudadanos son capaces de reunirse y de encontrarse, de intercambiar opiniones y debatir sus diferencias con el objeto de hallar soluciones comunes a sus problemas. La política, en este sentido, exige la búsqueda de un espacio común de aparición pública en el que las diversas perspectivas puedan articularse.

Este segundo rasgo también tiene sus implicaciones básicas: 1) en primer lugar, de acuerdo con Arendt, existe un predominio de las «opiniones representativas» sobre el concepto de «opinión pública». Tales opiniones representativas exigen la formación de una inteligencia o pensamiento extensivo o «representativo» cuya función es facilitar contemplar los asuntos comunes desde el mayor número de puntos de vista. Esta mentalidad o inteligencia representativa —que Arendt extrae de la *Crítica del Juicio* de Kant— es la que da validez y fiabilidad al juicio político, es decir, a la facultad de juicio; 2) en segundo término, la unidad de la comunidad política no es el fruto de la expresión de un sistema común de valores, sino el resultado de un conjunto de instituciones políticas y del compromiso de la ciudadanía en las actividades y de las prácticas características del espacio público y de sus instituciones; y 3) finalmente, el ejercicio de la ciudadanía exige una activa participación de los ciudadanos en la esfera pública y en sus distintos foros de discusión y deliberación.

C. *Intereses públicos y privados*: según Hannah Arendt, la actividad política tiene un carácter fuertemente autotélico: es un fin en sí, nunca un medio para un fin. Uno se compromete en la actividad política por realizar sus principios intrínsecos (la libertad, la igualdad, la justicia, la solidaridad, el coraje, la excelencia, etc.). En este sentido, la política tiene sus propios valores y fines, los cuales sólo pueden descubrirse y ser realizados mediante la deliberación pública y el compromiso con la acción participativa. Por ello es necesario distinguir entre intereses privados e intereses públicos de los individuos como ciudadanos. Estos últimos no pueden ser fácilmente derivados de los intereses privados. Dado que para Arendt la *pluralidad* es el rasgo esencial de la política, el bien que una comunidad intenta lograr siempre se constituye como un *bien plural*. Es decir, un bien que refleja siempre las diferencias entre las personas, sus distintivos intereses y opiniones y la comunalidad que intentan construir como ciudadanos: la solidaridad y reciprocidad que cultivan como políticamente iguales. Así, el bien común sólo se logra desde la confrontación, desde la articulación de intereses por medio de la deliberación colectiva, desde la mutua persuasión en el diálogo, el debate y la argumentación política.

A la vista de estas consideraciones, podemos preguntarnos ahora si la esfera pública es un *espacio dramático* o un *espacio discursivo*. De acuerdo con el primer enfoque, los individuos manifiestan su identidad propia y el reconocimiento de sus cualidades distintivas. Según el segundo enfoque, la acción es vista de acuerdo con un «modelo comunicativo», es decir, en términos de generación consensual y de evaluación de las normas de la interacción social. Por medio de la acción, por un lado, expresamos nuestra identidad y se nos da la oportunidad de un segundo nacimiento en el mundo. Por otra parte, en la acción —y a través del discurso— establecemos relaciones de reciprocidad y de solidaridad. Aquí establecemos relaciones de comunicación basadas en la persuasión, la simetría y la mutualidad. Esta dualidad de la acción se compagina con dos distintas concepciones de la ciudadanía.

Por una parte, una *concepción heroica o agonal* de la ciudadanía, y por otra, una *concepción participativa realista* de la ciudadanía. Ambas concepciones pueden articularse desde distintas vías, por ejemplo articulando sus *dimensiones sustantivas y procedimentales*: sustantivamente, la ciudadanía exige tomar iniciativas personales capaces de ser pluralmente respondidas; procedimentalmente, la ciudadanía exige hacer un uso correcto de las artes de la persuasión y de la acomodación en el proceso de toma de decisiones respecto a la mejor forma de preservar la sustancia de aquellas iniciativas.

Según el planteamiento de Hannah Arendt, según puede apreciarse, una parte central en el proceso de articulación del discurso político es la constitución de una «identidad colectiva» y la construcción del sentido de «agencia política». Ambos aspectos constituyen elementos centrales de la formación de una ciudadanía participativa. Y así, Arendt sostiene la necesidad de reactivar la capacidad política de los ciudadanos mediante la formación de juicios

213

responsables e imparciales. *La cultura política de la ciudadanía se manifiesta, de este modo, en la habilidad del ciudadano para enjuiciar políticamente.* Esto nos llevará, en el próximo capítulo, a la necesidad de exponer, con un mayor detenimiento, la teoría arendtiana del juicio político.

LA SABIDURÍA DE LA CIUDADANÍA: LA FORMACIÓN DEL JUICIO POLÍTICO

«Todo el que se forma un juicio sobre un punto, pero no puede explicarlo claramente a los demás, igualmente habría podido no haber pensado en el tema.»

TUCÍDIDES,
Historia de la guerra del Peloponeso, lib. II, cap. VI

5.1. La conversación y el juicio

La facultad humana de juicio constituye uno de los principales patrimonios de lo que H.-G. Gadamer llamó la «tradición humanística»: «En general, la capacidad de juicio —escribe Gadamer— es menos una aptitud que una exigencia que se debe plantear a todos. Todo el mundo tiene tanto "sentido común", es decir, capacidad de juzgar, como para que se le pueda pedir muestra de su "sentido comunitario", de una auténtica solidaridad ética y ciudadana, lo que quiere decir tanto como que se le pueda atribuir la capacidad de juzgar sobre justo e injusto, y la preocupación por el "provecho común"».[1]

El juicio es el elemento esencial de la dimensión más *humana* de la racionalidad y la acción. Por eso, a menudo la reflexión y el intento de teorización de esa inescapable facultad de juicio se parece a un intento de objetivación de «lo obvio», de aquello que nos resulta más habitual en su ejercicio.

El juicio se encuentra presente en casi todas las actividades humanas, tanto las más personales como aquellas que poseen una dimensión más social o política. Es, a la vez, el signo de la persona discreta y llena de sentido común y la manifestación de la pericia en su más alto grado. En ambos casos, el juicio requiere el concurso de las potencias intelectuales del hombre, aunque de ninguna forma podría asegurarse que la capacidad de juicio es solamente o exclusivamente una facultad cognitiva.

En este sentido, algo cuya presencia es casi permanente en todas las actividades del hombre, algo tan inescapable, tan aparentemente obvio, pero al mismo tiempo tan importante, hace del análisis del juicio, aunque se concrete como «juicio político», una tarea ardua y en parte imposible.

¿Qué límites podría, o quizá mejor tendríamos que decir «debería», tener una reflexión teórica sobre la facultad de juicio como destreza política? Porque tal vez el juicio no sea otra cosa que el *límite* mismo de la teoría, ese ámbito o espacio de racionalidad imposible de ser controlado por las teorías. ¿No será el ejercicio del juicio el espacio reservado para las grandes palabras, para el relato de las grandes hazañas, de las acciones, las obras y los hechos, de esas gentes que iluminaron el ámbito del encuentro con los demás siempre que el «reino de lo público» fue oscurecido?

La respuesta a esta interrogante solamente se puede encontrar dentro de un amplio marco de interpretación dentro del cual, en los últimos años, los filósofos y pensadores más importantes se preguntan por la naturaleza de la auténtica racionalidad y acción humana. La pregunta por la naturaleza del juicio político demanda un análisis de las distintas voces que en las últimas décadas han venido interviniendo en una «nueva conversación», como metafóricamente la ha llamado R. J. Bernstein en *Beyond Objectivism and Relativism*, que parece afectar a la raíz misma de las ciencias humanas.[2]

La ciencia pedagógica es, indiscutiblemente, una de esas ciencias humanas, un ámbito muy variado y rico específicamente predispuesto al discurso moral. Toda educación es formación de la facultad de juicio. Podría decirse incluso que el rasgo central de una persona educada se manifiesta a través de su discreción, de la fuerza de su juicio. Una persona educada, capaz de juicio, es un ser capaz de atribuir sentido a la realidad. Sin embargo no todo ejercicio del juicio manifiesta los atributos de una personalidad educada. Al juicio debe calificársele.

El buen juicio del científico evoca la educación científica de quien lo posee y cierta maestría. Pero al mismo tiempo, el juicio en la ciencia, además de revelar su correspondencia con los cánones y protocolos típicos de la disciplina dominante, es mucho más que el mero hecho de haber sabido aplicar con éxito un cuerpo de conocimientos a un caso particular. Expresa más bien una cualidad que la tradición humanística a la que antes me referí ha sabido expresar con el término *tacto*, una mesura, ponderación, discernimiento o lo que Aristóteles llamó, como portavoz de una tradición más antigua, *phrónesis*. Es esa cualidad la que se va formando en el hombre educado cuando conforma su capacidad de juicio.

Probablemente con un ejemplo se entienda mejor lo que quiero indicar. El ejemplo que voy a proponer no es sólo un ejemplo, más bien es una analogía, una metáfora o punto de comparación que nos va a ayudar a entender la verdadera naturaleza de la educación, como experiencia de formación humana valiosa por sí misma e intrínsecamente significativa.

Pensemos qué ocurre cuando se «conversa». En una conversación intervienen varias personas —dos como mínimo—, diversas voces. Cada una de esas voces, en sus actos de comunicación recíproca, muestran una carga intencional, propósitos y motivos. Cada uno de estos elementos construyen una red de conceptos que en su aplicación en el acto conversacional parecen porporcionarle al sujeto pleno sentido al acto de la mente. La actividad mental, en este sentido, se manifiesta siempre como un acto de comunicación, como un diálogo real, no sólo como diálogo interior, no sólo como diálogo real con otro u otros, sino como un diálogo posible, como un diálogo anticipado con otros que no están presentes. La actividad mental se muestra, pues, de forma representativa o representacional.

Es precisamente a través del lenguaje, de los actos de comunicación y en especial de esos actos de comunicación específicos del discurso conversacional, el medio a través del cual se pone de manifiesto la actividad mental de forma representativa a través de actos de juicio.

Es cierto que no siempre que se conversa ponen de manifiesto los interlocutores su juicio, o su buen juicio y su tacto. Sin embargo, es dentro del modelo conversacional donde las voces de la conciencia, que son siempre voces de la mente humana, tienen la oportunidad de manifestarse tal cual son como consecuencia del saber de la experiencia. El proceso de educación del hombre tiene, así, mucho de arte conversacional.

5.2. La problemática del juicio político: vías de análisis

En un mundo como el nuestro, en el que la racionalidad tecnológica y la acción dirigida mediante reglas especificadas y métodos controlados constituye el paradigma racional *par excelence*, y un modelo para la mayor parte de las actividades sociales que aspiran a un estatus verdaderamente científico, la apelación al *juicio* y al sentido común constituye, en ocasiones, una pura banalidad. Es algo que sin más, como ocurre con el sentido común mismo, se da simplemente «por supuesto», por «consabido». Una facultad tan estrechamente relacionada con la acumulación de experiencia, o bien con la posesión de un firme cuerpo de conocimiento especializado, que basta con contar con la primera, o con dominar el saber pertinente a cada caso, para que se dé por concluido cualquier intento de análisis del juicio.

La actividad política es, entre otras tantas, una de esas esferas en el transcurso de cuya vocación científica probablemente más se ha depreciado la idea de que el juicio constituye una capacidad compartida por todo ser humano, tanto por el político profesional como por el ciudadano común. Pero también un campo en el que la aceptación de dicha idea puede dar al traste con la pretensión de monopolio de lo político por parte del experto, el tecnócrata y el técnico.

Las razones que explican este hecho se encuentran en la base de una larga historia: aquella que relata la forma en que las nociones de la política y de lo político se han ido transformando hasta el punto de alejar cada vez más de la responsabilidad intelectual y moral de la ciudadanía las cuestiones relacionadas con la vida política.

En su ensayo sobre el juicio político, Ronald Beiner ha realizado un notable intento por explicar este fenómeno con la vista puesta, lo que de por sí es ya suficientemente significativo, en la elaboración de una teoría del juicio político paralelamente a la reconstrucción de la idea de la ciudadanía: «El juicio —señala Beiner— nos permite comportarnos ante el mundo sin depender de reglas y métodos, y nos permite superar la subjetividad al hacer reclamaciones que buscan un asentimiento general. De este modo queda liberada la razón política, y el ciudadano común puede recuperar el derecho a la responsabilidad y la toma de decisiones políticas que había sido monopolizado por los expertos. Si todos los seres humanos comparten una facultad de juicio que basta para formarse opiniones razonadas acerca del mundo político, entonces el monopolio del experto y del tecnócrata ya no se justifica».[3]

La reclamación de la facultad de juicio como un elemento central de la competencia de la ciudadanía es una estrategia fundamental en toda tentativa que se encamine a restaurar la razón política en los términos de una ciencia de orden práctico, en vez de carácter técnico. Para este intento lo primero que hay que aceptar es que la razón práctica y política sólo se puede realizar y transmitir *dialógicamente*. Es decir, que el ejercicio habitual del juicio por parte del ciudadano abra espacios cada vez más amplios para el diálogo, la discusión y la deliberación pública en los cuales se logre construir una razón comunitaria y un pensamiento político en el que un «nosotros» no insensible a cada «yo» pueda ir poniendo los diques necesarios a las tendencias aversivas que, desde el interior de nuestra aún predominante cultura individualista, están de hecho destruyendo ya lo mejor que la tradición democrática liberal nos ha proporcionado.

Así pues, el intento de analizar el juicio político y el interés por reivindicar esa facultad como patrimonio común de la ciudadanía, lejos de oponerse a los mejores valores liberales, no tiene más propósito que reponerlos y situarlos en el lugar que les corresponden estar.

Desde el punto de vista de lo que tal vez podría calificarse como su «gramática» e «historia intelectual», el concepto de juicio político está asociado a diversas imágenes sobre la naturaleza de la política.[4] Históricamente, la reflexión filosófica sobre la política ha solido llevar a una especie de callejón sin salida: o por política se entiende una actividad cuyo eficaz desarrollo exige alejar la sabiduría política de la opinión, como explícitamente Platón requería en *La República*, con lo cual el juicio queda marginado como componente central del conocimiento y la racionalidad de lo político, o bien se explica como una especie de sabiduría práctica, incomunicable y de difícil transmisión, cuya posesión, sin embargo, resulta crucial para un correcto ejercicio de la actividad política, que para nada tiene que ver con ciencia alguna de la política.

Desde el ángulo de la historia intelectual de este concepto la presencia del juicio es, como señala Beiner en el ensayo antes citado, «omnipresente y elusiva» al mismo tiempo. Podemos encontrar referencias a la capacidad de juzgar en ausencia de principios y reglas universales y prefijadas tanto en algunas obras de Platón —por ejemplo en *El Político*— como en el tratamiento que de la *phrónesis* hace Aristóteles en sus obras, el cual fue transmitido a pensadores posteriores directamente a través de Tomás de Aquino (*Suma Teológica*, II-II, q. 47-56 y 60). Vico, como es sabido, realizó una especial contribución al tema del juicio, que fue reconocida sobre todo por las generaciones posteriores a la suya propia, en sus estudios sobre la prudencia y la elocuencia en *De los métodos de estudio de nuestro tiempo*, y Spinoza dedicó el capítulo XX del *Tratado teológico-político* y el capítulo III de su *Tratado político* a importantes reflexiones sobre la «libertad de juicio». A esta lista tendríamos que añadir los nombres de Hobbes, que consagra varios capítulos del *Leviatán* a la relación entre deliberación y juicio (capítulos 6-8); Locke (*Ensayo so-*

bre el entendimiento humano), así como Shaftesbury, Hume, Burke, Willian Godwin, entre otros.

Bhikhu Parekh, al preguntarse en su ensayo «The nature of political philosophy» por las razones del declive por el interés hacia el juicio político avanza la hipótesis de que el juicio es una categoría especial de la filosofía idealista, y que al declinar el idealismo arrastró con ella el interés por el juicio político.[5]

Beiner sugiere que pese a la reiteración en la aparición de la noción de juicio, sobre todo en la filosofía empirista inglesa, hay un sentido en el que el tema del juicio político es casi inexistente en la bibliografía, o al menos mucho más infrecuente que otros términos políticos, como los de justicia, propiedad, libertad, derechos, etc. Ni siquiera la *Crítica del juicio* de Kant constituye en este punto una ayuda en sí misma considerada. Habrá que esperar a pensadores de la talla de Hannah Arendt para lograr atisbar en la tercera *Crítica* kantiana una latente filosofía política sobre el juicio de dimensiones e implicaciones, en mi opinión, insuficientemente exploradas todavía.

Y es que tal vez, como nota Beiner en su investigación, la escasez de estudios sistemáticos dedicados al tema del juicio político se deba al dicho de Wittgenstein de que «los aspectos de las cosas que son más importantes para nosotros quedan ocultos a causa de su simplicidad y familiaridad».[6]

Porque, de hecho, los hombres estamos constantemente formulando juicios, en casi cualquier campo o dominio de actividad y a lo largo de nuestra existencia. Bajo un primer análisis, el ejercicio del juicio en dominios como el arte, la medicina, el derecho, o en la ciencia en general, exige experiencia y la posesión de un saber especializado. En estos campos resulta fácil discernir entre el experto y el novato. Pero el asunto cambia de raíz si observamos la capacidad de juicio en contextos distintos como por ejemplo la vida política y en la democracia. Aun a pesar del cambio que modernamente ha sufrido la noción de lo político —pues hoy la política es la gestión de los altos asuntos de la nación, los cuales frecuentemente sobrepasan los conocimientos e incluso el interés del ciudadano medio—

en una democracia representativa como la nuestra existen múltiples ocasiones para el ejercicio del juicio.

Por ejemplo, en su artículo «Judgment and the Moral Foundations of Politics in Hannah Arendt's Thought», Seyla Benhabib piensa que incluso en el modelo de una democracia representativa, los ciudadanos pueden ejercer su capacidad de juicio en esferas tales como las siguientes: «Primero, deben ser capaces de juzgar la relación entre lo posible en un sistema social y político y lo deseable desde el punto de vista normativo de la justicia, la equidad y la libertad. Segundo, tienen que ser capaces de juzgar la capacidad de individuos y organizaciones específicas para atender a sus mandatos o requerimientos. Finalmente deben ser capaces de juzgar las consecuencias previsibles de sus elecciones desde el punto de vista del pasado, del presente y del futuro de su política».[7]

Los modelos participativos de democracia —con su permanente crítica a la «cultura de la pericia»— tienden a situar en el centro del *ethos* democrático la habilidad de la ciudadanía para juzgar sobre la base de su sabiduría práctica y de su sentido común público. En este marco, la definición del juicio político es en sí misma una cuestión normativa que reclama atender a principios de deseabilidad política y de evaluación reflexiva de las políticas sociales. El análisis del juicio político en este contexto exige debate y contestabilidad sobre los límites, deberes y capacidades de la autoridad política y del experto en relación al público y a la ciudadanía común. Por tanto, en la esfera de la organización democrática de la vida social, el ejercicio del juicio, *en tanto que* facultad política, así como en el caso del juicio, concebido como facultad moral, los requerimientos para su ejercicio son otros que esos otros dominios más especializados a los que antes aludí. Por eso, con el objeto de centrar cuanto antes el objeto de esta investigación sobre la naturaleza del juicio político conviene distinguir algunos pocos sentidos fundamentales del juicio y elegir aquel que más nos convenga.

5.3. Sentidos fundamentales del juicio político

Desde el punto de vista puramente etimológico, David Summers, en una excelente investigación titulada *El juicio de la sensibilidad*, que recibió el premio Morris Forksoch del *Journal of the History of Ideas*, obra originalmente publicada en la serie, dirigida por Richard Rorty, Quentin Skinner, J. B. Schneewind y Wolf Lepenies, *Ideas in Context*, nos recuerda que el término griego traducido como *iudicare* es *krinein*, que significa «discernir», «distinguir» o «separar». El cognado latino de *krinein* es *cernere*, que significa «separar», «dividir», «ver distintamente», «seleccionar», «escoger» o «decidir». El sustantivo correspondiente a *krinein* es *krisis*, del cual derivan *crítica* y *criterio*.[8]

Según Summers, de estos ejemplos se pueden deducir dos conclusiones: «En primer lugar, *iudicium* puede hacer referencia a una amplia gama de tipos de buen discernir, que abarca desde las operaciones de los sentidos hasta la decisión moral; en segundo lugar, de esa sencilla conclusión se sigue que el juicio es algo más general que cualquiera de sus aplicaciones específicas».[9]

La primera conclusión de Summers apunta a la idea de que el juicio puede ser adjetivado. Aunque el proceso del juicio sea común e idéntico a diversos dominios, en cada uno de ellos —desde el dominio de los sentidos al ámbito de la moralidad— el juicio, como facultad humana, acaba concretándose en algo y de alguna forma. Es posible entonces, y tiene en consecuencia sentido, el análisis del juicio «en tanto que» juicio *político*, idea ésta que apunta al hecho, crucial, de que el estudio de la naturaleza del «juicio político» ha de pasar necesariamente por una reflexión preliminar, que más tarde realizaremos, de la política misma.

La segunda conclusión de Summers —que «el juicio es algo más que cualquiera de sus aplicaciones»— indica la idea, complementaria de la anterior, de que cualquier investigación del juicio político necesariamente pasa por una reflexión detallada de la facultad de juicio en sí misma considerada, con independencia de su ulterior adjetivación y especificación. Ésta es la hipótesis, precisamente, de Steinberger : «Considero que el juicio político —el tema de este ensayo— es simplemente una especie de la más extensa categoría del juicio mismo. Por hipótesis, el juicio es la actividad mental en virtud de la cual predicamos universales de particulares. Cuando esta actividad acontece en una situación política, con respecto a universales y particulares de naturaleza política, tenemos entonces juicio político. Concluyo que en orden a comprender el juicio *político*, debemos explorar con alguna profundidad la noción de juicio *sans phrase*».[10]

El juicio, en todo caso, significa siempre discernir o distinguir ateniéndose a un medio o a una norma. Cuando discernimos con respecto a un «medio», lo que hacemos es atenernos al punto situado entre los dos extremos de un continuo: juzgar la valentía, como virtud, como el punto equidistante entre la cobardía y la temerosidad, por ejemplo. Cuando discernimos con respecto a una «norma», juzgamos con relación a un rango que supera toda cosa concreta y cuya verdad o validez puede, a su vez, ser determinada relativamente a esa norma, que puede ser algo relativo a la experiencia o a una cosa absoluta o innata.

En el capítulo 41 del volumen 2 de *The Great Ideas: A Syntopicon*, dedicado al tema del «juicio», se distinguen tres sentidos del mismo cuya consideración nos resultará muy útil para centrar la perspectiva de nuestro tema. Beiner los resume en su ensayo sobre el juicio político de este modo: a) el juicio como *operación lógica*, por medio de la cual afirmamos y negamos proposiciones; b) el juicio como *facultad cognoscitiva* y como una esfera inequívoca de la operación mental; y c) el juicio como una *facultad práctica*, y como manifestación de lo que, de acuerdo con la tradición aristotélica, entendemos por *phrónesis*.

Nos interesa el tratamiento del juicio político en el tercer sentido, aunque sin perder la referencia tampoco del segundo. Como facultad práctica, el acto de juzgar políticamente nos lleva a la necesidad de decidir acerca de un curso de acción en el contexto de la deliberación práctica. Opera hacia adelante, en perspectiva, en vez de en retrospectiva, como acontece con la categoría de los juicios históricos, por ejemplo. Pero plantear las cosas en estos términos —concebir el juicio político como una categoría del saber prudencial— no está exento de problemas. Las posturas no son, ni mucho menos, unánimes.

Se pueden destacar dos tipos de problemas relacionados con el estatus del juicio político. En primer lugar, la cuestión de si el juicio político, la habilidad para juzgar políticamente como seres políticos, se plantearía mejor en los términos de la teoría aristotélica de la prudencia o dentro de las coordenadas de la teoría kantiana del gusto y del juicio estético. El segundo problema se refiere a si el juicio político es, como antes se sugirió, una subclase de la más extensa categoría del juicio, y si su análisis requiere adoptar unos especiales compromisos epistemológicos, o bien si el análisis del juicio político para nada exige referencia alguna a cuestiones de cognición o epistemología: es decir, que se funda y se basa en las particulares exigencias de la vida política.

Acerca de este segundo problema, Benjamin Barber representa, como hemos visto al comienzo, un extremo del continuo: el juicio político es, antes que nada, *político*. El otro polo está representado por Steinberger, como ya vimos. Ronald Beiner constituye una posición tan intermedia como nietzscheanamente «mediocre».[11] Para él, el juicio político es una síntesis viva de desapego y participación, una integral que une la perspectiva del *actor* político y la del *espectador* objetivo y «desinteresado». Personalmente, y a pesar de Nietzsche, considero que la mejor opción es la de este último, la cual está inspirada en la filosofía política de Hannah Arendt. Un análisis más detenido de la misma nos obligará a explorar la teoría del juicio de esta autora, una teoría que se encuentra en estrecha relación con su concepción de la ciudadanía y con su doctrina sobre la acción humana. En la obra de esta autora, el juicio unas veces es tratado en la línea de la *phrónesis* y otras desde la perspectiva kantiana.

Por consiguiente, un análisis en profundidad del juicio político sólo puede hacerse dentro del marco de las coordenadas que marcan la teoría aristotélica de la prudencia y la teoría kantiana del gusto. Plantear la naturaleza del juicio de forma disyuntiva, obligando a elegir entre Aristóteles o Kant, a lo único que conduce es a desarrollar una teoría parcial del juicio en la vida política: una teoría que o bien atendería sólo a los requerimientos sustantivos de la capacidad de juzgar o bien a sus condiciones puramente formales. La perspectiva que necesitamos ha de ser más comprensiva y abarcadora: una que trate el juicio como una cualidad del actor político —y cuyo modelo está representado por Pericles— y como un rasgo del espectador, figura que representaría Tucídides.

Tal y como lo formula Beiner, por tanto, necesitamos una orientación teórica del juicio político que no sea excluyente: «¿Kant o Aristóteles? Debería ser evidente que un entendimiento general del juicio humano es incapaz de prescindir de uno de los dos. Lo que se necesita es una perspectiva más vasta, capaz de abarcar al mismo tiempo autonomía y teleología, tanto la concepción del sujeto juzgante autónomo como portador de derechos universales, cuanto una apreciación de los fines, propósitos y necesidades humanas que le dan al juicio su contacto sustantivo».[12]

5.4. El juicio y las imágenes de la actividad política

Uno de los principales problemas que tiene que afrontar la construcción de una teoría del juicio político es el saberse situar adecuadamente entre, por una parte, los contornos de la excelencia de la vida intelectual y la racionalidad —pues todo juicio político es siempre un tipo de actividad mental— y, por otra, el de los compromisos estrictamente políticos y el de la acción pública.

En realidad, este problema nos es sino el reflejo de un problema de mayor alcance y específico de toda filosofía política, un problema que apunta directamente a la inherente complejidad de esta disciplina, la cual posee un *telos* o finalidad doble, según señala Parekh en estos términos: «La filosofía política es una disciplina compleja. *Qua filosofía* política tiene como objetivo comprender y explicar la vida política y es *teoría* por naturaleza. Sin embargo, es también filosofía *política*. La política es una actividad

226

práctica que trata de la forma en que vivimos colectivamente, de cómo manejamos nuestros asuntos, de cómo hacemos nuestras elecciones, de cómo resolvemos nuestras diferencias y así sucesivamente, y suscita necesariamente temas morales. Así pues, exige una forma de teorización que no distorsione ni nos haga perder de vista su naturaleza *práctica*».[13]

Nicolas Tenzer también subraya este último aspecto *práctico* de la filosofía política al escribir en su *Philosophie Politique* que «en realidad, la filosofía política es acción y no ciencia, norma y no descripción». La política, señala Tenzer, es «el espacio donde son discutidas las cuestiones, espacio fundado hoy día, en nuestras democracias, sobre la ciudadanía y caracterizado por la deliberación como preámbulo más corriente, aunque no general, a la decisión».[14]

Como he señalado anteriormente, el ámbito conceptual de «la política» y de «lo político» es, desde el punto de vista histórico, sumamente contestable. Una primera aproximación a la determinación conceptual de ambas nociones nos podría llevar a decir que política y político son conceptos que se remiten el uno al otro en un *continuum*. Mientras la política se refiere al *hacer*, lo político remite al *ser*. Ahora bien, «los conceptos políticos, al ser prácticos y problemáticos, sólo se entienden históricamente».[15]

Según Steiberger, esta historia de la reflexión filosófica sobre la política nos muestra tres tesis sobre lo que los filósofos han pensado sobre la naturaleza de la política y, más concretamente aún, sobre la naturaleza del saber político y su relación con la capacidad de juzgar políticamente. Las presentaré, con algún comentario, separadamente:

A. *La irreductibilidad racionalista del juicio*

Para un primer planteamiento, quizás el más común y conocido, intelecto y juicio pertenecen a esferas distintas. El juicio político constituye una misteriosa empresa irreductible a principios y procedimientos de análisis precisos y explícitos y, en consecuencia, algo inexplicable. El buen juicio es algo que el sujeto puede o no poseer, pero que, bajo un último análisis, resulta irreductible a la explicación racional y sistemática. En este planteamiento se encuentra latente una variante de la conocida disputa y contraposición entre la teoría y la práctica. Pero lo que está en cuestión no es la práctica *per se*, sino una clase particular de habilidad práctica, de la que, supuestamente, no es posible ofrecer un relato sistemático.

A pesar de las muchas dudas que suscita un planteamiento como éste —pues siempre cabe interrogarse cómo es posible aludir a la existencia de algo tan inenarrable como la misteriosa capacidad de juzgar—, lo cierto es que en la actualidad cobra una gran vigencia y fuerza esta tesis. Por eso, Steinberger señala: «Creemos que el juicio en política no es reductible a, y tal vez incluso no correlacionado con, la habilidad para comprender, formular, y evaluar argumentos de sustancia teórica o analítica. Esta creencia, aunque extensamente defendida, está mal definida, y no es, por tanto, autoevidentemente cierta. Con el fin de evaluarla adecuadamente, y para explorar por tanto lo que esta primera tesis presupone, ante todo precisamos un *análisis* del proceso del juicio, del sentido común y de la sabiduría política como cosas relacionadas con y diferentes del intelecto teórico».[16]

B. *El planteamiento antifundacionalista*

Una segunda tesis, más articulada y rigurosa que la anterior, reacciona frente al punto de vista fundacionalista del conocimiento —que encontramos tanto en Platón como en Hobbes—, según el cual la política está relacionada con el conocimiento cierto pero no con la opinión.

En efecto, la perspectiva platónica se apoya en la explícita distinción entre conocimiento y opinión. Esta distinción favorece una versión «fundacionalista» de la política en el sentido de considerar la vida política como gobernada por el conocimiento. La posibilidad de un conocimiento de la política, según esta versión, requiere, al menos, admitir determinados presupuestos epistemológicos: 1) la existencia de un mundo suficientemente estable y accesible que permita ser conocido; 2) que algunos humanos poseen las facultades pertinentes para acceder al conocimiento de ese mundo; 3) que existen datos ciertos y seguros que proporcionan evidencias fiables sobre ese mundo y un fundamento seguro para su correcto conocimiento.

El conocimiento de la política, el saber político mismo, debe poder operar, de acuerdo con estas premisas, en correspondencia con los fundamentos generales del conocimiento mismo. En este sentido, tal y como en la actualidad son concebidas la cognición y la mente humanas, dentro del cognitivismo (que es el núcleo central de las llamadas ciencias cognitivas), el concepto de *representación* es fundamental: la mente humana funciona manipulando símbolos que representan rasgos del mundo. Cognición es representación de los rasgos de un mundo que, por así decir, «está ahí fuera», y cuyos rasgos pueden describirse antes de toda actividad cognitiva.

Esta tesis, aplicada a nuestro problema, sugeriría que el conocimiento de «lo político», concebido este ámbito como una esfera de la realidad (ya hemos dicho que lo político se refiere al *ser*) identificable que está «ahí fuera» funciona en términos de representación; sería un *conocimiento representativo*.

¿Pero en qué sentido es un «conocimiento representativo»? Para responder a esta pregunta hay que distinguir entre un *sentido débil* y un *sentido fuerte* de representación. Seguiré por unos instantes tan sólo aquí algunas ideas de Varela, desde el terreno de las ciencias cognitivas.[17]

En sentido débil, representar es *interpretar* (por ej., un mapa representa una zona geográfica), interpretar un mundo como si fuera de tal manera. En sentido fuerte, se sostiene que existe un mundo pre-dado cuyos rasgos se pueden especificar antes de toda actividad cognitiva. Nuestra cognición es de este mundo, aunque sea parcial, y el modo en que lo conocemos consiste en representar sus rasgos y luego actuar sobre la base de estas representaciones.

Explicar cómo y por qué este sentido fuerte de representación está siendo cuestionado hoy en las ciencias cognitivas nos llevaría a cubrir un árido terreno que necesariamente nos alejaría de nuestro tema, y a narrar la historia del surgimiento de las *teorías conexionistas de la emergencia* y el *enfoque enactivo* del conocimiento. No me resisto, sin embargo, a llamar la atención sobre un hecho apuntado por Varela, y que sí tiene relación con nuestro tema.

Según este autor, como ha demostrado la hermenéutica, «el conocimiento depende de estar en un mundo inseparable de nuestro cuerpo, nuestro lenguaje y nuestra historia social, en síntesis, de nuestra corporización».[18] Esta visión del conocimiento, que encaja en una orientación no objetivista, apunta a la idea de que «el conocimiento es el resultado de una *interpretación* que emerge de nuestra capacidad de *comprensión*».[19] Tal capacidad de comprensión está arraigada en nuestra corporización biológica, pero se vive y se experimenta dentro de un dominio o campo de *acción consensual* y de *historia cultural*. El hecho definitivo es que nuestra comunidad —como dice Johnson en *The Body in the Mind*— «nos ayuda a interpretar y codificar muchos modelos de sentimiento».[20]

En mi opinión, el juicio político precisamente expresa o manifiesta la existencia de un tipo de mentalidad, de inteligencia o, si se me permite la licencia, de cognición dentro de la cual el concepto de representación, entendido como *representación social* o *comunitaria*, es fundamental.

Por lo que se refiere, por tanto, a esta tesis antifundacionalista sobre la naturaleza del saber y del juicio político, la política es una actividad que procede por caminos no reductibles a los métodos estándar de la ciencia y que nunca opera sometida a reglas fijas o algoritmos. Para dar cobertura teórica a este planteamiento, sus defensores describen la política en términos, por así decir, *no políticos*, sino más bien mediante analogías y metáforas. Steinberger cita tres: la política como demanda de *excelencia y gloria* (en N. Maquiavelo), la política como *deliberación* (en A. Tocqueville) y la política como *estética* (en F. Nietzsche).

Me interesa destacar algunos aspectos comunes de las dos primeras metáforas, que encuentro bien expresadas dentro de la tradición del republicanismo cívico, y que, de acuerdo con Sullivan tratan de recuperar la idea de un sentido de la vida cívica como una forma personal de autodesarrollo, según ya vimos en el capítulo 2.[21]

En los *discursos* de Maquiavelo encontramos un ideal cívico republicano, en el sentido de que un régimen así exige un cuerpo de ciudadanos activos y comprometidos en un proceso de deliberación tanto sobre los fines sociales como sobre los medios políticos. El republicanismo denota, así, la idea de que la política está, o debe estar, arraigada en un proceso de participación cívica, de interacción social y de deliberación del que participan ciudadanos virtuosos, formados en la virtud política de la que Montesquieu habla en *El espíritu de las leyes*.

En *La democracia en América*, de Tocqueville, encontramos abundantes ejemplos de este espíritu cívico del republicanismo. Así, al referirse al «espíritu municipal en Nueva Inglaterra», escribe emocionado Tocqueville: «El habitante de Nueva Inglaterra se apega a su municipio porque éste es fuerte e independiente. Se interesa por él porque contribuye a dirigirlo. Lo ama porque no puede quejarse de su suerte. Pone en él su ambición y futuro. Participa en cada uno de los incidentes de la vida municipal, se ejercita en gobernar la sociedad en la esfera restringida que está a su alcance. Se habitúa a las formas sin las cuales la libertad no llega sino por revoluciones, se penetra de su espíritu, toma gusto al orden, comprende la armonía de poderes y adquiere ideas claras y prácticas sobre la naturaleza de sus deberes así como sobre la extensión de sus derechos».[22]

Las decisiones públicas se toman, pues, a través de un proceso de consulta mutua, por las vías de las artes del diálogo y la deliberación, que son los nutrientes naturales del ejercicio del juicio político: una actividad mental que supera, con mucho, el cómodo arte de formular juicios privados sobre asuntos públicos, pero al margen de todo compromiso cívico real con la *cosa pública*.

C. *La política como acción y como conversación*

Finalmente, un tercer planteamiento o tesis se construye, aún con mayor rigor que en el caso anterior, a través de las metáforas de la política como *acción* (H. Arendt) y de la política como *conversación* (M. Oakeshott).

231

Nos interesa destacar, sobre todo, el planteamiento de Hannah Arendt, que nos conducirá de lleno a una dimensión esencial del juicio político —la dimensión de autoría y agencia cívica— por lo que me limitaré en este epígrafe, tan sólo, a puntualizar el núcleo central de ambas propuestas.

Ambas están arraigadas en el esfuerzo por identificar los rasgos distintivos del mundo político, como ámbito opuesto y distinto de otros, como el económico, el social o el científico, por ejemplo. En cada caso la política es concebida como una clase particular de empresa que nos proporciona y reclama un conjunto más o menos único de exigencias y oportunidades. Tanto para Arendt como para M. Oakeshott se asume que la filosofía racional, tal y como tradicionalmente ha sido concebida, tiene escasa contribución que realizar a la política. En Arendt, como ya hemos visto, mediante la primacía de la *vita activa* sobre la *vita contemplativa*,[23] y en M. Oakeshott a través del concepto de *experiencia práctica*.[24]

5.5. Educación y cultura del juicio

Como ya hemos visto, Arendt definió la «comprensión» de esta manera: «Es frecuente decir que no se puede luchar contra el totalitarismo sin comprenderlo. Afortunadamente esto no es cierto y, si lo fuera, la nuestra sería una situación desesperada. La comprensión, en tanto que distinta de la correcta información y del conocimiento científico, es un complicado proceso que nunca produce resultados inequívocos. Es una actividad sin fin, siempre diversa y mutable, por la que aceptamos la realidad, nos reconciliamos con ella, es decir, tratamos de sentirnos en armonía con el mundo».[25]

Comprender es una actividad a la que le es inherente la «reconciliación». Pero como tal, según Arendt, comprender no es «perdonar», sino aceptación de la realidad, reconciliación de la realidad, nuestra reconciliación con una realidad, con un mundo del que formamos parte como seres instalados en él. Como escribe en el prólogo a la primera edición norteamericana de *Los orígenes del totalitarismo*

—una obra que es esencial para interpretar su pensamiento y los condicionamientos a que se vio éste sometido—: «La comprensión no significa negar lo que resulta afrentoso, deducir de precedentes lo que no tiene tales o explicar los fenómenos por tales analogías y generalidades que ya no pueda sentirse el impacto de la realidad y el *shock* de la experiencia. Significa, más bien, examinar y soportar conscientemente la carga que nuestro siglo ha colocado sobre nosotros —y no negar su existencia ni someterse mansamente a su peso—. La comprensión, en suma, significa un atento e impremeditado enfrentamiento a la realidad, un soportamiento de ésta, sea lo que fuere».[26]

¿Qué tiene que ver todo esto con el tema que nos ocupa? La respuesta es muy sencilla de formular: *tengo la impresión de que no podemos responder a la pregunta acerca de qué es estar educado en la esfera comunitaria si nos empeñamos en no comprender la naturaleza de la actividad educativa.* Pero para «comprender la educación», lo que debemos hacer es, sencillamente, *explorar los orígenes no pervertidos del fenómeno «educar»*. En esta pesquisa, en esta búsqueda de lo originario, lo que nos mueve puede ser la necesidad de lograr un nuevo impulso en el saber educativo. Pero es precisamente ese impulso, ese movimiento, en suma, esa *acción* que busca instalar algo nuevo en el mundo —en el espacio que se abre entre los hombres—, y de ir hacia adelante, el mismo que, según lo que antes decía de la comprensión, nos lleva hacia atrás, hacia lo antiguo, como diría Hegel.

Este retorno no es un retroceso, sino el acceso a un nivel de apertura mental que nos libera de tener que decir las cosas que deberíamos tener que decir sobre educación si tuviésemos que atenernos al *canon pedagógico* vigente. Desde este retorno, desde ese plano de la reflexión que nos lleva a confrontar los fenómenos educativos con su imagen más excelsa, la reflexión educativa, el pensamiento educativo ya no es «constructivo», sino «edificante», en el sentido acuñado por Rorty, y del que ya hemos hablado. Literalmente, es un pensamiento formativo, porque se abre a otras instancias de pensamiento, a otros lenguajes, a otros relatos, a otras historias.

Cuando Arendt decía en su libro *La condición humana* que la política, la auténtica actividad política, sólo se puede entender desde el referente normativo de la *polis* griega, dentro de la cual el ámbito público es un *escenario o espacio de aparición* que nos da la oportunidad para un segundo nacimiento, como ciudadanos; y cuando en su libro *Sobre la revolución*, en vez de recurrir al modelo griego nos remite a la tradición republicana para explicar la política, no ya como la oportunidad de expresar nuestro «quién» como ciudadanos, sino para *participar activamente* deliberando en común y emitiendo juicios políticos, lo que hacía Hannah Arendt era señalar aquellos momentos de la historia en los que la actividad política se ejercía genuinamente, es decir, de acuerdo a su propia naturaleza, y no un mero ejercicio de nostalgia. Estaba *animada* —como transformada en un espíritu o un fantasma capaz de volar y transportarse a esas épocas— por su deseo de comprender (la voluntad de comprensión nos permite viajar mejor a través del tiempo).

Creo que podemos seguir las mismas intuiciones de Hannah Arendt, y preguntarnos: ¿tiene la educación un origen no pervertido, una «genuinidad»? Mi opinión es que sí, y que ese origen se encuentra bien expresado en el concepto de *Paideia* y después en el concepto de formación, por ejemplo en el *concepto romántico de formación*.[27]

Según este concepto, la educación es algo, como dice Jorge Larrosa, que no se resuelve simplemente en el mero aprendizaje, sino que es una experiencia, hasta cierto punto, de ex-propiación,[28] de trans-formación, de pérdida de identidad, siquiera temporalmente, para lograr reconstituirla en un nivel distinto.[29] El estar educado, como estar formándose, es una experiencia de transformación que se hace posible gracias a ejercicios tales como la lectura[30] —en la que uno no se limita simplemente a interpretar el texto, sino que se deja, literalmente, penetrar por su autor—, los viajes[31] —en los que se aprende a hacer de la visión una forma de pensamiento, un pensamiento visual—, el *diálogo* y la práctica misma de·la escritura.[32]

El haber perdido estos hábitos, estos ejercicios de transformación, que no son siempre unos ejercicios solitarios, sino en gran medida acciones que inicia uno solo pero que acaban completando muchos más, es un síntoma de que hemos perdido nuestro romanticismo. Por eso, para estar un poco más dispuestos a abrirnos al lenguaje de la *tradición* —y hay que recordar, como decía Zubiri, que tradición no es enclasamiento sino *entrega de formas de estar vivientemente en la realidad*—, o lo que Dewey llamaba «apertura mental» (que era una actitud ética imprescindible para fomentar la «inteligencia reflexiva»), quizá convendría que hiciésemos una nueva lectura del valor real que contiene eso que conocemos como «educación humanística».

La propia Hannah Arendt habló de esta tradición —la *cultura animi*— en su hermoso ensayo sobre «La crisis de la cultura». Decía que el elemento que tienen en común el *arte* y la *política* —y podríamos incluir aquí también la *educación*— es que son fenómenos del *mundo público*. Lo que mediatiza, decía Arendt, el conflicto entre el artista y el hombre de acción es la *cultura animi*,[33] un espíritu formado y cultivado de tal forma que le permite tener confianza en disponerse hacia una mejor vigilancia en un mundo de «apariciones» en el que todavía es posible juzgar por medio de criterios como la belleza.[34]

¿Qué aporta, por consiguiente, la tradición filosófica al «estar educado»? En mi opinión lo que aporta una educación filosófica, dentro del marco de este espíritu de la educación humanística, es la formación de la facultad de juzgar.[35]

Es el ejercicio cívico de la facultad de juicio político una ocasión esencial, no sólo para la formación de un pensamiento cívico propio, sino para mostrar la propia identidad.[36] Porque en el ejercicio del juicio no sólo mostramos una destreza mental, sino que revelamos las formas en que tenemos construido nuestro carácter, nuestra sensibilidad ética como ciudadanos, nuestros modos de apreciación estética y moral de la realidad política.

5.6. El juicio político y la educación del pensamiento

En Arendt encontramos no uno, sino más bien dos modelos distintos de juicio: el modelo del actor y el modelo del espectador. Por otra parte, toda su teoría se mueve —bien es cierto que de una forma desigual, a favor del segundo— entre Aristóteles y Kant, lo que para algunos analistas de su pensamiento es fuente de perplejidad: «Las reflexiones de Arendt sobre el juicio no sólo vacilan entre el juicio como facultad moral, guía de la acción, frente al juicio como facultad retrospectiva, conductora del espectador o del historiador. Existe aún una más profunda perplejidad filosófica en torno al estatus del juicio en su obra. Ésta se justifica en su intento de plantear conjuntamente la concepción aristotélica de la *phrónesis* con la comprensión kantiana del juicio. En tanto que facultad del "pensamiento alargado" o "pensamiento representativo"».[37]

Esta perplejidad queda eliminada si consideramos, como Ronald Beiner hace notar en un ensayo interpretativo sobre el juicio en Arendt, en su edición de las *Lectures on Kant's political philosophy*, que esta pensadora recorre fases distintas en su interés por el juicio.[39]

En la primera —por ejemplo, en sus escritos *Freedom and Politics*, *La crisis de la cultura*, o en *Verdad y política*— Hannah Arendt habla del juicio como fundamento de la acción política en el contexto de una pluralidad de acciones en la esfera pública. Habla del juicio del actor político. Pero en una segunda fase —en *La vida del espíritu* y en *El pensar y las reflexiones morales*— su tratamiento del juicio está referido y explicado desde la primacía de la *vita contemplativa*: es la facultad del espectador no participante —el poeta y el historiador— que busca comprender los acontecimientos del pasado para reconciliarse con lo que ha sucedido.[40]

Desde el punto de vista del actor, el juicio es la facultad del ciudadano que decide cómo actuar en la esfera pública. Desde el punto de vista del espectador, el juicio implica distanciamiento e imparcialidad: salirse del juego para adoptar una perspectiva más general. Supone una retirada, pues sólo el espectador ocupa una posición que le permite contemplar todo el juego. El actor, como parte del todo, debe desempeñar su papel, está vinculado a lo particular. Pero la comprensión del sentido del juego —del «festival de la vida»— requiere la posición del espectador, la retirada de toda participación directa.[41]

Así pues, como nota Beiner, los escritos consagrados por Arendt al tema del juicio cubren dos etapas, siendo la primera —hasta la década de los años setenta— donde habla del juicio como una «facultad práctica» y la segunda en la que acentúa la «cualidad contemplativa» del juicio. Especialmente en esta última etapa, Arendt buscó derivar de la tercera crítica de Kant, es decir, del juicio estético, una teoría del juicio político, que desgraciadamente no pudo ni siquiera iniciar debido a su inesperado fallecimiento.[42]

Sylvie Courtine-Denamy, en el voluminoso y reciente libro sobre la trayectoria de Hannah Arendt, ya citado, refuerza este punto de vista de la existencia de diversas etapas en la formulación de la idea arendtiana del juicio. En efecto, en su artículo «Comprensión y política», de 1953, plantea la cuestión, a la que ya me he referido en el capítulo anterior, de cómo poder reconciliarnos con un mundo donde el fenómeno sin precedentes del totalitarismo ha roto con nuestras categorías tradicionales de reflexión moral y juicio. La crisis de comprensión que este fenómeno produce nos afecta directamente en la política práctica, volviendo a la teoría política tradicional incapaz de hacerle frente con sus categorías tradicionales. Y esta crisis de la comprensión tiene su equivalente en una «crisis del juicio», de nuestra capacidad de distinguir el bien del mal. En esta fase, ya Arendt tiene la convicción de que la actividad del pensamiento, como comprensión, no es una facultad reservada a los filósofos profesionales. Y lo que intenta es recuperar lo que llama sentido común.

En *Eichmann en Jerusalén*, Arendt parece insistir en esa grave responsabilidad con el mundo a la que debemos hacer frente ante el totalitarismo y sus consecuencias, señalando que el juicio es la actividad política por excelencia, la facultad suprema que se pone en juego en el contexto de la pluralidad de actores en el escenario de la vida pública. Según Arendt, el «caso Eichmann» es doblemente significativo. Por una parte, muestra que la incapacidad para pensar por sí mismo y para distinguir el bien del mal entraña fatales consecuencias para la facultad de juzgar, que debe ser libre y autónoma de los condicionamientos concretos, por muy penoso que resulte emitir juicios propios incluso para nuestras vidas. En segundo lugar, Arendt concluye que la ausencia de reflexión y de juicio equivale a una ausencia de los espacios de aparición en los que mostramos nuestra identidad a la luz. El derecho a juzgar es inalienable, pues es gracias al juicio que damos sentido al mundo.

Arendt poco a poco va tomando el convencimiento de que esta facultad de juicio es, en definitiva, un patrimonio común de los hombres, dentro del mundo público, en el que se aúnan las cualidades del actor político y del espectador desinteresado.

Este distanciamiento del *actor* no entraña pretensión alguna de juzgar las cosas desde el tribunal supremo de una sabiduría inaccesible o alejada del mundo. El espectador no se aparta del mundo de los fenómenos, y además no está solo: forma parte de un público, y su veredicto no es independiente de las opiniones de los otros. En su condición del actor que también es, debe tener presente la forma kantiana del pensamiento extensivo o alargado.

Como cualidad del *actor*, en el juicio político también se piensa representativamente: el ciudadano adopta la perspectiva del otro —no para acomodarse acríticamente a ella, pues eso no es pensamiento crítico ni Ilustración— sino para ver las cosas desde el mayor número de puntos de vista posible.

Concluyendo, por tanto, para Arendt la facultad de juicio reposa en un «pensamiento representativo». Este pensamiento o mentalidad, dice Kant, revela o muestra «un hombre amplio en el modo de pensar, cuando puede apartarse de las condiciones privadas subjetivas del juicio, dentro de las cuales tantos otros están como encerrados, y reflexiona sobre su propio juicio desde un *punto de vista universal* (que no puede determinar más que poniéndose en el punto de vista de los demás)» (*Crítica del juicio*, I, sec. 40).

Hannah Arendt se da cuenta de la importancia política de estas afirmaciones de Kant al escribir lo siguiente: «La facultad de juzgar descansa en un acuerdo potencial sobre el otro, y el proceso de pensamiento en el acto del juicio no es, como en el proceso mental del razonamiento puro, un diálogo entre el yo consigo mismo; se encuentra siempre y primitivamente, incluso si me encuentro a solas realizando mi elección, en una comunicación anticipada con otro, con el que se debe finalmente encontrar un acuerdo. Es de este acuerdo potencial del que el juicio deriva su validez específica».[43]

En el ensayo que dedicó a Lessing en su libro *Hombres en tiempos de oscuridad* Arendt dice sobre el primero: «el famoso *Selbstdenken* (pensamiento independiente por uno mismo) no es una actividad perteneciente a un individuo cerrado, integrado, orgánicamente desarrollado y cultivado que mira a su alrededor para ver cuál es el lugar más favorable en el mundo para su desarrollo, para poder lograr una armonía con el mundo al desviar su pensamiento».[44]

Este pensamiento no surge sólo a partir del individuo. El hombre fue creado sobre todo para la acción, para actuar, no para el raciocinio. Sin embargo, en ocasiones, elige dicho pensamiento porque descubre en él otra forma de moverse en el mundo con total libertad. Especialmente cuando se priva al hombre de un espacio público, éste tiene la oportunidad de refugiarse en su libertad de pensamiento, que no es simplemente una «huida del mundo» hacia el ser, algo que pudiese mantenerse con soberana independencia del mundo exterior. No se trata de un silencioso pensamiento platónico, un diálogo entre yo y mí mismo, sino, por el contrario —y aquí comienza a parecer ya el concepto antes mencionado de *pluralidad*—, un diálogo anticipado con los otros.

El pensamiento propio e independiente está vinculado a una forma de pensar amplia, a esa otra modalidad de pensamiento que, de acuerdo con lo que dice Kant en la *Crítica del juicio*: «Muestra, sin embargo, un hombre amplio en el modo de pensar, cuando puede apartarse de las condiciones privadas subjetivas del juicio, dentro de las cuales tantos otros están como encerrados, y reflexiona sobre su propio juicio desde un *punto de vista universal* (que no puede determinar más que poniéndose en el punto de vista de los demás)».

Probablemente es en el curso impartido en 1970 en la *New School for Social Research*, sobre la filosofía política de Kant donde encontramos de una manera más explícita las relaciones y recíprocas vinculaciones entre «pensamiento propio» y «pensamiento amplio» o representativo. Arendt recuerda allí que en la *Crítica del juicio* de Kant encontramos una filosofía política insuficientemente explorada. Es con la ayuda de la *imaginación*, como decía Kant, por la que en el transcurso del juicio, y especialmente del juicio del gusto, somos capaces de colocarnos en el lugar de todos los demás. Sin embargo, colocarse en el lugar de cada otro, adoptar la perspectiva del otro con el objetivo de representarse su punto de vista y opiniones en el propio juicio, no es simplemente un acto pasivo de *empatía*, una especie de acuerdo incondicional con lo que piensa.[45]

Con otras palabras: «El pensamiento crítico sólo es posible —dice Arendt— cuando las perspectivas de todos los demás están abiertas a la inspección. De ahí que el pensamiento crítico, aunque siga siendo una ocupación solitaria, no se ha desvinculado de "todos los demás" [...] mediante la imaginación hace presente a los otros y se mueve así potencialmente en un espacio que es público, abierto a todas las partes; en otras palabras, adopta la posición del ciudadano del mundo de Kant».[46]

Con este tipo de pensamiento accedemos por tanto a una posición de *imparcialidad*, es decir, desde una perspectiva más amplia y abarcadora que, sin embargo, no es equiparable a un tribunal supremo de la sabiduría, sino el resultado de un libre intercambio de ideas y opiniones, de un diálogo anticipado con los otros.

Para Arendt, este tipo de mentalidad o pensamiento representativo está en la base del juicio político, que es la habilidad o pensamiento político por excelencia de la ciudadanía. Donde el ciudadano muestra o revela su sentido de agencia cívica, en el contexto de la esfera pública, es a través del juicio, cuya naturaleza es la de una facultad esencialmente política. La inhabilidad o incapacidad para pensar representativamente y para el juicio es lo que hace, como intentó mostrar en su polémico libro *Eichmann en Jerusalén*, que el ejercicio del mal sea una banalidad, algo superfluo. Para el ejercicio del mal, como para el del bien, se necesita tener razones, un pensamiento. Otra cosa sería terrible.

Al igual que Platón, que pensaba que el mal por *ignorancia* y falta de entendimiento o comprensión debe corregirse por medio de la educación, también Arendt consideraba que el *mal banal* —el de Eichmann— sólo puede ser evitado por la fuerza de la reflexión, de la comprensión, del entendimiento y de la *cultura animi*, por la fuerza de la cultura y la formación. La reflexión, la educación de la reflexión —desde el pensamiento propio al representativo—, sienta así los pilares de un tipo de cultura que podemos llamar, sin miedo a equivocarnos, *sentido moral* y *sentido del gusto*. Una cultura que *sabe cuidar de las cosas del mundo*, y por ello lo ama, como Arendt, con mayor intensidad y entendimiento.

El pensamiento político y filosófico de Hannah Arendt es sugerente y extraordinariamente original, aunque no exento de ciertas complejidades. A menudo, el lector de su obra se siente perplejo, despistado, sin un fundamento claro. Casi continuamente, en nuestro propio pensar sobre el pensamiento de Arendt, tenemos la sensación de que nuestras más arraigadas convicciones y creencias son removidas. No se trata de una falsa sensación. Porque —conviene recordarlo de nuevo— el proyecto arendtiano no es sólo un proyecto crítico, sino un proyecto más radical aún.

En muchas de sus reflexiones sobre la naturaleza de la actividad política la mayoría de los conceptos que elabora —como los de acción, *praxis*, *polis*, revolución, etc.— no constituyen un mero ejercicio de nostalgia de un pasado imposible de recuperar ahora. Lo que Arendt busca no es recuperar tales conceptos *qua* conceptos, sino destilar algo de su original espíritu. Como ya señalé, su intento no es el de la recuperación de una tradición pasada, sino el de descons-

241

truir y el de intentar superar la tradición misma, o mejor aún, sus reificaciones. Así, en su teoría de la acción humana —apropiada por muchos autores en clave aristotélica— en realidad podemos apreciar un intento de pensar la acción humana de un modo radicalmente antitradicional.

De este modo, la rotura de nuestra tradición, acompañada por el hecho de la dominación totalitaria, que ha roto todas nuestras categorías tradicionales de juicio y reflexión moral, hace de la recuperación de los conceptos tradicionales algo imposible e inútil. Lo que Arendt pretende, por tanto, no es recuperar unas categorías imposibles de ser pensadas hoy, sino más bien destilar —a través de la comprensión— algo de su original espíritu, para confrontar las situaciones y los fenómenos actuales con sus orígenes no pervertidos.

Lo que este modo de proceder enseña es que la actividad del pensamiento a veces es una práctica del pensar sin asideros: un pensamiento sin balaustrada, decía ella. Lo que este modo de pensar busca es una ganancia en la experiencia de *cómo* pensar, en cómo moverse en esa brecha abierta entre el pasado y el futuro, tal vez el único espacio en el que —de existir eso que llamamos la «verdad»— pueda acabar apareciendo.

Así, pensar es ensayar, es un ejercicio cuyo propósito es ayudarnos a intensificar nuestro sentido de la hendidura del tiempo entre el pasado y el futuro. Pensar es rememorar de un modo más radical, y no simplemente un intento de considerar al pasado como una fuente de significado de relevancia actual para la creación de una forma más intensa y crítica de formación. El enfoque de Arendt insiste de continuo en el aislamiento peculiar del presente en un mundo en el que la autoridad, en forma de tradición, ha desaparecido. Lo terrible del caso es que si fenómenos como el totalitarismo nos han dejado sin fundamentos, nuestra responsabilidad, nuestra «obligación con el mundo»,[47] es aún más grave y mayor. Porque los totalitarismos, que producen el repliegue de los perseguidos en la esfera de la intimidad, nos dejan sin un lugar en el mundo, nos privan de un espacio común. Sólo la acción política puede combatir las patologías que cree esta situación. Y preparar para esta acción es formar el pensamiento y replantear una educación basada en la cultura del juicio.[48]

Hay un aspecto, no tratado todavía en mi reflexión sobre el juicio político, que tiene la mayor importancia dentro del marco de la educación política. Me refiero a la relación entre democracia, juicio político y retórica.[49]

Acerca de este tema, la aportación de Arendt no es muy abundante. Apenas puede encontrarse en su obra un mínimo desarrollo sistematizado sobre la relación entre retórica, persuasión y el juicio político como característica de una educación cívica.

Sin embargo, la exposición anterior acerca del pensamiento representativo, o la mentalidad alargada de Kant, sugiere que la relación entre juicio y retórica no es, en absoluto, forzada, y la misma Arendt parece darse cuenta de la misma al escribir, en su nunca acabado proyecto de *Introducción a la política,* que «la persuasión y la convicción mutuas, que constituyen la verdadera relación política entre los ciudadanos libres de la *polis,* presuponía una clase de libertad que no estaba ligada de una forma inmutable ni física ni espiritualmente a la posición o al punto de vista propio».[50]

Un punto de partida que debe ser considerado, a la hora de valorar la importancia y actualidad de la retórica en la educación del ciudadano, se refiere precisamente a la característica que principalmente hace que un ciudadano lo sea auténticamente. De ella ya hemos hablado a lo largo del libro. Y ésta se encuentra en la estrecha relación que existe entre la aptitud común a juzgar y deliberar por parte de todo ser humano y en su capacidad, correlativa a la anterior aptitud, de ser *persuadido* por el *logos.*

Precisamente esa aptitud general y común de los ciudadanos —que una estrecha concepción de la democracia a menudo soslaya, en cuanto le es atribuida en exclusividad a los expertos— se funda en su capacidad de ser persuadidos mediante buenos argumentos. Pues lo que hace que el ciudadano pueda participar de lleno, y activamente, en los asuntos de su comunidad es, precisamente, aunque no exclusivamente, su destreza o habilidad para poder argumentar, rebatir y ser rebatido, es decir, la capacidad para entender el contenido de la ley dictada y mostrar su acuerdo o desacuerdo ante ella mediante argumentos y mediante acciones. Esto es, a través de la acción y el discurso.

Desde la óptica aristotélica se entiende bien la razón de ser de estas ideas. En primer lugar, el ciudadano es, de acuerdo con lo que dice en la *Política*, el que tiene derecho a participar en las funciones *deliberativa* y judicial de la ciudad (III, 1, 1275 b 11-12), razón por la cual, como señala en la *Retórica*, al ser la retórica y la dialéctica correlativas —«pues ambas tratan de cosas que en cierto modo son de conocimiento común a todos y no corresponden a ninguna ciencia determinada» (I, 1354 a 1-5)— «todos en cierto modo participan de una y otra, ya que todos hasta cierto punto intentan inventar o resistir una razón y defenderse y acusar» (I, 1354 a 1-5).

La capacidad de persuadir, y de ser persuadido correctamente es, así, un instrumento esencial de la práctica política democrática. En sí misma, la persuasión retórica es algo así como una adhesión que acordamos acerca de una opinión surgida en el seno de un discurso público. No es el resultado de una ciencia específica, sino de un arte común, del arte cívico del encuentro deliberativo en el seno del discurso.

En efecto, todo autor del *logos* es capaz al mismo tiempo de argumentar en su propio favor y de persuadir y ser persuadido. Esta capacidad, de algún modo, proviene de una *imaginación deliberativa*, en la cual se reúnen múltiples representaciones en una sola. Y en esa múltiple representación lo que de hecho ocurre es que se formulan juicios.

Aunque todo ciudadano, por derecho propio, participa de esta función deliberativa, parece claro que existen condiciones que vuelven a los ciudadanos más aptos para esta función propia de la ciudadanía. Una de estas condiciones se refiere, por supuesto, a la educación recibida, a una educación *liberal*, en el sentido clásico del término. Se trata, en definitiva, de una educación humanística, cuyo objetivo principal es, entre otras metas, la formación general del juicio. Solange Vergnières señala al respecto que el ciudadano encuentra en la cultura general —cuyo contenido viene definido por la ciencia política— la condición más favorable para el ejercicio de un juicio informado. Sin embargo, en cuanto tal, el juicio político no puede desarrollarse más que a través de la práctica de la política misma, una práctica cuya meta es contribuir a una mayor experiencia, a una ganancia en experiencia adulta con el trato de la política.[51]

NOTAS

Introducción

1. La historia del concepto de *civilité* está magníficamente expuesta en: Elías, N. (1989), *El proceso de la civilización. Investigaciones sociogenéticas y psicogenéticas*, especialmente, cap. II: «La "civilización" como transformación específica del comportamiento humano», México, FCE. Sobre el mismo tema, véase también: Béjar, H. (1993), «*Las Amistades Peligrosas*: de la civilidad al imperio del sentimiento», en *La cultura del yo*, Madrid, Alianza, págs. 49-64; Revel, J. (1992): «Los usos de la civilidad», en Ariès, Ph. y Duby, G. (comps.), *Historia de la vida privada*, Madrid, Taurus, vol. 5, págs. 169-210.

2. No realizo esta observación en tono acusador, y soy consciente que generalizarla me llevaría a cometer injusticias. De hecho, existen algunas excepciones, una de las cuales, aunque probablemente no la única es, por ejemplo: Puig, J. M. (1996), *La construcción de la personalidad moral*, Barcelona, Paidós; Ortega, P. y Mínguez, R. y Gil. R. (1996), *Valores y educación*, Barcelona, Ariel.

3. Véase Delors, J. (1996), «La educación o la utopía necesaria», en *La educación encierra un tesoro*, informe elaborado por la «Comisión Internacional sobre la Educación para el siglo XXI», Madrid, Santillana-Ediciones Unesco, págs. 16 y sigs.

4. Véase Oakeshott, M. J. (1992), «The voice of poetry in the conversation of manking», en *Rationalism in politics and other essays*, Indianapolis, Liberty Press, págs. 488-542.

5. Tengo en mente aquí, al citar esta expresión, la colección de ensayos publicados por Hannah Arendt bajo el título *Between Past and Future. Eight Exercices in Political Thought*, Nueva York, Viking Press, 1968, segunda edición. La primera edición es del año 1961, y sólo incluía seis ensayos. Existe una traducción francesa, que en ocasiones manejaré: Arendt, H. (1972), *La crise de la culture*, París, Gallimard.

Traducción española: Arendt, H. (1996), *Entre el pasado y el futuro*, Barcelona, Península.

6. Arendt, H. (1953), «Understanding and Politics», *Partisan Review*, XX, IV, julio-agosto, págs. 377-392. Traducción española «Comprensión y política», en Arendt, (1995), *De la historia a la acción*, Barcelona, Paidós, págs. 31-32 (edición a cargo de Manuel Cruz).

7. Véase Lledó, E. (1992), *El surco del tiempo. Meditaciones sobre el mito platónico de la escritura y la memoria*, Barcelona, Crítica.

8. Arendt habla de la comprensión como reconciliación en Arendt, H. (1995), op. cit.

9. Lledó, E. (1992), op. cit., pág. 41.

10. Arendt, H. (1988), *Sobre la revolución*, Madrid, Alianza, pág. 228.

11. Arendt deploró, en efecto, la hostilidad tradicional entre filosofía —o pensamiento— y política, y así lo hace notar, entre otros libros, en *Sobre la revolución*, pág. 226 y *Qu'est-ce que la politique?*, París, Seuil. El asunto está tratado, desde diferentes ángulos, en: Hilb, C. (1994), *El resplandor de lo público. En torno a Hannah Arendt*, Venezuela, Nueva Visión; Varios (1996), *Politique et pensée Colloque Hannah Arendt*, París, Payot; Esposito, R. (1996), «Política», en *Confines de lo político. Nueve pensamientos sobre política*, Madrid, Trotta, págs.19-38.

12. Pöggeler, O. (1984), *Filosofía y política en Heidegger*, Barcelona, Alfa, pág. 11.

13. Esquirol. J. M. (1996), *Tres ensayos de filosofía política*, Barcelona, EUB, págs. 11 y sigs.

14. *Ibídem*, pág. 14.

15. Arendt, H. (1958), *The Human Condition*, Chicago, The Chicago University Press. Traducción española: *La condición humana*, Barcelona, Paidós, 1993, págs. 15-16, edición a cargo de Manuel Cruz. Siempre que exista versión traducida de las obras de Arendt, se citará por estas últimas, salvo en casos muy excepcionales de traducciones poco fiables o muy parciales.

16. *Ibídem*, pág. 16.

Capítulo 1

1. Formulo este juicio sobre la soledad con mucha cautela, y teniendo presente el fino análisis que Manuel García Morente realizó sobre el amor, la amistad y la soledad, como genuinas formas de vida privada, donde escribía: «Si la convivencia es necesaria para la vida —para cada vida—, también la originalidad de cada vida requiere que la persona sepa de sí y se conozca a sí misma. Lo que llamamos soledad activa no es temible ni angustiosa, sino, por el contrario, fecunda y plena. Es lo contrario de la soledad pasiva», en García Morente, M. (1935) «Ensayo sobre la vida privada», *Revista de Occidente*, XLVII (enero-marzo), págs. 90-110 y 164-203. Nueva edición, con motivo del homenaje en el

cincuenta aniversario de su muerte, en: *Excerpta Philosophica*, 4, pág. 50, 1992 (Madrid, Facultad de Filosofía de la Universidad Complutense). Cito por esta última edición. Un interesante estudio sobre el amor, la amistad y la soledad en el marco de la relación educativa se puede encontrar en Jover, G. (1991), *Relación educativa y relaciones humanas*, Madrid, Herder.

2. De aquí en adelante usaré los conceptos de «educación política» (de la ciudadanía) y «educación cívica» o «formación de la civilidad» como expresiones intercambiables. Si el contexto en el que se empleen requiere subrayar algún matiz especial, será entonces cuando realice las oportunas distinciones. La razón que tengo para proceder así es que, dentro del contexto general de temas que voy a tratar en el libro, el concepto que tengo en mente de «político» o de «actividad política» está más cerca de la participación directa del ciudadano en una «esfera pública» que en la «arena política», en el sentido moderno «profesionalizado» del término.

3. Véase Esposito, R. (1996), «Política», en *Confines de lo político. Nueve pensamientos sobre política*, Madrid, Trotta: «La filosofía política no consigue llenar —o simplemente conocer— la separación entre política y pensamiento *porque es precisamente ella misma quien la produce*» (pág. 19).

4. Véase Arendt, H. (1996), «La tradición y la época moderna», en *Entre el pasado y el futuro. Ocho ejercicios sobre la reflexión política*, Barcelona, Península, pág. 32. Edición original: Arendt, H. (1954), «Tradition and the Modern Age», *Partisan Review*, 22 (enero), págs. 53-75, texto incluido en *Between Past and Future. Eight Exercices in Political Tought*, Nueva York, Viking Penguin, 1968.

5. Véase Carr, W. (1996), «Cómo se hace un filósofo de la educación», en *Una teoría para la educación*, Madrid, Morata, pág. 40.

6. Usaré la expresión «asuntos humanos» en sentido arendtiano, es decir, como «la trama de las relaciones humanas que existe dondequiera que los hombres viven juntos». Arendt, H. (1958), *The Human Condition*, Chicago, University of Chicago Press. Traducción: Arendt, H. (1993), *La condición humana*, Barcelona, Paidós, págs. 200 y sigs. (edición a cargo de Manuel Cruz). Cito por esta última versión.

7. Arendt, H. (1996), *Entre el pasado y el futuro*, op. cit., pág. 23.

8. Crespi, F. (1996), *Aprender a existir. Nuevos fundamentos de la solidaridad social*, Madrid, Alianza, pág. 24.

9. Véase Arendt, H. (1993), *La condición humana*, op. cit., págs. 200 y sigs.

10. Véase Dunn, J. (comp.) (1995), *Democracia. El viaje inacabado* (508 a.C.-1993 d.C.), Barcelona, Tusquets, pág. 293.

11. Hornblever, S. (1995) «Creación y desarrollo de las instituciones democráticas en la antigua Grecia», en Dunn, J. (comp.), op. cit., pág.13. Para un estudio sobre la configuración del ideal democrático griego (ateniense) es necesario leer la importante obra de Rodríguez Adrados, F. (1983), *La democracia ateniense*, Madrid, Alianza, tercera

edición. Igualmente, en una línea similar, debería consultarse, sobre el mismo tema, a: Finley, M. I. (1983), *Politics in the Ancient World*, Cambridge University Press, del que existe una versión francesa: *L'invention de la politique*, París, Flammarion, 1985.

12. Dahl, R. (1992), *La democracia y sus críticos*, Barcelona, Paidós, pág. 11.

13. Una magnífica exposición del pensamiento aristotélico sobre el valor intrínseco de la vida política se encuentra en: Nussbaum, M. (1995), *La fragilidad del bien. Fortuna y ética en la tragedia y la filosofía griega*, Madrid, Visor, págs. 431-468. Véase también, sobre este asunto: Jáuregui, G. (1994), *La democracia en la encrucijada*, Barcelona, Anagrama, págs. 20 y sigs.

14. Dahl, R. (1992), *La democracia y sus críticos*, op. cit., págs. 373-374.

15. Véase, Macpherson, C. B. (1987), *La democracia liberal y su época*, Madrid, Alianza.

16. Véase, Held, D. (1992), *Modelos de democracia*, Madrid, Alianza.

17. Véase, Tarrant, J. M. (1989), *Democracy and Education*, Abevury, Gower; Carr, W. y Harnett, A. (1994), *Democracy and the Struggle for Education*, Londres, Cassells.

18. Una revisión de la problemática evolución del concepto y modelos de la democracia, desde el ángulo de la teoría política contemporánea, puede encontrarse en Rubio Carracedo, J. (1996), *Educación moral, postmodernidad y democracia. Más allá del liberalismo y del comunitarismo*, Madrid, Trotta, págs. 139-250.

19. Véase, Cortina, A. (1990), *Ética sin moral*, Madrid, Tecnos, págs. 254-272; Cortina, A. (1993), *Ética aplicada y democracia radical*, Madrid, Tecnos, págs. 89-98.

20. Véase, Nino, C. S. (1986), *Ética y derechos humanos*, Barcelona, Ariel.

21. Fishkin, J. (1995), *Democracia y deliberación*, Barcelona, Ariel, pág. 11.

22. Una interesante reflexión sobre este asunto la ofrece: Lasch, Ch. (1996), «¿Merece sobrevivir la democracia?», en *La rebelión de las elites y la traición a la democracia*, Barcelona, Paidós, págs. 75-83.

23. Véase Dror, Y. (1995), *La capacidad de gobernar*, Barcelona, Círculo de Lectores-Galaxia Gutenberg.

24. Véase Jáuregui, G. (1994), *La encrucijada*, op. cit.

25. Por «marco de referencia» entiendo lo que Charles Taylor apunta con el concepto de «marco referencial», en su obra *Sources of the Self. The making of the modern identity*, Cambridge, Harvard University Press, 1989. Es decir, horizontes de sentido que guían nuestras formas de pensar, sentir y juzgar y en cuyos términos aprendemos a realizar «fuertes valoraciones» acerca del modo de concebir y encaminarse en la búsqueda de una vida buena y excelente. Dentro de tales marcos referenciales ineludibles la pregunta de quiénes somos —la interrogante por nuestra identidad personal— es inseparable de la pregunta acerca de

dónde me encuentro y de qué comunidad estoy formando parte. La versión española pertenece a Paidós, Barcelona, 1996, traducción a cargo de Ana Lizón y revisión técnica de Ramón Alfonso Díez. Siempre que se cite esta obra se hará por esta versión.

26. *Ibídem*, págs. 20-21.

27. Véase Touraine, A. (1994), *¿Qué es la democracia?*, Madrid, Temas de Hoy, págs. 49-80, también (1997), *Pourrons nous vivre ensemble, Égaux et différents*, París, Fayard.

28. Voy a seguir aquí la exposición de Nussbaum, M. (1995), op. cit., págs. 431-462.

29. Sobre este tema de la amistad personal y política en el pensamiento aristotélico, véase Schollmeier, P. (1994), *Other Selves. Aristotle on Personal and Political Friendship*, Nueva York, SUNY Press.

30. Tengo en mente aquí el sabroso ensayo de: Lledó, E. (1992), *El surco del tiempo. Meditaciones sobre el mito platónico de la escritura y la memoria*, Barcelona, Crítica.

31. Lledó, E. (1992), *El surco del tiempo*, op. cit., pág. 41.

32. Véase Havelock, E. A. (1996), *La musa aprende a escribir. Reflexiones sobre oralidad y escritura desde la antigüedad hasta el presente*, Barcelona, Paidós.

33. Véase Llano, A. (1996), «La verdad en la conversación humana. Una consideración al hilo de la polémica entre el liberalismo y el comunitarismo», en Núñez Ladevéze, L. (comp.), *Ética pública y moral social*, Madrid, Noesis, págs. 205-222.

34. Véase Taylor, Ch. (1994), *La ética de la autenticidad*, Barcelona, Paidós, págs. 28-47.

35. Véase Crespi, F. (1996) *Aprender a existir*, op. cit., pág. 16.

36. Véase sobre esta cuestión: Parsons, T. (1977), *Social Systems and the evolution of action theory*, Nueva York, The Free Press; Luhmann, N. (1991), *Sistemas sociales*, México, Alianza-Universidad Iberoamericana; Habermas, J. (1988), *Teoría de la acción comunicativa*, 2 vols, Madrid, Taurus.

37. Un excelente análisis de la relación confianza-desconfianza se puede encontrar en Luhmann N. (1996), *La confianza*, México, Anthropos.

38. Llano, A. (1996), «La verdad en...», op. cit., pág. 208.

39. En esta línea, por ejemplo, Pérez Tapias, J. A. (1996), *Claves humanistas para una educación democrática*, Madrid, Alauda-Anaya.

40. Llano, A. (1996), «La verdad en...», op. cit., págs. 208-209.

41. «La razón pública —escribe Rawls— es característica de un pueblo democrático: es la razón de sus ciudadanos, de quienes comparten una posición de igual ciudadanía. El objeto de su razón es el bien público: aquello que la concepción política de la justicia exige a la estructura institucional básica de la sociedad y a los propósitos y fines que las instituciones han de servir». Rawls, J. (1996), *El liberalismo político*, Barcelona, Crítica, pág. 247.

42. *Ibídem*, págs. 212-213.

251

43. «La educación cívica —dice Llano— sólo es posible en el seno de comunidades humanas abarcables. En esas comunidades de indagación y enseñanzas, el aprendiz se adiestra en el oficio de la ciudadanía que —como todos los oficios— tiene mucho más de *craft*, de artesanía, de lo que la razón ilustrada está dispuesta a reconocer», *ibídem*, pág. 213.

44. Arendt formula el reto de «pensar desde la fragilidad», sin fundamentos ni asideros claros, en: «Hannah Arendt on Hannah Arendt», en Hill, M.A. (1979), *Hannah Arendt: The Recovery of the Public World*, Nueva York, Martin's Press, pág. 336. El texto citado recoge un prolongado debate sobre el pensamiento de Arendt, del cual existe una traducción parcial en: Arendt H. (1995): *De la historia a la acción*, Barcelona, Paidós, 1995, págs. 139-171, edición a cargo de Manuel Cruz. Este rasgo de su pensamiento, que desarrollo con más detenimiento en el capítulo 4 del libro, se resume en la idea, muy repetida por Arendt, de que «la tarea del pensar es como la labor de Penélope, que cada mañana destejía lo que había hecho la noche anterior», en «El pensar y las reflexiones morales», en Arendt H. (1995) *op. cit.*, págs. 117. Sobre este tema, véase también: Birulés, F. (1995), «La especificidad de lo político: Hannah Arendt». *Eutopías. Documentos de trabajo*, vol. 89, Valencia, Ediciones Episteme, S. L. y Benhabib, S. (1996), «El reluctante modernismo de Hannah Arendt» *Eutopías. Documentos de trabajo*, vol. 114, Valencia, Episteme.

45. Galston, W. A. (1992), *Liberal Purposes. Goods, Virtues, and Diversity in the Liberal State*, Cambridge, Cambridge University Press, pág. 244.

46. *Ibídem*, pág. 215.

47. Delors, J. (1995) *De cuerpo entero. Conversaciones con Dominique Wolton*, Madrid, Acento Editorial, pág. 300.

48. En efecto, Hannah Arendt destacó el valor originario de la concepción griega de la democracia, y más específicamente de la *actividad política*, al escribir: «Hablar de la política y de sus principios inmanentes sin remitirse en alguna medida a las experiencias de la Grecia y Roma antiguas es difícil, y mueve incluso a confusión; y ello no por otra razón que por el hecho de que los hombres nunca, ni antes ni después, han tenido un concepto tan elevado de la actividad política, ni han reconocido valor tan alto a la esfera política». Arendt, H. (1972), «¿Qu'est-ce que la liberté?», en *La crise de la culture*, París, Gallimard, pág. 200. (trad. cast.: «¿Qué es la libertad?») *Claves*, nº 65, págs. 2-13 y *Entre el pasado y el futuro*, op. cit., págs. 155-184).

49. Véase, Taylor, Ch. (1993), *El multiculturalismo y «la política del reconocimiento»*. Ensayo de Charles Taylor, México, FCE.

50. Esta idea, que tomo prestada, está bien formulada por Jan Masschelein, a quien agradezco su amabilidad al enviarme el manuscrito de su interesante artículo: «Individualization, Singularization and Education (Between Indifference and Responsibility)» (Documento original, en prensa).

51. La importancia de la pregunta por la relación entre la filosofía y la política o, más exactamente, la relación entre una «educación filosófica» y una «educación política» me la sugirió la lectura de: Portinaro, P.P. (1994), «La política como comienzo y el fin de la política», en Hilb, C. (comp.), *El resplandor de lo público. En torno a Hannah Arendt*, Venezuela, Nueva Sociedad, págs. 181-208. Se trata de un ensayo originalmente publicado en: Esposito, R. (comp.) (1987), *La pluralità irrappresentabile. Il pensiero politico di Hannah Arendt*, Urbino, Quattroventi, págs. 29-45.

52. Rorty, R. (1996), «La prioridad de la democracia sobre la filosofía», en *Objetividad, relativismo y verdad. Escritos filosóficos 1*, Barcelona, Paidós, págs. 239-266. Este ensayo lo escribió Rorty para una conferencia dictada en la Universidad de Virginia, celebrada en 1984, y se publicó en *The Virginia Statute of Religious Freedom*, en una edición a cargo de Merrill Peterson y Robert Vaughan, Cambridge, Cambridge University Press, 1988, págs. 257-288.

53. «La Naturaleza —señala Bloom— debe ser la pauta conforme a la cual juzgar nuestras propias vidas y las vidas de los pueblos. Por eso es por lo que la Filosofía, no la Historia ni la Antropología, es la ciencia humana más importante». Bloom, A. (1989), *El cierre de la mente moderna*, Barcelona, Plaza & Janés, pág. 39.

54. *Ibídem*, pág. 61. Es interesante recordar aquí lo que decía Arthur Schopenhauer sobre la mucha lectura y el pensamiento cautivo de los libros: «Leer mucho resta al espíritu mucha elasticidad, a manera de peso que gravita constantemente sobre un resorte, y el medio más seguro de no tener ninguna idea propia es tomar un libro en la mano en cuanto se dispone de un minuto». «Pensar por sí mismo» *(Selbstdenken)*, en *La lectura, los libros y otros ensayos*, Madrid, Edaf, 1996, pág.154, edición de Agustín Izquierdo.

55. «La hostilidad entre filosofía y política, apenas disimulada por la existencia de una filosofía de la política, ha sido la desgracia de la ciencia política occidental así como de la tradición filosófica desde que los hombres de acción se separaron de los hombres de pensamiento, o sea desde la muerte de Sócrates.» Arendt, H. (1963), *On Revolution*, Nueva York, Viking Press. Traducción: *Sobre la revolución*, Madrid, Alianza, 1988 pág. 226; cito por esta última versión. Una sencilla, aunque al mismo tiempo perspicaz, exposición de la postura arendtiana sobre la filosofía política clásica se puede encontrar en Parekh, B. (1981), *Hannah Arendt and the Search for a New Political Philosophy*, Londres, Macmillan.

56. Esta idea la formulo teniendo en cuenta las conclusiones a las que llega Dana R. Villa en su excelente investigación sobre el pensamiento de Arendt y Heidegger en: «Deseo insistir —dice Vila— sobre la diferencia entre una rememoración crítica, que ve el pasado como una fuente de sentido, y una forma más radical de rememoración, que pretende intensificar nuestro sentido de «la brecha entre el pasado y el futuro». Villa, D. R. (1996), *Arendt and Heidegger. The Fate of the Political*,

Princeton, Princeton University Press, pág. 10. En el primer caso nos encontramos con una forma dialéctica en la que entramos en diálogo con el pasado con el fin de crear una educación («*bildungsroman*», en el orig.) poderosamente crítica. En Arendt, por el contrario, encontramos una forma de evitar la «comodidad» ganada por ese diálogo con el pasado para tomar la rotura de la tradición como su punto de partida, como la ausencia de un punto de referencia que determina las condiciones contemporáneas del pensamiento.

57. Véase Mèlich, J. C. (1996), *Antropología simbólica y acción educativa*, Barcelona, Paidós.

58. Véase, Horton, J y Baumeister, A. T. (comps.) (1996), «Literature, philosophy and political theory», en *Literature and the political imagination*, Londres, Routledge, págs. 1-31.

59. Larrosa, J. (1995), «De las dificultades de enseñar filosofía a la juventud». *Aprender a pensar*, n.º 12, págs. 63-64.

60. Wolin, S. (1973), *Política y perspectiva*, Buenos Aires, Amorrortu, pág. 12.

61. Cito aquí a Marta C. Nussbaum (1996), *La fragilidad del bien*, op. cit., especialmente el cap.12, «La vulnerabilidad de la vida buena del ser humano: los bienes relacionales», págs. 431-462.

62. Trato la perspectiva comunitarista con más detalle en el capítulo 2. Una lectura introductoria de este debate, en una buena parte de sus textos fundamentales, puede encontrarse en la revista editada por Ediciones Paidós, de reciente creación: *La Política. Revista de Estudios sobre el Estado y la Sociedad*, n.º 1, octubre de 1996. Número monográfico dedicado al tema: «Liberalismo, comunitarismo y democracia». Véase también: Cortés, F. y Monsalve, A. (1996), *Liberación y Comunismo*, Valencia, Alfons El Magnànim.

63. Sigo aquí la exposición de Rorty en el texto citado antes: Rorty, R. (1996) *Objetividad*,..., op. cit., págs. 243 y sigs.

64. A diferencia de otros pensadores liberales, Ronald Dworkin, en una de sus últimas publicaciones, pide explícitamente este tipo de fundamentación, al formularse la pregunta de «por qué necesita fundamentos el liberalismo», y al señalar que «tenemos que mostrar que los liberales son capaces de vivir lo que la mayoría de nosotros consideramos una vida buena, humana». *The Foundations of Liberal Equality*, Salt Lake City, University of Utah Press, 1990 (trad. cast.: *Ética privada e igualitarismo político*, Barcelona, Paidós, 1993). Conviene reparar en la extensa nota n.º 1 a pie de página de esta obra.

65. Taylor, Ch. (1985), *Philosophical Papers*, vol. 2: *Philosophy and the human sciences*, Cambridge, Cambridge University Press, pág. 8, citado por Rorty, R. (1996), *Objetividad*, op. cit. págs. 243-244.

66. Según Dworkin: «Es un rasgo fundamental —casi definitorio— del liberalismo que el gobierno de una comunidad política debería ser tolerante respecto de las diversas —y a menudo antagónicas— convicciones que tienen los ciudadanos sobre la manera correcta de vivir: que el gobierno de una comunidad política debería mantenerse neutral».

Dworkin, R. (1993), op. cit., pág. 40. Rawls, en *Political Liberalism*, sale al paso de las críticas suscitadas por este principio de neutralidad liberal, que se basa en la primacía tradicionalmente conferida por él de lo justo sobre el bien, en su última obra, al señalar que «lo justo y lo bueno son complementarios: ninguna concepción de la justicia enteramente en uno o en otro, sino que ha de combinar a ambos de una determinada manera». Rawls, J. (1993), *Political Liberalism*, Nueva York, Columbia University Press (trad. cast.: *El liberalismo político*, Barcelona, Crítica, 1996, pág. 206). Seguiré esta versión. Charles Larmore ya criticó la ambigüedad de la formulación de Rawls —que este último mismo acepta como válida— sobre su concepto de «bondad como racionalidad» en *Teoría de la Justicia*, México, FCE, 1979, pág. 7, pero que apenas modifica sustancialmente en su último libro. Véase Larmore, Ch. (1987), «Rawls' ambiguities and neo-romanticism», en *Patterns of Moral Complexity*, Cambridge, Cambridge University Press, págs. 118-131. Véase del mismo autor: *The Morals of Modernity*, Cambridge, Cambridge University Press, 1996.

67. Los comunitaristas, como veremos en el próximo capítulo, rechazan esta posibilidad de separación entre la justicia y la idea del bien. Especialmente interesante es la postura que adopta Charles Taylor en *Fuentes del yo*, obra que dedica toda su primera parte («La identidad y el bien») a realizar las relaciones entre el bien y las formas de auto-apropiación personal.

68. Merece destacarse aquí la interesante perspectiva de Kekes, J. (1993), *The Morality of Pluralism*, Princeton, Princeton University Press.

69. El tratamiento de la neutralidad como principio pedagógico de procedimiento está bien expuesto en: Trilla, J. (1992), *El profesor y los valores controvertidos. Neutralidad y beligerancia en la educación*, Barcelona, Paidós. Es interesante, también: Thiessen, E. J. (1993), *Teaching for Commitment*, Montreal & Kingston, McGill-Queen's University Press; Budziszewski, J. (1992), *True Tolerance. Liberalism and the Necessity of Judgment*, tercera parte, Londres, Transaction Publishers, págs.121-156. Salguero, M. (1997), *Libertad de Cátedra y derechos de los centros educativos*, Barcelona Ariel, págs. 1764 sigs.

70. Cosa distinta es que la diferente manera de concebir el valor, o lo que da valor a una forma de vida humana, como consecuencia del proceso educativo, nos haga cambiar el concepto mismo de educación. El vínculo educación-valor tiene este tipo de implicaciones, y de ahí la fuerte contestabilidad del término.

71. Un análisis de la dimensión ética de las actividades educativas se puede encontrar en nuestro artículo: Bárcena, F., Gil, F. y Jover, G. (1993), «The Ethical Dimension of Teaching. A Review and a Proposal», *Journal of Moral Education*, 22:3, págs. 241-252.

72. La noción de «conceptos esencialmente contestables» pertenece a: Gallie, W. B. (1955-1956), «Essentially Contested Concepts», *Proceedings of the Aristotelian Society*, 56. Para una aplicación de la «contestabilidad» al campo del discurso político, véase: Connolly, W. (1983), *The*

255

Terms of Political Discourse, Oxford, Martin Robinson; Gorham, E. B. (1992), *National Service, Citizenship and Political Education.*, Nueva York, State University of New York Press; Carr, W. (1991), «Education for Citizenship», *British Journal of Educational Studies*, 39:4, págs. 373-385; MacIntyre, A. (1973-4), «The essential contestability of some social concepts», *Ethics*, vol. 84, págs. 1-9.

73. En efecto, «a través del lenguaje —dice Taylor— permanecemos relacionados con los interlocutores del discurso, tanto en los intercambios reales y vivos como en las confrontaciones indirectas. La naturaleza de nuestro lenguaje y la dependencia fundamental que nuestro pensamiento tiene del lenguaje hacen que la interlocución sea en cierta forma ineludible». Taylor, Ch. (1996), *Fuentes del yo*, op. cit., pág. 55.

74 Wolin, S. S. (1973), *Política y perspectiva*, op. cit., pág. 33.

75. *Ibid.*, pág.37.

76. Véase Rorty, R. (1989), *La filosofía y el espejo de la naturaleza*, Madrid, Tecnos, págs. 17-18.

77. Véase Rorty, R. (1989), *La filosofía y...*, op. cit., págs. 232 y sigs. Desde esta reflexión de Rorty es fácil encontrar un camino para un mayor acercamiento entre la filosofía y el lenguaje literario y poético, aunque al mismo tiempo conviene recordar que ya Platón expulsaba de la *República* —es decir, de la ciudad misma— a los poetas, porque, como escribió tan bellamente María Zambrano, «los poetas alteraban, con su elegíaco amor, con su pintura del frenesí de las pasiones, el orden impreso de la razón. Es una condenación moral y política la que se manifiesta». Zambrano, M. (1993), «Mística y poesía», en *Filosofía y poesía*, Madrid, México, FCE, pág. 59. D. Innerarity aboga también por un lazo más estrecho entre filosofía y literatura en Innerarity, D. (1995), *La filosofía como una de las bellas artes*, Barcelona, Ariel.

78. Rorty, R. (1989), *La filosofía y...*, op. cit., pág. 336. Me resulta muy sugerente, al hilo de esta propuesta de Rorty, la reflexión de Daniel Innerarity acerca de la «filosofía como vulnerabilidad»: Innerarty, D. (1995), *La filosofía como una de las bellas artes*, op. cit., págs. 21-29.

79. Sobre el pensamiento de Dewey, véase Bernstein, R. J. (1971), *Praxis and Action. Contemporary Philosophies of Human Activities*, University of Pennsylvania Press, Inc. (Trad. cast.: *Praxis y acción*, Madrid, Alianza, 1979, págs. 207-235).

80. Dewey, J. (1960), «The Need for a Recovery of Philosophy», en Bernstein, R. J. (comp.), *John Dewey: On Experience, Nature and Freedom*, Nueva York, The Liberal Arts, pág. 67.

81. Véase Dewey, J. (1916), *Democracy and Education*, Nueva York, Macmillan Co. Cito estas ideas por la reciente versión española: *Democracia y educación*, Madrid, Morata, 1995, págs. 270-278. Véase también: Dewey, J. (1996), *Liberalismo y acción social*, Valencia, Alfons El Magnànim.

82. Bernstein, R. J. (1986) *Philosophical profiles. Essays in a pragmatic mode*, Oxford, Polity Press. Traducción española: Bernstein, R. J.

(1991), *Perfiles filosóficos. Ensayos a la manera pragmática*, México, Siglo XXI, pág. 298. Cito por esta última versión.

83. Sigo aquí las ideas de Langford, G. (1989), *Education, Persons and Society: A Philosophical Enquiry*, London, Macmillan, págs. 7-44.

84. Véase, Langford, G. (1989), op. cit. págs. 7-11.

85. Véase, Gombrich, E. (1959), *Art and Illusion*, Oxford, Phaidon Press, citado por Langford, G. (1989) ob cit.

86. Rorty, R. (1996) «¿Solidaridad u objetividad?», en *Objetividad, relativismo y verdad*, pág. 39.

87. *Ibídem*, pág. 39.

88. Bloom, A. (1989), op. cit., pág. 21.

89. *Ibídem*, pág. 20.

90. *Ibídem*, pág. 20.

91. *Ibídem*, pág. 21.

92. *Ibídem*, pág. 21.

93. *Ibídem*, pág. 26.

94. *Ibídem*, pág. 355. Me parece que de alguna forma —aunque desde una orientación ideológica claramente discrepante con la de Bloom—, Jorge Larrosa apunta en su misma dirección cuando, al reflexionar sobre las dificultades de la enseñanza de la filosofía para los jóvenes, señala: «Nuestra responsabilidad es la pregunta, la sensibilidad por la pregunta, el cuidado de la pregunta. Y eso es inseparable del cuidado de la tradición, del esfuerzo por la conservación y la renovación de la tradición en la que esa pregunta se ha mantenido abierta [...] eso sólo es posible desde un determinado modo de relación con los textos de la tradición». Larrosa, J. (1995), op. cit., pág. 64. MacIntyre, recogiendo esta idea de Bloom, señala asimismo, que la universidad «debe poner en contacto a los estudiantes con lo mejor de lo que se ha dicho, escrito y hecho en las culturas pasadas de las que somos, por otra parte, los herederos desheredados. Y, al hacer esto, debe devolvérseles un sentido de la relación con aquellas tradiciones culturales pasadas, de modo que puedan entender lo que ellos mismos dicen, escriben y hacen a la luz proporcionada por esa relación». MacIntyre, A. (1992), «Reconsideración de la Universidad como institución y de la conferencia como género», en *Tres versiones rivales de la ética*, Madrid, Rialp, págs. 280-281.

95. Citado en Pérez Díaz, V. (1996), op. cit., pág. 4, quien a su vez la recoge de: Rosovsky, H. (1990), *The University: An Owner's manual*, Londres, Norton, pág. 108.

96. Bloom, A. (1989), *op. cit.*, pág. 42.

97. Gardner, H. (1993), *La mente no escolarizada*, Barcelona, Paidós, pág. 192.

98. Rorty, R. (1990), «Educación sin dogma», *Facetas*, 2, pág. 45.

99. *Ibídem*, pág. 46.

100. Pérez Díaz, V. (1996), «Elogio de la Universidad liberal», *Claves de la Razón Práctica*, n.° 63, pág. 7. Véase, también, el interesante ensayo: Lasch, Ch. (1996), «La conversación y las artes cívicas», en *La rebe-*

257

lión de las elites y la traición a la democracia, Barcelona, Paidós, págs. 106-114.

101. Arendt, H. (1972), *¿Qu'est-ce que la liberté?*, op. cit., pág.190.

102. Pérez Díaz, V. (1996), op. cit., pág.8.

103. Llano, A. (1996), «La verdad en la conversación humana», op. cit., pág. 205.

104. Véase, Rorty, R. (1995), «Derechos humanos, racionalidad y sentimentalismo», en Abraham, T.; Badiou, A. y Rorty, R. (comps.), *Batallas éticas*, Buenos Aires, Nueva Visión, pág. 75.

105. *Ibídem*, pág. 66.

106. Strauss, L. (1970), *¿Qué es filosofía política?*, Madrid, Guadarrama, pág. 104.

Capítulo 2

1. Este carácter del concepto de ciudadanía está inspirado en la filosofía hermenéutica, y ha sido bien expuesto por Alejandro, R. (1993), *Hermeneutics, Citizenship, and the Public Sphere*, Nueva York, SUNY Press, págs. 69 y sigs. Este mismo enfoque, aplicado al análisis de la «práctica educativa» se puede encontrar en mi libro, Bàrcena, F. (1994), *La práctica reflexiva en educación*, Madrid, Editorial Complutense.

2. Zubiri, X. (1986), *Sobre el hombre*, Madrid, Alianza, pág. 201.

3. Bellah, R. y otros (1989), *Hábitos del corazón*, Madrid, Alianza, págs. 47-48.

4. Mèlich. J. C. (1996), *Antropología simbólica y acción educativa*, Barcelona, Paidós, pág. 176.

5. Véase MacIntyre, A (1987), *Tras la virtud*, Barcelona, Crítica, págs. 252-277; *Justicia y racionalidad*, Barcelona, Ediciones Internacionales Universitarias,1994, págs. 331-350 y *Tres versiones rivales de la ética*, Madrid, Rialp, 1992, págs, 166-190.

6. Tomo esta idea de Barber, B. (1992), *An Aristocracy of Everyone. The Politics of Education and the Future of America*, Nueva York, Oxford University Press, págs. 3-4.

7. Delors, J. (1996), *La educación encierra un tesoro*, Madrid, Santillana-Ediciones Unesco, pág. 67.

8. En efecto, para la mentalidad griega la «ciudadanía» implicaba una dedicación casi total a la vida pública, lo que a la postre tuvos mayores consecuencias negativas que beneficios: «El verdadero autogobierno, tal y como lo practicaban los griegos, requería que el ciudadano se dedicara por completo al servicio público. Autogobernarse significaba pasarse la vida gobernando [...] El grado de implicación política exigido por la fórmula era tan absorbente que llegó a crearse un profundo desequilibrio entre las funciones de la vida social. La hipertrofia política produjo la atrofia económica. Cuanto más perfecta se hizo la democracia, más se empobrecieron los ciudadanos», Sartori, G. (1987), *Teoría de la democracia*, Madrid, Alianza, pág. 348.

9. Nussbaum, M. C. (1995), *La fragilidad del bien*, Madrid, Visor, pág. 438.

10. Por citar tan sólo unas pocas referencias recientes del impacto del debate liberal-comunitarista en la comunidad educativa, puede verse: Griffin, R. S. y Nash, R. J. (1990), «Individualism, Community, and Education: An Exchange of Views», *Educational Theory*, 40:1, págs. 1-18; Carr, D. (1993), «Moral Values, and the Teacher: beyond the paternal and the permissive», *Journal of Philosophy of Education*, 27:2, págs. 193-207; Wain, K. (1994), «Competing Conceptions of the Educated Public», *Journal of Philosophy of Education*, 28: 2, págs. 149-159; Noddings, N. (1996), «On Community», *Educational Theory*, 46:3, págs. 245-267; Bárcena, F. (1991), «Filosofía pública y educación. El compromiso de la educación cívica en la democracia fuerte», *Teoría de la Educación. Revista Interuniversitaria*, n.º 3, págs. 59-74; Bárcena, F. (1995), «La educación moral de la ciudadanía. Una filosofía de la educación cívica», *Revista de Educación*, n.º 307, págs. 275-308.

11. Véase, Dworkin, R. (1977), *Taking Rights Seriously*, Londres, Duckworth.

12. Rawls, J. (1996), «La justicia como equidad: política, no metafísica», en *La Política. Revista de Estudios sobre el Estado y la Sociedad*, número monográfico dedicado al tema: «Liberalismo, comunitarismo y democracia», n° 1, pág. 23 (Barcelona, Paidós). Este artículo se publicó originalmente en: *Philosophy and Public Affairs*, 4:3, 1985, págs. 223-239; véase además: Rawls, J. (1978), *Teoría de la Justicia*, México, FCE; (1990), *Sobre las libertades*, Barcelona, Paidós; (1996), *El liberalismo político*, Barcelona, Crítica.

13. Sandel, M. J. (1982), *Liberalism and the limits of justice*, Nueva York, Cambridge University Press.

14. Véase MacIntyre, A. (1987), *Tras la virtud*, op. cit.

15. Lasch, Ch. (1996), *La rebelión de las elites*, Barcelona, Paidós, pág. 16. Para seguir el debate en textos traducidos a nuestra lengua, véase: Cortés, F. y Monsalve, A. (1996), *Liberalismo y comunitarismo. Derechos humanos y democracia*, Valencia, Edicions Alfons El Magnànim; Camps, V. (1993), *Paradojas del individualismo*, Barcelona, Crítica; Martínez, E. G. (1992), «La polémica de Rawls con los comunitaristas», *Sistema*, 107, págs. 55-72; Nino, C. S. (1989), «El nuevo desafío comunitarista», en *Ética y derechos humanos*, Barcelona, Ariel, págs. 129-198; Castiñeira, A. (comp.) (1996), *El liberalisme i el seus crítics*, Barcelona, Proa, págs. 63-108: Thiebaut, C. (1992), *Los límites de la comunidad. Las críticas comunitaristas y neoaristotélicas al programa moderno*, Madrid, Centro de Estudios Constitucionales; Kymlicka, W. (1995), «Igualdad liberal» y «Comunitarismo» en *Filosofía política contemporánea. Una introducción*, Barcelona, Ariel, págs. 63-108 y 219-258; Mulhall, S. y Swift, A. (1996), *El individuo frente a la comunidad. El debate entre liberales y comunitaristas*, Madrid, Temas de hoy; Rubio Carracedo, L. (1996), *Educación moral, postmodernidad y democracia. Más allá del liberalismo y del comunitarismo*, Madrid, Trotta; Rosemblum, N. L. (comp.) (1993), *El liberalismo y la vida moral*, Buenos Aires, Nueva Visión; Lasch expresa su opinión sobre

las posiciones comunitaristas en el capítulo 5 de la obra citada: «¿Comunitarismo o populismo? La ética de la compasión y la ética del respeto», op. cit., págs. 85-101.

16. La idea es de Hannah Arendt, que asocia el ámbito público a la claridad y la luz, tal y como lo expone en los siguientes términos: «El espacio de aparición cobra existencia siempre que los hombres se agrupan por el discurso y la acción, y por tanto precede a toda formal constitución de la esfera pública y de las varias formas de gobierno, o sea, las varias maneras en las que puede organizarse la esfera pública», Arendt, H. (1993), *La condición humana*, Barcelona, Paidós, pág. 222.

17. Esta tradición está bien expuesta en: Baron, H. (1993), *En busca del humanismo cívico florentino. Ensayos sobre el cambio del pensamiento medieval al moderno*, México, FCE. y Skinner, Q. (1985), *Los fundamentos del pensamiento político*, vol. I: El Renacimiento, México, FCE.

18. Véase, en especial: Sinopoli, R. C. (1992), *The Foundations of American Citizenship. Liberalism the Constitution and Civic Virtue*, Nueva York, Oxford, Oxford University Press; Sellers, M. N. S. (1994), *American Republicanism. Roman Ideology in the United States Constitution*, Nueva York, Macmillan.

19. Me refiero con este concepto al término griego *praxis*, tal y como ha sido rescatado en los últimos años por autores como Oakeshott, M. (1975), *On Human Conduct*, Oxford, Clarendon Press, págs. 55 y sigs.; MacIntyre, A. (1987), op. cit., págs. 233 y sigs., o Ricoeur, P. (1996), *Sí mismo como otro*, Madrid, Siglo XXI, págs. 152 y sigs. Personalmente, he intentado contribuir al estudio filosófico de la «acción educativa», desde el tratamiento de este concepto, en: Bárcena, F. (1986), «La madurez del educador y la síntesis personal entre el saber pedagógico y la práctica educativa», *Revista Española de Pedagogía*, XLIV: 171, págs. 69-95; «Explicación de la educación como práctica moral», *Revista Española de Pedagogía*, XLVII: 183, págs. 245-278; (1993), «La estructura práctica de la acción educativa. Esbozo de un campo de investigación», *Teoría de la Educación. Revista Interuniversitaria*, n.° 5, págs. 59-85; y (1994), «La educación como actividad práctica», en *La práctica reflexiva en educación*, Madrid, Editorial Complutense, págs. 51-97.

20. Véase Arendt, H. (1988), «La tradición revolucionaria y su tesoro perdido», en *Sobre la revolución*, Madrid, Alianza, págs. 222 y sigs.

21. Parekh, B. (1986), «Hannah Arendt», en *Pensadores políticos contemporáneos*, Madrid, Alianza, pág. 26. Véase una exposición más detallada de este autor sobre Arendt en: Parekh, B. (1981), *Hannah Arendt and the Search for a New Political Philosophy*, Londres, Macmillan.

22. Al formular esta idea, tengo presente, sin embargo, que puedo entrar en contradicción con afirmaciones anteriores mías relacionadas con la idea del pensar arendtiano, tal y como se tematiza la actividad del pensamiento en la obra de madurez de Hannah Arendt. Véase, al respecto, Villa, D. R. (1996), *Arendt and Heidegger. The Fate of the Political*, Princeton, Princeton University Press, págs. 17-41 y 42-79.

23. Véase Barber, B. (1984), *Strong Democracy*, Berkeley, University of California Press.

24. *Ibídem*, pág. 132.

25. Quizá no hay mejor manera de centrar el significado de esta expresión que traer a colación aquí la siguiente reflexión que Alexis de Tocqueville se hacía al comienzo de *La democracia en América*: «Instruir la democracia, reanimar, si es posible, sus creencias, purificar sus costumbres, regular sus movimientos, sustituir poco a poco su inexperiencia por la ciencia de los asuntos públicos y sus ciegos instintos por el conocimiento de sus verdaderos intereses; adaptar su gobierno a las épocas y lugares; modificarlo según las circunstancias y los hombres: tal es el primer deber impuesto en nuestros días a aquellos que dirigen la sociedad». Y añadía Tocqueville: «Hace falta una ciencia política nueva para un mundo enteramente nuevo», Tocqueville, A. (1988), *La democracia en América*, I, Madrid, Aguilar, pág. 11.

26. Sullivan, W. M. (1986), *Reconstructing Public Philosophy*, Berkeley, University of California Press, pág. 157.

27. Véase, en este sentido, el artículo: Gerwen, J. van (1991), «Au-delà de la critique communautarienne du libéralisme?», *Revue Philosophique de Louvaine*, 89, págs. 129-143; Castells, C. (comp.) (1997), *Perspectivas feministas en teoría política*, Barcelona, Paidós.

28. Véase Oldfield, A. (1990), *Citizenship and Community. Civic republicanism and the Modern World*, Londres, Routledge, pág. 6.

29. Las connotaciones republicanas del pensamiento político arendtiano están analizadas, entre otras obras, en: Passerin d'Entrèves, M. (1989), «Agency, Identity, and Culture: Hannah Arendt's Conception of Citizenship», *Praxis International*, 9:1/2, págs. 1-24; Toscano, M. (1995), «Libertad y poder: el pensamiento republicano de Hannah Arendt», *Philosophica Malacitana*, VIII, págs. 145-157; Canovan, M. (1994), «A new republicanism», en *Hannah Arendt. A Reinterpretation of her Political Thought*, Cambridge, Cambridge University Press, págs. 201-252; Sitton, J. F. (1994), «Hannah Arendt's Argument for Council Democracy», en Hinchman, L. P. y Hinchman, S. K. (comps.), *Hannah Arendt. Critical Essays*, Nueva York, SUNY Press, págs. 307-334; Cohen, J. L. (1996), «Rights, Citizenship, and the Modern Form of the Social: Dilemmas of Arendtian republicanism», *Constellations*, 3:2, págs. 164-189.

30. Manejaré la edición bilingüe de la *Política* de Aristóteles, editada en Madrid, Centro de Estudios Constitucionales, 1983. Traducción y notas de Julián Marías y María Araujo.

31. Zubiri, X. (1986), *Sobre el hombre*, op. cit., pág. 223.

32. Aranguren, J. L. (1976), *Ética*, Madrid, Revista de Occidente, pág. 294.

33. Zubiri, X. (1986), op. cit., pág. 224.

34. Taylor, Ch. (1996), *Fuentes del yo. La construcción de la identidad moderna*, Barcelona, Paidós, pág. 65.

35. MacIntyre, A. (1987), op. cit., pág. 274.

36. Ibídem, pág. 272.

37. Ibídem, pág. 272.

38. Ortega y Gasset, J. (1972), *El hombre y la gente*, Madrid, Austral, pág. 160.

39. Utilizo la edición bilingüe de la *Ética a Nicómaco*, editada en Madrid, Centro de Estudios Constitucionales, 1985. Traducción y notas de Julián Marías y María Araujo.

40. Véase, sobre estas ideas, el interesante planteamiento de González, J. (1996), *El ethos, destino del hombre*, México, FCE, págs. 9-12.

41. Habermas, J. (1987), *Teoría y praxis*, Madrid, Tecnos, pág. 50.

42. *La educación encierra un tesoro*, op. cit., pág. 56.

43. Ibídem, pág. 58.

44. Gadamer, H.-G. (1990), *La herencia europea*, Barcelona, Península, pág. 116.

45. Ibídem, pág. 116.

46. Sobre este asunto, véase la interesante discusión de Bilbeny, N. (1996), *Después de Sarajevo. Claves éticas y políticas de la ciudadanía europea*, Barcelona, Destino.

47. Considérese, en este sentido, el interesante punto de vista de Kymlicka, W. (1996), *Ciudadanía multicultural*, Barcelona, Paidós.

48. Arendt, H. (1993), *La condición humana*, op. cit., pág. 200.

49. Garay, J. de (1993), *Diferencia y libertad*, Madrid, Rialp, pág. 15.

50. Rorty, R. (1991), *Ironía, contingencia y solidaridad*, Barcelona, Paidós, pág. 211.

51. MacIntyre, A. (1987), op. cit., pág. 189.

52. Gadamer, H.-G. (1990), «Ciudadanos de dos mundos», en *La herencia europea*, Barcelona, Península, pág. 15.

53. Ibídem, pág. 116.

54. Recomiendo aquí un análisis del intento de K. O. Apel por articular la tradición liberal y comunitarista en una ética discursiva. Véase especialmente Apel, K. O. (1994), «Las aspiraciones del comunitarismo anglo-americano desde el punto de vista de la ética discursiva», en Blanco Fernández, D. Pérez Tapias, J. A. y Sáez Rueda, L. (comps.), *Discurso y realidad. El debate con K. O. Apel*, Madrid, Trotta, págs. 15-32.

55. Kymlicka, W. y Norman, W. (1995), «Return of the Citizen: A Survey of Recent Work on Citizenship Theory», en Beiner, R. (comp.), *Theorizing Citizenship*, Nueva York, SUNY Press, págs. 283-323.

56. Aparte de las referencias ya ofrecidas en castellano sobre este debate, los términos del mismo en la discusión internacional pueden encontrarse en: Gerwen, J. Van (1991), «Au-delà de la critique communautarienne du libéralisme? D'Alasdair MacIntyre à Stanley Hauerwas», *Revue Philosophique de Louvain*, 89, págs. 129-143; Chaumont, J.-M. (1991), «L'Etre de l'humain. Notes sur la tradition communautarienne», op. cit.; Delaney, C. F. (comp.) (1994), *The Liberalism-Communitarianism Debate. Liberty and Community Values*, Boston, Rowman & Littlefiefd Pub., Inc.; Cladis, M. S. (1992), *A Communitarian Defense of Liberalism*, Stanford, Stanford University Press; Daly, M. (1994), *Communitarianism. A New Public Ethics*, Belmont, California, Wadsworth Publishing Com-

pany; Bell, D. (1993), *Communitarianism and its critics*, Oxford, Clarendon Press; Avineri, S. y De-Shalit, A. (comp.) (1992), *Communitarianism and Individualism*, Oxford, Oxford University Press; Buchanan, A. E. (1989), «Assesing the Communitarian Critique of Liberalism», *Ethics*, 99, págs. 852-882; Cohen, J. L. y Arato, A. (1992), *Civil Society and Political Theory*, Massachusetts, MIT Press; Fowler, R. B. (1991), *The Dance with Community. Contemporary Debate in America Political Thought*, Lawrence, University of Kansas Press; Gutmann, A. (1985), «Communitarian Critics of Liberalism», *Philosophy and Publics Affairs*, 14:3, págs. 308-322; Novak, M. (1989), *Free Persons and the Common Good*, Nueva York, Madison; Rassmunsen, D. (1990), *The Universalism versus Communitarianism*, Cambridge, MIT Press; Taylor, C. (1989), «CrossPurposes: The Liberal Communitarian Debate», en Rosenblum, N. (comp.), *Liberalism and the Moral Life*, Cambridge, Harvard University Press, págs. 159-182; Walzer, M. (1990), «The Communitarian Critic of Liberalism», *Political Theory*, 18:1, págs. 6-23; Bertem, A; Da Silveira, P. y Pourtois, H. (comps.) (1997), *Liberaux communautariens*, París, PUF.

57. Bell, D. (1993), «Las guerras culturales en U. S. A., 2. Comunidad, correción política y multiculturalismo», *Claves de Razón Práctica*, n.º 33, pág. 28.

58. Véase Requejo, F. (1994), «El cuadrado mágico del liberalismo», *Claves de Razón Práctica*, págs. 2-13.

59. Ibídem, pág. 2.

60. Bell, D. (1993), *op. cit.*, pág. 28.

61. Véase Martínez Navarro, E. G. (1992), «La polémica de Rawls con los comunitaristas», *Sistema*, n.º 107, págs. 55-72; Dworkin, R. (1996), *La comunidad liberal*, Bogotá, Siglo del Hombre Editores.

62. Véase Dworkin, R. (1983), «El liberalismo», en Hampshire, S. (comp.), *Moral pública y privada*, México, FCE, págs. 133-167.

63. Sobre la actualidad, dentro de la filosofía moral contemporánea, del tema de la virtud, véase Chapman, J. W. y Galston, W. (comps.) (1992), *Virtue*, Nueva York, New York University Press.

64. Véase sobre esta cuestión: Chapman, J. W. y Shapiro, I. (comps.) (1993), *Democratic Community*, Nueva York, New York University Press.

65. Véase Cohen, J. L., y Arato, A. (1992), *Civil Society and Political Theory*, op. cit., págs. 8-15.

66. Véase Thiebaut, C. (1992), «Contra el liberalismo: neoaristotelismos y comunitarismo», en *Los límites de la comunidad*, Madrid, Centro de Estudios Constitucionales, págs. 19-64.

67. Véase Avineri, S. y De-Shalit, A. (1992), *Communitarianism and Individualism*, op. cit., págs. 2-5.

68. En efecto, el término «comunitarismo» no aparece en la *Blackwell Encyclopaedia of Political Thought*, dirigida por David Miller (Oxford, 1987, ed. esp.: *Encliclopedia de pensamiento político*, Madrid, Alianza, 1989), aunque su uso más o menos formal ya se encuentra en el artículo: Gutmann, A. (1985) «Communitarian Critics of Liberalism», *Philosophy and Public Affairs*, 14:3, págs. 308-322.

69. Véase el artículo: Schnaedelbach, H. (1987/88), «What is neo-aristotelianism?», *Praxis International*, 7:3/4, págs. 225-237.

70. Véase Taylor, Ch. (1979), *Hegel and Modern Society*, Cambridge, Cambridge University Press.

71. Por ejemplo: Unger, R. M. (1984), *Knowledge and Politics*, Nueva York, Macmillan.

72. Véase Gray, J. (1994), *El liberalismo*, Madrid, Alianza, págs. 9-12.

73. Véase Larmore, Ch. (1990), «Political Liberalism», *Political Theory*, 18:3, págs. 339-360.

74. Rawls, J. (1978), *A Theory of Justice*, Oxford, Oxford University Press. (Traducción española: *Teoría de la justicia*, México, FCE, 1978, pág. 21. Cito por esta última versión.)

75. Ibídem, pág. 21.

76. Ibídem, pág. 23.

77. Ibídem, pág. 29.

78. Ibídem, pág. 31.

79. Bellah, R., y otros (1989), *Hábitos del corazón*, op. cit., págs. 259-260.

80. Véase Novak, M. (1989), *Free Persons and the Commond Good*, Lanham, Nueva York, Madison Books, pág. 157.

81. Una muestra de sus principales obras es la siguiente: MacIntyre, A. (1987), *Tras la virtud*, op. cit.; Sandel, M. (1982), *Liberalism and the limits of justice*, Cambridge, Cambridge University Press; Taylor, Ch. (1996), *Las fuentes del yo*, op. cit. y (1994), *La ética de la autenticidad*, Barcelona, Paidós/U.A.; Walzer, M. (1993), *Esferas de la justicia*, México, FCE, y (1996), *Moralidad en el ámbito local e internacional*, Madrid, Alianza.

82. En efecto, según Taylor, para Hegel la completa realización de la libertad requiere de la sociedad en tanto que es la mínima realidad humana autosuficiente. Véase Nino, C. S. (1989), *Ética y derechos humanos*, Barcelona, Ariel, pág. 131.

83. Mulhall, S. y Swift, A. (1996), *El individuo frente a la sociedad. El debate entre liberales y comunitaristas*, op. cit., págs. 17-18.

84. Véase, Etzioni, A. (1988), *The Moral Dimension. Toward a New Economic*, Nueva York, Free Press; (1993), *The Spirit of Community. Rights, Responsabilities and the Comunitarian Agenda*, Nueva York, Crown Pub. Ltd; (comp.) (1995), *Rights and the Commond Good. The Communitarian Perspective*, Nueva York, St. Martin's Press; (comp.) (1995), *New Communitarian Thinking*, Charlottesville, University Press of Virginia.

85. Tomo estos datos de Pérez Adán, J. (1995), «El comunitarismo: una apuesta por la esperanza colectiva», *Temas para el Debate*, agosto-septiembre, n.º 9-10, pág. 69.

86. Véase Bell, D. (1993), *Communitarianism and its Critics*, Oxford, Clarendon Press.

87. Etzioni, A. (comp.) (1995), *Rights and the commond Good*, pág. 11.

88. Véase la exposición de Nino, C. S. (1996), «Kant *versus* Hegel, otra vez», *La Política. Revista de estudios sobre el estado y la sociedad*, n.º 1, primer semestre, págs. 123-135, Barcelona, Paidós; véase además: Gurrutxaga, A. (1993), «El sentido moderno de la comunidad», *Reis*, 64:, págs. 201-219 y Fowler, R. B. (1991), «Images of Community: A Brief Preface», en *The Dance with Community*, Kansas, University Press of Kansas, págs. 42-162.

89. Véase Sandel, M. (1982), *Liberalism and the limits of justice*, op. cit.

90. Véase MacIntyre, A. (1994), «Is Patriotism a Virtue?, en Daly, M. (comp.), *Communitarianism. A New Public Ethics*, op. cit. pág. 316.

91. Sigo aquí a Walzer, M. (1990), «The Communitarian Critic of Liberalism», op. cit. Traducción: Walzer, M. (1996), «La crítica comunitarista del liberalismo», *La Política. Revista de estudios sobre el estado y la sociedad*, primer semestre, págs. 47 y sigs. (Barcelona, Paidós).

92. Sullivan, W. (1982), *Reconstructing Public Philosophy*, Berkeley, University of California Press, págs. 158-173.

93. Véase Walzer, M. (1994), *Thick and Thin. Moral Arguments at home and Abroad*, Nueva York, Scott Meredith Agency, Traducción: Walzer, M. (1996), *Moralidad en el ámbito local e internacional*, Madrid, Alianza, págs. 35-36. (Seguiré esta versión.)

94. Citado por Kallscheuer, O. (1992), «El liberalismo comunitario de Michael Walzer. La fuerza de la oposición interna», *Débats*, n.º 39, pág. 41.

95. «El hecho —dice Kymlicka— es que no sabemos qué es lo que la neutralidad liberal y el bien común comunitarista exigen de los estados multinacionales. Éste es, tal vez, el ejemplo más evidente de que los comunitaristas, al poner el acento en la tesis social, no se han ocupado de hacer un examen de las actuales conexiones entre el individuo, el marco cultural, y el Estado», en Kymlicka, W. (1995), «Comunitarismo», en *Filosofía política contemporánea*, Barcelona, Ariel, pág. 257.

96. Véase *Revista Española de Pedagogía* (1995), *En el año Internacional de la tolerancia*, LIII:201, mayo-agosto. Número monográfico dedicado al problema de la tolerancia.

97. Passerin d'Entrèves, M. (1990), «Communitarianism and the Question of Tolerance», en *Modernity, Justice and Community*, Milán, Franco Angeli, págs. 229-246.

98. Ackerman, B. (1993), *La justicia social en el estado liberal*, Madrid, Centro de Estudios Constitucionales, pág. 43.

99. Seguiré aquí la discusión ofrecida en Páramo Argüelles, J. R. de (1993), *Tolerancia y liberalismo*, Madrid, Centro de Estudios Constitucionales

100. Véase Nino, C. S. (1989) *Ética y derechos humanos*, Barcelona, Ariel, págs. 199 y sigs.

101. Jover, G. (1995), «La idea de la tolerancia en el proyecto educativo de la Unión Europea», *Revista Española de Pedagogía*, op. cit., pág. 239.

102. El concepto de *tradición*, tal y como es elaborado por Mac-Intyre, ha sido muy mal interpretado por algunos de sus críticos. Este autor rechaza en *Tras la virtud*, y en sus libros posteriores, el concepto que defendía Burke, y señala: «Las tradiciones, cuando están vivas, incorporan continuidades en conflicto. En realidad, cuando una tradición se convierte en burkeana, está agonizando o muerta». Lo mismo vale a propósito de su defensa de la *comunidad*, a propósito de la cual hace notar: «El hecho de que el yo deba encontrar su identidad moral por medio de comunidades como la familia, el vecindario, la ciudad y la tribu y en su pertenencia a las mismas, no entraña que yo deba admitir las *limitaciones* morales particulares de esas formas de comunidad». *Tras la virtud*, op. cit. págs. 273 y 272.

103. Véase Novak, M. (1989), *Free Persons and the Commond Good*, op. cit., pág. 157.

104. Ésta es la opinión que mantiene, por ejemplo, Market Daly en la introducción a: *Communitarianism. A New Public Ethics*, op. cit., págs. xvii-xix.

Capítulo 3

1. Dahl, R. (1992), *La democracia y sus críticos*, Barcelona, Paidós, pág. 361.

2. Touraine, A. (1994), *¿Qué es la democracia?*, Madrid, Temas de hoy, págs. 177-178.

3. Ibídem, pág. 28.

4. Constant, B. (1819), *De la liberté des anciens comparée à celle des modernes*, París. Edición española en Constant, B. (1989), *Escritos políticos*, Madrid, Centro de Estudios Constitucionales.

5. Sánchez-Mejía, M. L. (1992), *Benjamin Constant y la construcción del liberalismo posrevolucionario*, Madrid, Alianza, pág. 123.

6. Estas cuestiones se las formula Toscano, M. (1995), «Libertad y poder: el pensamiento republicano de Hannah Arendt». *Philosophica Malacitana*, VIII, pág. 249.

7. Dunn, J. (1995), «Prefacio», en *Democracia*, Barcelona, Tusquets, págs. 10-11.

8. Arendt, H. (1988), op. cit., pág. 178.

9. Tocqueville, A. de (1981), *De la démocratie en Amérique*, vol. I, París, Garnier Flammarion, págs. 162-163.

10. Arendt, H. (1988), op. cit., pág. 225.

11. Los estudios que dan cuenta de esta tradición son muy abundantes. Entre los más interesante puede consultarse: Pocock, J. G. A. (1975), *The Machiavellian Moment: Florentine Political Theory and the Atlantic Republican Tradition*. Princeton, Princeton University Press; Bock, G., Skinner, Q. y ViroIi, M. (1990), *Machiavelli and Republicanism*. Cambridge, Cambridge Uiversity Press; Sullivan, W. M. (1986), *Reconstructing Public Philosophy*. Berkeley, University of California

Press; Oldfield, A. (1990), *Citizenship and Community. Civic Republicanism and the Modern World*, Londres Routledge; Wood, G. S. (1991), *La création de la république américaine*, París, Belin; Sinopoli, R. C. (1992), *The Foundations of American Citizenship*, Oxford, Oxford University Press; Sellers, M. N. S. (1994), *American Republicanism*. Nueva York, Macmillan; Dahl, R. (1992), *La democracia y sus críticos*, Barcelona, Paidós; Jordan, B. (1989), *The Commond Good. Citizenship, Morality and Self-Interest*, Oxford, Basil Blackwell; Inciarte, F. (1992), «Reflexiones sobre el republicanismo», *Thémata.*, págs. 501-511.

12. Inciarte, F. (1992), op. cit., pág. 501.

13. Bellah, R. y otros (1989), *Hábitos del corazón*, op. cit., pág. 393.

14. Dahl, R. (1992), *La democracia y sus críticos*, op. cit., pág. 36.

15. Una discusión histórica sobre las relaciones entre comercio y virtud cívica puede encontrarse en Pocock, J. G. A. (1985), *Virtue, Commerce and History*, Cambridge, Cambridge University Press. Además, véase Skinner, Q. (1985), *Los fundamentos del pensamiento político moderno, I. El Renacimiento*, México, FCE.

16. Pocock, J. G. A. (1975), *The Maquiavellian Moment*, op. cit., págs. 462 y sigs.

17. Oldfield, A. (1990), *Citizenship and Community*, op. cit., pág. 145.

18. Skinner, Q. (1996), «Acerca de la justicia, el bien común y la prioridad de la libertad», *La Política. Revista de estudios sobre el estado y la sociedad*, n.º 1, primer semestre, págs. 137-149; véase también Colom, F. (1996), «Lealtades compartidas, lealtades divididas: la pertenencia política en Estados plurinacionales», *Isegoría*, n.º 14, octubre, págs. 55-77.

19. Skinner, Q. (1996), *op. cit.*, pág. 145.

20. Ibídem, pág. 149.

21. Véase Arendt, H. (1996), «¿Qué es la libertad?», en *Entre el pasado y el futuro*, Barcelona, Península, págs. 155-184.

22. Véase Montesquieu, «De la libertad del ciudadano», en *Del espíritu de las leyes*, Madrid, Tecnos, 1993 (segunda reimpresión), Libro XII, cap. 2, pág. 129 (edición a cargo de Enrique Tierno Galván).

23. Ibídem, Lib. XI, cap. 3, pág. 106.

24. Arendt, H. (1996), «¿Qué es la libertad?», en *Entre el pasado y el futuro*, op. cit., pág. 163.

25. Ibídem, pág. 167.

26. Arendt, H. (1969), «Reflections on Violence», *Journal of International Affairs*, invierno, págs. 1-35. Artículo reimpreso en *New York Review of Books*, 12/4, 27 de febrero de 1969, págs. 19-31, ampliado como «On violence» y recogido posteriormente en Arendt, H. (1972), *Crises of the Republic*, Nueva York, Harcourt Brace Jovanovich. Traducción: Arendt, H. (1973), «Sobre la violencia», en *Crisis de la república*, Madrid, Taurus, pág. 146. Sigo esta versión.

27. Ibídem, pág. 147.

28. Ibídem, pág. 147. Véase también Arendt, H. (1996), «¿Qué es la autoridad?», en *Entre el pasado y el futuro*, op. cit., págs. 102-103.

29. Véase Alejandro, R. (1993), *Hermeneutics, Citizenship and the Public Sphere*, Nueva York, SUNY Press, págs. 36-37.

30. Bilbeny, N. (1996), *Europa después de Sarajevo. Claves éticas y políticas de la ciudadanía europea*, Barcelona, Ediciones Destino, pág. 115.

31. Pocock, J. G. A. (1995), «The Ideal of Citizenship Since Classical Times», en Beiner, R. (comp.), *Theorizing Citizenship*, Nueva York, SUNY Press, pág. 29.

32. Ignatieff, M. (1995), «The Myth of Citizenship», en Beiner, R. (comp.), op. cit., pág. 53.

33. Bilneny, N. (1996), *Europa después de Sarajevo*, op. cit., pág. 116.

34. Ibídem, pág. 121.

35. Arendt, H. (1987), *Los orígenes del totalitarismo*, vol. 2: «Imperialismo», Madrid, Alianza, pág. 436.

36. Ibídem, pág. 122.

37. Véase Meyer- Bisch, P. (1995), *Cultura democrática: un desafío para las escuelas*, París, Ediciones Unesco, pág. 16.

38. Gallie, W. B. (1955-56), *Essentially Contested Concepts. Proceedings of the Aristotelian Society*, vol. 56.

39. Véase Connolly, W. (1983), *The Terms of Political Discourse*, Oxford, Martin Robinson.

40. Gorham, E. B. (1992), *National Service, Citizenship and Political Education*, Nueva York, SUNY Press, pág. 11.

41. Center for Civic Education (1991), *CIVITAS. A Framework for Civic Education, Calabasas*, California, Center for Civic Education- National Council for the Social Studies, pág. 611.

42. Dror, Y. (1994), *La capacidad de gobernar*, Barcelona, Círculo de Lectores, pág. 189.

43. Op. cit., pág. 172.

44. Véase Pieper A. (1991), *Ética y moral. Una introducción a la filosofía práctica*, Barcelona, Crítica.

45. Ibídem, pág. 81.

46. Ibídem, pág. 82.

47. Béjar, H. (1988), *El ámbito íntimo. Privacidad, individualismo y modernidad*, Madrid, Alianza y (1993), *La cultura del yo*, Madrid, Alianza.

48. Véase Oakeshott, M. (1975), *On Human Conduct*, Oxford, Clarendon Press. El concepto de «práctica» ha sido tratado magníficamente, desde el ángulo de algunas de las más importantes tradiciones filosóficas, por Bernstein, R.J. (1979), *Praxis y acción. Enfoques contemporáneos de la actividad humana*, Madrid, Alianza.

49. Véase MacIntyre, A. (1987) *Tras la virtud*, Barcelona, Crítica. En su *Historia de la ética* es MacIntyre de lo más explícito acerca del carácter sociohistórico de los conceptos, Barcelona, Paidós, 1982, págs. 11 y sigs.

50. Bellah, R. y otros (1992), *The Good Society*, Nueva York, Random House, pág. 5.

51. Rorty, R. (1992), *Ironía, contingencia y solidaridad*, Barcelona, Paidós, pág. 210.

52. Gadamer, H.-G. (1990), *La herencia europea*, Barcelona, Península, pág. 116.

53. Pieper, A. (1991), *Ética y moral*, op. cit., págs. 21-26.

54. Sherman, N. (1989), *The Fabric of Character. Aristotle's theory of virtue*, Oxford, Clarendon Press, págs. 1-7.

55. Camps, V. (1990), *Virtudes públicas*, Madrid, Espasa-Calpe, pág. 24.

56. Poole, R. (1993), *Moralidad y modernidad. El porvenir de la ética*, Barcelona, Herder, pág. 204.

57. *Ibídem*, págs. 204-205.

58. MacIntyre, A. (1987), *Tras la virtud*, págs. 237 y 270.

59. Abba, G. (1992), *Felicidad, vida buena y virtud*, Barcelona, Eiunsa, págs. 268-282.

60. Bellah, R. (1992), *The Good Society*, pág. 5.

61. Lledó, E. (1994), *Memoria de la ética*, Madrid, Tecnos, pág. 31.

62. MacIntyre, A. (1987), *Tras la virtud*, págs. 161-162.

63. Véase Huizinga, J. (1990), *Homo Ludens*, Madrid, Alianza, págs. 17 y sigs.

64. Véase Garay, J. de (1994), *El Juego: una ética para el mercado*, Madrid, Díaz de Santos, pág. xv.

65. Guisan, E. (1993), *Ética sin religión*, Madrid, Alianza, pág. 149.

66. Barber, B. (1988), *The conquest of politics*, Princeton, New Jersey, Princeton University Press, pág. 210.

67. Véase Flores D'Arcais, P. (1996), *Hannah Arendt. Existencia y libertad*, Madrid, Tecnos.

Capítulo 4

1. Me baso, para el desarrollo de esta sección, en Young-Breuhl, E. (1993), *Hannah Arendt*, Valencia, Edicions Alfons El Magnànim; Courtine-Denamy, S. (1994), *Hannah Arendt*, París, Belfond. Para un estudio más detallado de la biografía intelectual de Hannah Arendt, deberían consultarse, además, las siguientes obras: Köhler, L y Saner, H. (comps.) (1992), *Hannah Arendt-Karl Jaspers. Correspondence 1926-1969*, Nueva York, Harcourt Brace Jovanovich; Brightman, C. (comp.), *Between Friends: The Correspondence of Hannah Arendt and Mary McCarthy*, Nueva York, Harcourt Brace Jovanovich; Ettinger, E. (1995), *Hannah Arendt et Martin Heidegger*, París, Seuil. Hay traducción española en: Barcelona, Tusquets, 1996.

2. Arendt, H. (1951), *The Origins of Totalitarianism*, Nueva York, Harcourt, Brace & Co. Traducción española: *Los orígenes del totalitarismo*, Madrid, Alianza, 1987, segunda edición, 3 volúmenes.

3. Véase Canovan, M. (1992), *Hannah Arendt. A Reinterpretation of her Political Thought*, Cambridge, Cambridge University Press, pág. 2.

4. Arendt, H. (1968), *Men in Dark Times*, Nueva York, Harcourt, Brace & World (traducción española parcial: *Hombres en tiempos de oscuridad*, Barcelona, Gedisa, 1992, pág. 11).

5. Young- Bruehl, E. (1993), *Hannah Arendt* op. cit.

6. Arendt, H. (1963), *Eichmann en Jerusalen*, Barcelona, Lumen, 1967.

7. Citado por su biógrafa E. Young- Bruehl, op. cit.

8. Passerin D'Entrèves, M. (1994), *The political philosophy of Hannah Arendt*, Londres, Routledge, pág. 2.

9. *Op. cit.* Véase Arendt, H. (1972), *Crises of the Republic*, Nueva York, Harcourt Brace Jovanovich (traducción española: *Crisis de la República*, Madrid, Taurus, 1973). Sobre el pensamiento republicano de Hannah Arendt, véase el ensayo: Toscano, M. (1995), «Libertad y poder: el pensamiento republicano de Hannah Arendt», *Philosophica Malacitana*, VIII, pág. 145-157.

10. Arendt, H. (1978), *The Life of the Mind*, Nueva York, Harcourt Brace Jovanovich (traducción española: *La vida del espíritu*, Madrid, Centro de Estudios Constitucionales, 1984).

11. Arendt, H. (1982), *Lectures on Kant's Political Philosophy*, Chicago, The University of Chicago, edición de Ronald Beiner. Existe una traducción muy parcial de estas *Lectures*, en forma de apéndice, en la versión española de *The Life of the Mind*, así como una versión francesa —la que manejaré yo— a cargo de Myriam Revault D'Allons: *Juger. Sur la Philosophie Politique de Kant*, París, Seuil, 1991.

12. Para la formulación de esta idea me baso en los últimos trabajos de Alasdair MacIntyre, especialmente en: MacIntyre, A. (1993), *Tres versiones rivales de la ética*. Madrid, Rialp y (1994) *Justicia y racionalidad. Conceptos y contextos*. Madrid, Eiunsa. Es sumamente interesante el libro, dedicado a la discusión del pensamiento y obra de este autor: Horton, J. y Mendus, S. (1994), *After MacIntyre. Critical Perspectives on the Work of Alasdair MacIntyre*. Cambridge, Polity Press. Una interesante y bien argumentada crítica, desde la filosofía de la educación, a la posición de MacIntyre sobre la racionalidad de las tradiciones puede encontrarse en: Crittenden, B. (1994), «Conflicting Traditions and Education in a Democracy: Can Liberalism Provide Defensible Common Values?», *Curriculum Inquiry*, 24:3, págs. 293-326.

13. Véase Lafer, C. (1994), *La reconstrucción de los derechos humanos. Un diálogo con el pensamiento de Hannah Arendt*, México, FCE., págs. 168 y sigs. Arendt expone esta idea en *Los orígenes del totalitarismo*, vol. 2: *El imperialismo*, Madrid, Alianza, 1987, págs. 392-438.

14. Passerin d'Entrèves, M. (1994), *The Political Philosophy of Hannah Arendt*, Londres, Routledge, pág. 151. Sobre este tema, véase también el interesante libro de: Hansen, Ph. (1993), *Hannah Arendt. Politics, History and Citizenship*, Cambridge, Polity Press, págs. 89-128 y el análisis que ofrece Steinberger en: Steinberger, P. J. (1993), *The Concept of Political Judgment*, Chicago, The University of Chicago Press págs. 47 y sigs.

15. Arendt se inspira en *La fenomenología del espíritu* de Hegel para

el desarrollo de esta idea, que es de quien toma el concepto de pensamiento —comprensión— como reconciliación de la realidad. Ricoeur retoma, en su comentario de *Antígona*, de Sófocles, la fórmula hegeliana en su estudio de «La tragedia de la acción», y dice: «La verdadera reconciliación sólo adviene al final de ese recorrido, al final del conflicto entre la conciencia juzgante y el hombre actuante», en Ricoeur, P. (1996), *Sí mismo como otro*, Madrid, Siglo XXI, pág. 268.

16. Véase Villa, D. (1996), *Arendt and Heidegger: The Fate of the Political*, Princeton, Princeton University Press.

17. *Ibídem*, pág. 4.

18. Habermas, J. (1987), *Teoría y praxis. Estudios de filosofía social*, Madrid, Tecnos. En la nota 4 a pie de página de este libro señala Habermas que «El estudio de la interesante investigación de H. Arendt (se refiere a su libro *La condición humana*) y la lectura del libro de H.-G. Gadamer, *Verdad y Método*, me han hecho percatarme de la fundamental significación de la distinción aristotélica entre técnica y praxis» (pág. 50). Para una interesante discusión sobre Habermas y Arendt, recomiendo la lectura de: Ferry, J.-M. (1987), «Rationalité et politique. La critique de Hannah Arendt par Habermas», en *Habermas, l'éthique de la communication*, París, PUF, págs. 75-116.

19. Arendt, H. (1953), «Understanding and Politics», *Partisan Review*, XX, IV, julio-agosto, págs. 377-392. Traducción española en: «Comprensión y política», en *Arendt, (1995), De la historia a la acción*, Barcelona, Paidós, págs. 31-32, edición a cargo de Manuel Cruz. Cito por esta versión.

20. Véase Eslin, J.-C. (1996), *Hannah Arendt: l'obligée du monde*, París, Editions Michalon.

21. Tomo prestada esta idea de Collin, F. (1992), «Agir et donné», en *Hannah Arendt et la modernité*, París, Vrin, pág. 27. Hay traducción española en: Birulés, F. (comp.), (1992), *Filosofía y género. Identidades femeninas*, Pamplona, Pamiela, págs. 21-49.

22. Es muy recomendable la lectura de Bernstein, R. J. (1996), *Hannah Arendt and the Jewish Question*, Nueva York, Polity Press.

23. Véase Villa, D. (1996), *Arendt and Heidegger. The fate of the Political*, págs. 3-14.

24. Citado por Cruz, M. y Birulés, F. (1994) : «Introducción», en la obra colectiva *En torno a Hannah Arendt*, Madrid, Centro de Estudios Constitucionales, págs. 21-49.

25. Rich, A. (1983), «Condiciones de trabajo: el mundo común de las mujeres», en *Sobre mentiras, secretos y silencios*, Barcelona, Icaria.

26. Johanbegloo, R. (1992), *Conversations with Isahiah Berlin*, Londres, Peter Halban, págs. 82-83.

27. «Esta necesidad de comprender es mucho más fuerte para mí de lo que, por supuesto, es habitual entre los teóricos de la política, con su necesidad de unir acción y pensamiento. Porque ellos quieren actuar. pero precisamente creo que entendí algo acerca de la acción porque la contemplé, más o menos, desde fuera», en Hill, M. A. (comp.), (1979),

Hannah Arendt: The Recovery of the Public World, Nueva York, St. Martin's Press, versión española a cargo de Manuel Cruz: «Arendt sobre Arendt. Un debate sobre su pensamiento», en Arendt (1995) *De la historia a la acción*, pág. 140. Cito por esta última.

28. Manuel Cruz, C. (1995), «Arendt sobre Arendt. Un debate sobre su pensamiento», en Arendt (1995) *De la historia a la acción*, pág. 140.

29. Portinaro, P. P. (1994), «La política como comienzo y el fin de la política», en Hilb, C. (comp.), *El resplandor de lo público. En torno a Hannah Arendt*, Caracas, Nueva Sociedad, pág. 182.

30. Arendt, H. (1988), *Sobre la revolución*, Madrid, Alianza, pág. 99.

31. Arendt, H. (1965), *Eichmann in Jerusalem: A Report on the Banality of Evil*, op. cit.

32. Acerca de la idea de temporalidad en Arendt, véase Corral, C. (1995), «Conjugando los tiempos: Hannah Arendt y el presente», en Birulés, F. (comp.), *El género de la memoria*, Pamplona, Pamiela, págs. 111-130.

33. Kaplan, G.T. (1991), «Hannah Arendt: la vida de una judía», *Débats*, nº 37, septiembre, págs. 9-17.

34. Arendt, H. (1958), *The Human Condition*, Chicago, University of Chicago Press. Traducción española: *La condición humana*, Barcelona, Paidós, 1993.

35. Véase Parekh, B. (1981), *Hannah Arendt and the Search for a New Political Philosophy*, Londres, Macmillan, págs. IX-XII.

36. Véase Ricoeur, P. (1991), «Hannah Arendt», en *Lectures, 1: Autour du politique*, París, Seuil, págs. 13-66.

37. *Ibídem*, pp. 1-2.

38. Véase «El pensar», en *La vida del espíritu*, Madrid, Centro de Estudios Constitucionales, 1984, págs. 75 y sigs.

39. Son muchos los estudios que se han centrado en el análisis crítico de la modernidad y sus consecuencias. Por citar tan sólo dos buenos ejemplos, convendría repasar las dos obras siguientes: Habermas, J. (1989), *El discurso filosófico de la modernidad*, Madrid, Taurus; Taylor, Ch. (1996), «Conclusión: los conflictos de la modernidad», en *Fuentes del yo*, Barcelona, Paidós, págs. 517-544; Mata, R. (1997), *Memoria de Occidente. Actualidad de pensadores judíos olvidados*, Barcelona, Anthropos.

40. Alejandro, R. (1993), *Hermeneutics, Citizenship, and the Public Sphere*, Nueva York, SUNY Press, pág. 1.

41. Taylor, Ch. (1994), *La ética de la autenticidad*, Barcelona, Paidós, págs. 37 y sigs.

42. *Ibídem*, pág. 45.

43. Sigo aquí, en lo sustancial, a Alejandro Llano en: Llano, A. (1988), *La nueva sensibilidad*, Madrid, Espasa (1992), «Actualidad del humanismo empresarial», *El humanismo empresarial*, Madrid, Rialp, págs. 69-84.

44. Véase Kant, I. (1784, 1978), «¿Qué es la ilustración?», en *Filosofía de la Historia*, México, FCE., edición de Eugenio Imaz, págs. 25-65.

45. Rorty, R. (1991), *Ironía, contingencia y responsabilidad*, op. cit., pág. 211.

46. *Ibídem*, pág. 15.

47. Véase Weber, M. (1992), «Ciencia como profesión», en *La ciencia como profesión. La política como profesión*, Madrid, Austral, págs. 53-92, edición a cargo de Joaquín Abellán; Weber, M. (1995), *La ética protestante y el espíritu del capitalismo* Barcelona, Península.

48. Béjar, H. (1988), *El ámbito íntimo*, *op. cit.*, pág. 233.

49. Arendt, H. (1993), *La condición humana*, op. cit., pág. 285.

50. *Ibídem*, pág. 285.

51. Un análisis crítico de la distinción arendtiana entre lo social y lo político se puede encontrar en: Bernstein, R. J. (1991), «Repensando lo social y lo político», en *Perfiles filosóficos*, págs. 272-296.

52. Una interesante reflexión sobre la idea de la educación en Hannah Arendt se puede encontrar en: Roman, J. (1990), «Hannah Arendt: l'éducation entre privé et publique», en Kahn, P., Ouzoulias, A. y Thierry, P. (comps.), *L'éducation: approches philosophiques*, París, PUF, págs. 211-228 ; véase también: Camps, V. (1990), «La buena educación», en *Virtudes públicas*, Madrid, Espasa, págs. 123-140.

53. Arendt, H. (1972), «La crise de l'éducation», en *La crise de la culture*, París, Gallimard, pág. 224.

54. *Ibídem*, págs. 234-235.

55. *Ibídem*, págs. 232-235.

56. *Ibídem*, pág. 252.

57. *Ibídem*, págs. 251-252.

58. Arendt, H. (1992), «Sobre la humanidad en tiempos de oscuridad. Reflexiones sobre Lessing», en *Hombres en tiempos de oscuridad*, pág. 10.

59. Véase Laclos, Ch. de (1984), *Las amistades peligrosas*, Barcelona, Bruguera.

60. Béjar, H. (1993), «*Las amistades peligrosas*: de la civilidad al imperio del sentimiento», en *La cultura del yo*, Madrid, Alianza, pág. 49.

61. Sennet, R. (1979): *El declive del hombre público*, Barcelona, Península.

62. Béjar, H. (1993), *op. cit.*, pág. 49.

63. Esta idea la formula Hannah Arendt en *La condición humana*: «La esfera pública, al igual que el mundo en común, nos junta y no obstante impide que caigamos uno sobre otro, por decirlo así» (pág. 62).

64. Véase Bellah, R. y otros (1989), *Hábitos del corazón*, op. cit.

65. Béjar, H. (1993) : *op. cit.*, pág. 53.

66. Véase Passerin d'Entrèves, M. (1994), *The Political Philosophy of Hannah Arendt*, op. cit.

67. Arendt, H. (1993) *La condición humana*, Barcelona, Paidós, págs. 21-22.

68. *Ibídem*, págs. 203-204.

69. Véase Passerin d'Entrèves, M. (1994), op. cit.

70. Véase Canovan M. (1994), «Politics as Culture: Hannah Arendt and the Public Realm», en Hinchman L. P. y Hinchamn, S. K. (comps.). *Hannah Arendt. Critical Essays*, Nueva York, SUNY Press, págs. 179-210.

273

Capítulo 5

1. Gadamer, H.-G.(1977), *Verdad y método*, Salamanca, Sígueme, pág. 63.

2. Bernstein, R. J. (1985), *Beyond Objectivism and Relativism*, Oxford, Blackwell.

3. Beiner, R. (1987), *El juicio político*, México, FCE, pág. 21.

4. Steinberger, P. (1993), *The Concept of Political Judgment*, Chicago, University of Chicago Press, págs. 1-88.

5. Parekh, B. (1968), «The Nature of Political Philosophy», en King, P. y Parekh, B. (comps.), *Politics and Experience*, Cambridge, Cambridge University Press. Véase asimismo: Parekh, B. (1996), «Algunas reflexiones sobre la filosofía política occidental contemporánea», *La política, Revista de estudios sobre el estado y la sociedad*, n.º 1, primer semestre, págs. Barcelona, Paidós, 5-22.

6. Wittgenstein, L. (1968), *Philosophical Investigations*, Nueva York, Macmillan, pág. 129, (trad. cast.: *Investigaciones filosóficas*, Barcelona, Crítica, 1988).

7. Benhabib, S. (1992), «Judgment and the moral foundations of politics in Hannah Arendt's thought», en *Situating the Self*, Nueva York, Routledge, pág. 125.

8. Summers, D. (1993), *El juicio de la sensibilidad*, Madrid, Tecnos, pág. 44.

9. *Ibídem*, pág. 45.

10. *Ibídem*, pág. vii.

11. Me refiero al ataque antihegeliano de Nietzsche, cuando escribía: «Quienes desean ser mediadores entre dos pensadores resueltos están marcados como mediocres: carecen de ojos para ver lo que no tiene paralelo». *La Gaya Cencia*, n.º 228.

12. Beiner, R. (1987), *op. cit.*, pág. 173..

13. Parekh, B. (1986), *Pensadores políticos contemporáneos*, Madrid, Alianza, pág. 11.

14. Tenzer, N. (1994), *La Philosophie Politique*, París, PUF, pág. 32.

15. Negro, D. (1994), «Sobre el concepto de política y político», en Colom, A.J. (comp.), *Política y planificación educativa*, Sevilla, GIT-Preu Spínola, pág. 20.

16. Steinberger, P.J. (1993), op. cit., pág. 7.

17. Varela, F.J. (1992), *De cuerpo presente. Las ciencias cognitivas y la experiencia humana*, Barcelona, Gedisa.

18. *Ibídem*, pág. 176.

19. *Ibídem*, pág. 177.

20. Johnson, M. (1987), *The Body in the Mind*, Chicago, University of Chicago Press, pág. 175.

21. Sullivan, W. M. (1986), *Reconstructing Public Philosophy*, Berkeley, University of California Press.

22. Tocqueville, A. de (1989), *La democracia en América*, I, Madrid, Aguilar, pág. 79.

23. Arendt, H. (1993), *La condición humana*, Barcelona, Paidós. Es distinta la forma en que Arendt hace primar la *vita activa* sobre la *vita contemplativa*, o la inversa, según nos refiramos a su «teoría de la acción» humana o a su «concepción del juicio». En *La condición humana*, en efecto, aquella prima sobre ésta, pero en *La vida del espíritu*, por lo que se refiere al juicio, la *vita contemplativa* —la condición del espectador— es privilegiada sobre la *vita activa*, la condición del actor.

24. Véase Oakeshott, M. (1933), *Experience an its modes*, Cambridge, Cambridge University Press y (1975), *On Human Conduct*, Oxford, Clarendom Press. Muy interesante y claro es el ensayo: Parekh, B. (1986), «Michael Oakeshott», en *Pensadores políticos contemporáneos*, op. cit., págs. 119-148.

25. Arendt, H. (1953), «Understanding and Politics», *Partisan Review*, XX, IV, págs. 377-392. Existe traducción en español: «Comprensión y política», en *De la historia a la acción*, Barcelona, Paidós, págs. 29-46, edición a cargo de Manuel Cruz (cito por esta versión).

26. Arendt, H. (1987), *Los orígenes del totalitarismo*, 1: *Antisemitismo*, Madrid, Alianza, pág. 12.

27. De hecho, como se sabe muy bien, el telón de fondo de la preocupación romántica fue la pedagogía, la educación concebida como una tarea artística. Véase Hernández-Pacheco. J. (1995), *La conciencia romántica*, Madrid, Tecnos, págs. 158 y sigs. Es muy interesante, al mismo tiempo que sorprendente, dada la naturaleza de su obra posterior, leer sobre el lugar del arte en el romanticismo alemán: Benjamin, W. (1995), *El concepto de crítica de arte en el romanticismo alemán*, Barcelona, Península. También: Innérarity, D. (1993), *Hegel y el romanticismo*, Madrid, Tecnos.

28. Véase sobre este concepto de educación el artículo: Sauvagnargues, A. (1990), «L'éducation selon Hegel», en Kahn, P., Ouzoulias, A. y Thierry, P. (comps.), *L'éducation, approaches philosophiques*, págs. 247-268.

29. Véase Larrosa, J. (1995), «Tres imágenes de Paradiso o una invitación al Wilhelm Meister habanero», en *Déjame que te cuente. Ensayos sobre narrativa y educación*, Barcelona, Laertes, págs. 137-164. Véase también: Larrosa, J. (1996), *La experiencia de la lectura. Estudios sobre literatura y formación*, Barcelona, Laertes. En la misma línea, véase: Gabilondo, A. (1997), *Trazos del eros. De leer, hablar y escribir*, Madrid, Tecnos.

30. Harold Bloom, en su polémico libro *El canon occidental*, Barcelona, Anagrama, 1995, escribe que es un error creer que la crítica literaria puede convertirse en un pilar de la educación democrática o la mejora social: «Leer al servicio de cualquier ideología, a mi juicio, es lo mismo que no leer nada. La recepción de la fuerza estética nos permite aprender a hablar de nosotros mismos y a soportarnos. La verdadera utilidad de Shakespeare o de Cervantes, de Homero o de Dante, de Chaucer o de Rabelais, consiste en contribuir al crecimiento de nuestro yo interior. Leer a fondo el canon no nos hará mejores o peores perso-

nas, ciudadanos más útiles o dañinos. El diálogo de la mente consigo misma no es primordialmente una realidad social. Lo único que el canon occidental puede provocar es que utilicemos adecuadamente nuestra soledad, esa soledad que, en su forma última, no es sino la confrontación con nuestra propia mortalidad» (pág. 40). La defensa de Bloom de la autonomía estética de la práctica de la lectura contrasta con las tesis defendidas por Pierre Bourdieu cuando señala: «Sólo preguntaré por qué a tantos críticos, a tantos escritores, a tantos filósofos, les complace tanto sostener que la experiencia de la obra de arte es inefable, que escapa por definición al conocimiento racional», *Las reglas del arte. Génesis y estructura del campo literario*, Barcelona, Anagrama, pág. 11. No me resisto, por último, a citar este texto de Maurice Blanchot en *El espacio literario*: «De algún modo el libro necesita al lector para convertirse en estatua, necesita al lector para afirmarse como cosa sin autor y también sin lector. En principio, la lectura no le aporta una verdad más humana; pero tampoco le convierte en algo inhumano, un "objeto" una pura presencia compacta, fruto de las profundidades que nuestro sol no hubiese madurado» (Barcelona, Paidós, 1992, pág. 181).

31. Sobre la lectura y los viajes como experiencia formativa, véase Larrosa, J. (1995), «De las lecturas y los viajes como "experiencia de formación". Notas a partir de Descartes y Rousseau», en *III Simposio Internacional de Filosofía de la Educación*, Barcelona, UAB, págs. 49-73.

32. Sobre este interesante tema puede verse: Chartier, R. (1991), «Las prácticas de lo escrito», en Ph. Ariès y G. Duby (dirs.), *Historia de la vida privada*. Tomo 5: *El proceso de cambio en la sociedad de los siglos XVI-XVIII*, Madrid, Taurus, págs. 113-161.

33. La expresión pertenece a Cicerón, que en sus *Tusculanas* (1, 13) señala que el espíritu es como un campo que no puede producir sus frutos si no es convenientemente cultivado, declarando a continuación: *Cultura autem animi philosophia est*. Arendt cita este texto de Cicerón en «La crisis de la cultura» (pág. 374, nota 5) para expresar la idea de que las humanidades están estrechamente vinculadas con la «educación filosófica» y para subrayar la relación entre la naturaleza esencialmente libre —desapegada del «festival de la vida»— de la filosofía y la «liberación» que se nos provoca como consecuencia del cultivo de las humanidades. Aquí no puedo extenderme en esta idea, pero resulta muy interesante comprobar cómo toda la obra y el pensamiento de Arendt se encuentran en tensión profunda entre, por un lado, la «metáfora del actor» —a la que apela constantemente en *La condición humana*, cuando trata la idea de la ciudadanía desde el referente normativo de la *polis* griega— y la «metáfora del espectador», especialmente tratada en su último libro. Es de creer que la inexistente tercera parte de este libro, que habría de dedicarse al tema del juicio, habría tomado como fuente de inspiración esta última metáfora.

34. Arendt H. (1972), *La crise de la culture*, pág. 279.

35. La «facultad de juzgar» es uno de los conceptos clave de la tradición humanística, y su ejercicio estuvo muy vinculado a la crítica lite-

raria y pictórica especialmente en lo que se ha dado en llamar como «los orígenes culturales de la Revolución francesa». En este sentido, es muy interesante el libro: Chartier, R. (1995), *Espacio público, crítica y desacralización en el siglo XVIII*, Barcelona, Gedisa.

36. Hannah Arendt no pudo desarrollar como hubiese deseado una teoría del juicio, a la cual tenía pensado haberle dedicado la tercera parte de *La vida del espíritu*, Madrid, Centro de Estudios Constitucionales, (1984). Véase Bernstein, R. (1983), *Beyond Objectivism and Relativism*, Filadelfia, University of Pennsylvania Press; Passerin d'Entrèves, M. (1994), *The Political Philosophy of Hannah Arendt*, Londres, Routledge; Hansen, Ph. (1993), *Hannah Arendt. Politics, History and Citizenship*, Cambridge, Polity Press; Steinberger, P. J. (1993), *The concept of political Judgment*, Chicago, University of Chicago Press, págs. 47 y sigs.; Benhabib, S. (1992), «Judgment and the moral foundations of politics in Hannah Arendt's thought», en *Situating the Self*, Nueva York, Routledge, págs. 121-144; Vollrath, E. (1977), *Die Rekonstruktion der politischen Urteilskraft*. Stuttgart y Ernst Klett (comps.) Canovan, M. (1992), *Hannah Arendt. A Reinterpretation of her political thought*, Cambridge, Cambridge University Press; Varios (1994), *En torno a Hannah Arendt*, Madrid, Centro de Estudios Constitucionales; Wellmer, A. (1996), «Hannah Arendt sobre el juicio: la doctrina no escrita de la razón», en *Finales de partida*, Valencia, Frónesis, págs. 321-341.

37. Benhabib, S. (1992), op. cit., pág. 123.

38. *Ibídem*, pág. 123.

39. Sigo la versión francesa de esta obra editada por Ronald Beiner (1991), «Hannah Arendt et la faculté de juger», en Arendt, H. (1991), *Juger. Sur la philosophie politique de Kant*, París, Seuil, págs. 129-216.

40. Véase Arendt, H. (1984), «Pensamiento y acción: el espectador», en *La vida del espíritu*, págs. 112-118.

41. Véase por ejemplo, acerca de estos dos modelos de juicio, el artículo: Bernstein, R. J. (1991), «¿Qué es juzgar? El actor y el espectador», en *Perfiles filosóficos*, op. cit., págs. 253-271. El mismo autor ha dedicado recientemente una investigación al pensamiento de Hannah Arendt en: Bernstein, R. J. (1996), *Hannah Arendt and the Jewish Question*, op. cit.

42. No han sido pocos los especialistas que han observado diversas dificultades a esta pretensión de Arendt. Una muestra de las objeciones más relevantes pueden ser las siguientes: Wellmer, A. (1996), «Hannah Arendt sobre el juicio: la doctrina no escrita de la razón», en *Finales de partida: la modernidad irreconciliable*, págs. 321-341; Ricoeur, P. (1995), «Jugement esthétique et jugement politique selon Hannah Arendt», en *Le juste*, París, Editions Esprit, págs. 143-161; Vollrath, E. (1994), «Actuar y juzgar. Hannah Arendt y la lectura de la crítica del juicio de Kant desde una perspectiva política», en Hilb, C. (comp.), *El resplandor de lo público. En torno a Hannah Arendt*, págs. 147-181; Benhabib, S. (1992), «Judgment and the moral foundations of politics in Hannah Arendt's thought», op. cit.

43. Arendt, H. (1972), «La crise de la culture. Sa portée sociale et politique», en *La crise de la culture*, pág. 281.

44. «Sobre la humanidad en tiempos de oscuridad. Reflexiones sobre Lessing», en *Hombres en tiempos de oscuridad*, pág. 18.

45. «El truco del pensamiento crítico —dice Arendt— no consiste en una empatía enormemente extensa a través de la cual se pueda saber lo que realmente acontece en el espíritu de todos los demás. Pensar, según la comprensión que Kant tenía de la Ilustración, significa *Selbstdenken*, pensar por uno mismo, "que es la máxima de una razón que no es nunca pasiva. Someterse a esa pasividad se llama prejuicio"», y la ilustración es antes que nada liberación del prejuicio». Arendt, H. (1984), *La vida del espíritu*, pág. 519. Aquí, naturalmente, hay que recordar el planteamiento de Gadamer acerca de que «si existen también prejuicios justificados y que puedan ser productivos para el conocimiento, entonces el problema de la autoridad se nos vuelve a plantear de nuevo». Gadamer, H.-G. (1991), *Verdad y Método*, pág. 346, Arendt dice lo mismo en su ensayo sobre Lessing, cuando recuerda que el pensamiento independiente por uno mismo (*Selbstdenken*) «no es una actividad perteneciente a un individuo cerrado, integrado, orgánicamente desarrollado y cultivado que mira a su alrededor para ver cuál es el lugar más favorable en el mundo para su desarrollo, para poder lograr una armonía con el mundo al desviar el pensamiento». Arendt, H. (1992), «Sobre la humanidad en tiempos de oscuridad. Reflexiones sobre Lessing», en *Hombres en tiempos de oscuridad*, pág. 18.

46. Arendt, H. (1984), *La vida del espíritu*, pág. 519.

47. Véase Eslin, J.-C. (1996), *Hannah Arendt. L'obligée du monde*, París, Michalon; Varios (1996), *Politique et pensée. Colloque Hannah Arendt*, París, Payot; Heuer, W. (1993), *Hannah Arendt* Marsella, Editions Jacqueline Chambon.

48. Acerca de la facultad de juicio y sus relaciones con las políticas del perdón y del castigo, es muy interesante el artículo de Greiff, P. (1995), «Juicio y castigo: perdón y olvido. Dos políticas inadecuadas para el tratamiento de violadores de derechos humanos», *Debats*, n.º 54, págs. 22-31.

49. Sobre la actualidad y encuadre general de la retórica, véase López Eire, A. (1995): *Actualidad de la retórica*, Salamanca, Hespérides. Una excelente valoración de la retórica clásica, especialmente la aristotélica, para la teoría democrática, se encuentra en: Garver, E. (1994), *Aristotle's Rethoric. An Art of Character*, Chicago, University of Chicago Press; Vergnières, S. (1995), «Rhétorique et éthos en démocratie», en *Ethique et politique chez Aristote*, págs. 257-280 París, PUF. Acerca de la retórica en el discurso pedagógico, véase: Reboul, O. (1991), *Introduction à la rhétorique*, París, PUF. Desde el punto de vista de la filosofía hermenéutica, siguen manteniendo su interés los estudios de Gadamer. Véase, por ejemplo, Gadamer, H.-G. (1991), *Verdad y método*, op. cit.; Gadamer, H.-G. (1994), «Retórica y hermenéutica» y «¿Lógica o retórica? De nuevo sobre la historia primitiva de la herme-

néutica», en *Verdad y método II*, Salamanca, Sígueme, págs. 267-282 y 283-292. Por último, la relación entre el juicio político y la retórica aristotélica está tratada por Beiner, R. (1987), «El juicio y la retórica», en *El juicio político*, México, F. C. E., págs. 144-173.

50. Arendt, H. (1995), *Qu'est-ce que la politique ?*, op. cit., pág. 105. Esta obra se ha publicado por vez primera en alemán bajo el título *Was ist Politik?* (Munich, R. Piper, 1993). Cuando Arendt completó el manuscrito de *La condición humana* en el año 1958, pensó escribir un libro que se titularía «Introducción a la política», que en cuanto tal jamás llegó a escribir. El proyecto comenzó a idearse en el otoño de 1955, en el transcurso de una visita de Arendt a Karl Jaspers en Bale, donde Arendt se encuentra con el editor Klaus Piper, quien le hace la propuesta de escribir una obra, en un tono accesible al gran público, y similar a la famosa *Introducción a la filosofía de Jaspers*.

51. Vergnières, S. (1995), «Rhétorique et éthos en démocratie», op. cit., págs. 260 y sigs.

BIBLIOGRAFÍA

Como complemento a las referencias bibliográficas presento en este apartado una Bibliografía General que he preferido ordenar temáticamente, de acuerdo a los siguientes puntos:

1. Democracia, educación política y teoría de la ciudadanía.
2. Debate cívico liberal-comunitarista:
   2.1. Los textos fundamentales.
   2.2. El debate en filosofía política.
   2.3. Recepción en filosofía política de educación
3. Republicanismo cívico.
4. Teoría política de Hannah Arendt:
   4.1. Obras de Hannah Arendt.
   4.2. Estudios biobibliográficos y correspondencia.
   4.3. Obras sobre el pensamiento político de Hannah Arendt.

1. Democracia, educación política y teoría de la ciudadanía

Alejandro, R. (1993), *Hermeneutics, Citizenship and the Public Sphere*, Nueva York, SUNY Press.
Balibar, E. (1994), «¿Es posible una ciudadanía europea?», *Revista Internacional de Filosofía Política*, nº 4, págs. 22-40.

Barber, B (1984), *Strong Democracy. Participatory Politics for a New Age*, Berkeley, University of California Press.

Barber, B. (1988), *The conquest of politics*, Princeton, Princeton University Press.

Barber, B. (1989), «Public talk and civic action. Education for participation in a strong democracy», *Social Education* 53:6, págs. 355-356.

Bárcena, F.; Gil, F. y Jover, G. (1994), «Los valores de la dimensión europea en la educación. La política educativa de la Comunidad y el reto de la construcción de una ciudadanía europea», *Revista Complutense de Educación*, vol. 5 (1), págs. 9-43.

Beiner, R. (ed.) (1955), *Theorizing Citizenship*, Nueva York, SUNY Press.

Berry, CH. J. (1989), *The idea of a democratic Community*, Londres, Harvester Wheatshef.

Bilbeny, N. (1996), *Europa después de Sarajevo. Claves éticas y políticas de la ciudadanía europea*, Barcelona, Destino.

Bloom, A. (1989), *El cierre de la mente moderna*, Barcelona, Plaza y Janés.

Boli, L. (1989), *New citizen for a new society*, Oxford, Pergamon Press.

Bombardelli, O. (1985), «L'educazione civica nella scuola in una società pluralistica», *Pedagogia e Vita*, n° 4, págs. 379-392.

Brennan, T. (1981), *Political education and democracy*, Cambridge, Cambridge University Press.

Broudy, H. S. (1981), *Truth and credibility. The citizen's dilemma*, Nueva York, Longman.

Bryk, A. (1988), «Musing on the moral life of schools», *American Journal of Education*, 96:2, págs. 256-290.

Butts, R. F (1980), *The revival of civic learning. A rationale for citizenship education in American schools*, Columbia, Teachers College-Columbia University.

Butts, R. F. (1988), *The morality of democratic citizenship*, Calabasas, California, Center for Civic Education.

Butts, R. F (1989), *The civic mission in educational reform. Perspectives for the public and the profession*, Nueva York, Hoover Institute Press.

Butts, R. F. (1993), «The Time is Now: To Frame the Civic Foundations of Teacher Education», *Journal of Teacher Education*, 44:5, págs. 326-334.

Camps, V. (1990), *Virtudes públicas*, Madrid, Espasa.

Camps, V. (1993), *Paradojas del individualismo*, Barcelona, Crítica.

Carr, D. (1991), *Educating the virtues. An essay on the philosophical psychology of moral development and education*, Londres, Routledge.

Carr, W (1991), «Education for Democracy? Philosophical Analysis of the National Curriculum», *Journal of Philosophy of Education*, 25:2, págs. 183-191.

Carr, W. (1991), «Education for Citizenship», *British Journal of Educational Studies*, XXXIX:4.

Catalfano, G. (1987), *L' educazione politica alla democrazia*, Cosenza, Pellegrin.

Cortina, A. (1993), *Ética aplicada y democracia radical*, Madrid, Tecnos.

Cortina, A. (1994), *Ética de la sociedad civil*. Madrid, Alauda-Anaya.

Cortina, A. (1995), *Ética civil y religión*, Madrid, PPC.

Dahl, R (1991), *La democracia y sus críticos*, Barcelona, Paidós.

Dahrendorf, R (1990), «Ciudadanía y clase social», en *El conflicto social moderno. Ensayo sobre la política de la libertad*, Madrid, Mondadori, págs. 48-72.

Delors, J. (comp.) (1996), «De la cohesión social a la participación democrática», en *La educación encierra un tesoro*, Madrid, Santillana-Ediciones Unesco, págs. 56-74.

Dewey, J. (1954), *The public and its problems*, Chicago, Swallow Press.

Dewey, J. (1993), *Democracia y educación*, Madrid, Morata.

Dror, Y. (1995), *La capacidad de gobernar*, Barcelona, Círculo de Lectores-Galaxia Gutenberg.

Engle, S.H. y Ohoa, A.S. (1988), *Education for democratic citizenship. Decision making in the social studies*, Nueva York, Teachers College Press.

Entwistle, H (1977), «La educación política en una democracia», *Revista de Educación*, n° 252, septiembre-octubre, págs. 14-35.

Fishkin, J. (1995), *Democracia y deliberación*, Barcelona, Ariel.

Garforth, F.N. (1980), *Educative Democracy*, Oxford, Oxford University Press.

Garrigue, P. (1987), «Trois espaces por l'enseignement de l'éducation civique», *Cahiers de L'éducation Nationale*, n° 58, págs. 10-15.

Geneyro, J. C (1991), *La democracia inquieta. E. Durkheim y J. Dewey*, Barcelona, Anthropos.

Giroux, H (1993), *La escuela y la lucha por la ciudadanía*, Madrid, Siglo XXI.

Gould, C. C. (1988), *Rethinking Democracy*, Cambridge, Cambridge University Press.

Gross, R. E y Dynneson, Th. L (1991), *Social Science Perspectives on Citizenship Education*, Nueva York, Teachers College, Columbia University.

Gunsteren, H. R. van (1988), «Admission to Citizenship», *Ethics*, julio, págs. 731-741.

Gutman, A. (1987), *Democratic education*, Nueva Jersey, Princeton University Press.

Gutman, A. (1990), «Democratic Education in Difficult Times», *Teachers College Record.*, 92:1, págs. 8-20.

Habermas, J. (1994), «Tres modelos de democracia. Sobre el concepto de una política deliberativa», *Eutopías. Documentos de Trabajo*, Segunda Epoca, vol. 43.

Heater, D. (1990), *Citizenship. The civil ideal in world history politics and education*, Nueva York, Longman.

Held, D (1992), *Modelos de democracia*, Madrid, Alianza.

Heller, A (1989), «Ética ciudadana y virtudes cívicas», en Heller, A. y Feher, F. *Políticas de la postmodernidad*, Barcelona, Península, págs. 215-231.

Jáuregui, G. (1994), *La democracia en la encrucijada*, Barcelona, Anagrama.

Jones, E. B. y Jones, N. (1992), *Education for Citizenship*, Londres, Kogan Page.

Kerschensteiner, G (1934), *La educación cívica*, Barcelona, Labor.

Kymlicka, W. (1996), *Ciudadanía multicultural*, Barcelona, Paidós.

Lenoble, J. y Dewandre, N. (1992), *L'Europe au soir du siècle. Identité et démocratie*. París, Editions Esprit.

Macpherson, C. B. (1979), *Democratic Theory*, Oxford, Clarendon Press.

Macpherson, C. B. (1987), *La democracia liberal y su época*, Madrid, Alianza.

Maestre, A. (1994), *El poder en vilo. En favor de la política*, Madrid, Tecnos.

Maritain, J. (1984), «La carta democrática», en *El hombre y el Estado*, Buenos Aires, Club de Lectores, págs. 129-169.

Meyer-Bish, P. (comp.) (1995), *Cultura democrática: un desafío para las escuelas*, Madrid, Ediciones Unesco.

National Council For The Social Studies (1991), *CIVITAS: A Framework for Civic Education*. Washington, Center for Civic Education.

National Task Force on Citizenship education (1977), *Education for Responsible Citizenship*, Nueva York, McGraw-Hill.

Nauwaert, D. T. (1992), «Reclaiming the Lost Treasure: Deliberation and Strong Democratic Education», *Educational Theory*, 42:3, págs. 351-367.

Newmann, F. M. (1975), *Education for citizen action*, Berkeley, McCutchan.

Newmann, F. M. (1981), «Political participation: an analytic review and proposal», en Heater, D. y Gillespie, J. A. (comp.), *Political education in flux*, Londres, Sage Pub.

Nicolet, C. (1985), «Pour une restauration de l'éducation et de l'instruction civiques», *Le Débat*, n° 34, págs. 158-181.

Oldfield, A. (1990), «Citizenship: An unnatural practice?» *The political Quarterly*, 61:2, págs. 177-187.

Osborne, K (1982), «Civics, Citizenship and politics: Political Education in the Schools», *Teacher Education*, n° 20, págs. 58-72.

Parker, W. C (1989), «Participatory citizenship». *Social Education*, 53:6, págs. 353-370 (número monográfico).

Parker, W. C. y Jarolimek, J. (1984), *Citizenship and the cri-*

tical role of the social studies, Washington, National Council for the Social Studies.

Puig, J. M. (1996), *La construcción de la personalidad moral*, Barcelona, Paidós.

Puig Rovira y Martínez Martín, M (1989), *Educación moral y democracia*, Barcelona, Laertes.

Ramírez, J. L. (1994), *Los límites de la democracia y la educación*. Lérida, Pensaments, 2.

Rorty, R. (1990), «Educación sin dogma», *Facetas*, 2, págs. 44-47.

Rosales, J. M. (1992), «Democracia y solidaridad. Rudimentos para una ciudadanía democrática», *Sistema*, 107, págs. 83-93.

Rosales, J. M. (1993), «Praxis educativa y participación política», *Diálogo filosófico*, 25, págs. 89-97.

Rosales, J. M. (1994), «Ciudadanía en democracia: condiciones para una política cívica», *Sistema*, 122, págs. 5-23.

Ryn, C. G. (1990), *Democracy and the ethical life. A philosophy of politics and community*, Washington, D.C., The Catholic University of American Press.

Sartori, G. (1987), *Teoría de la democracia*, vol. 1: *El debate contemporáneo*; vol. 2: *Los problemas clásicos*, Madrid, Alianza.

Sherman, N. (1989), *The fabric of character. Aristotle's theory of virtue*, Oxford, Clarendon Press.

Sichel, B. A (1988), *Moral education, Character, Community and Ideals*, Filadelfia, Temple University Press.

Stivers, C. (1994), «Citizenship Ethics in Public Administration», en Cooper, T. L. (comp.), *Handbook of Administrative Ethics*, Nueva York, Dekker, págs. 435-455.

Turner, B. y Hamilton, P. (comp.) (1994), *Citizenship. Critical Concepts*, 2 vols. Londres, Routledge.

Tarrant, J. M. (1989), *Democracy and education*, Alderhot, Avebury.

Touraine, A. (1994), *¿Qué es la democracia?*, Madrid, Temas de Hoy.

Varios (1988), «Civic Learning», *Theory into Practice*, XXVII: 4 (número monográfico).

Varios (1991), «Virtudes públicas y ética civil», *Documentación social. Revista de Estudios Sociales y de Sociología Aplicada*, n° 83, abril-junio.
Varios (1992), «Citizenship and Diversity», *Journal of Moral Education*, 21:3.

2. Debate cívico liberal-comunitarista

2. 1. *Los textos fundamentales*

Dworkin, R. (1983), «Liberalismo», en Hampshire, S. (comp.), *Moral pública y privada*, México, FCE, págs. 133-167.
Dworkin, R. (1993), *Ética privada e igualitarismo político*, Barcelona, Paidós, ICE/AUB.
MacIntyre, A. (1987), *Tras la virtud*, Barcelona, Crítica
MacIntyre, A. (1992), *Tres versiones rivales de la ética*, Madrid, Rialp.
MacIntyre, A. (1994), *Justicia y racionalidad*, Barcelona, Ediciones Internacionales Universitarias.
Rawls J. (1978), *Teoría de la justicia*, México, FCE.
Rawls, J. (1990), *Sobre las libertades*, Barcelona, Paidós.
Rawls, J. (1996), «La justicia como equidad: política, no metafísica», en *La Política. Revista de Estudios sobre el Estado y la Sociedad*, n° 1, Barcelona, Paidós, págs. 23-47.
Rawls, J. (1996), *El liberalismo político*, Barcelona, Crítica.
Rorty, R (1991), *Contingencia, ironía y solidaridad*, Barcelona, Paidós.
Rorty, R. (1993), *Escritos filosóficos*, vol. 2: *Ensayos sobre Heidegger y otros pensadores contemporáneos*, Barcelona, Paidós.
Rorty, R. (1996), *Consecuencias del pragmatismo*, Madrid, Tecnos.
Rorty, R. (1996), *Escritos filosóficos*, vol. 1: *Objetividad, relativismo y verdad*, Barcelona, Paidós.
Sandel, M. (1982), *Liberalism and the limits of justice*, Cambridge, Cambridge University Press.

Tönnies, F. (1979), *Comunidad y asociación*, Barcelona, Península.

Taylor, Ch. (1994), *La ética de la autenticidad*, Barcelona, Paidós.

Taylor, Ch. (1996), *Fuentes del yo. La construcción de la identidad moderna*, Barcelona, Paidós.

Walzer, M. (1970), *Obligations. Essays on Disobedience, War, and Citizenship*, Cambridge, Harvard University Press.

Walzer, M. (1993), *Esferas de la justicia*, México, FCE.

Walzer, M. (1996), *Moralidad en el ámbito local e internacional*, Madrid, Alianza.

2.2. El debate en filosofía política

Apel, K. O. (1994), «Las aspiraciones del comunitarismo anglo-americano desde el punto de vista de la ética discursiva», en Blanco Fernández, D., Pérez Tapias, J. A. y Sáez Rueda, L. (comps.), *Discurso y realidad. El debate con K. O. Apel*, Madrid, Trotta, págs. 15-32.

Avineri, S. y De-Shalit, A. (comps.) (1992), *Communitarianism and Individualism*, Oxford, Oxford University Press.

Bell, D. (1993), *Communitarianism and its critics*, Oxford, Clarendom Press.

Bellah, R y otros (1992), *The Good Society*, Nueva York, Alfred A. Knopf.

Bellah, R. y otros (1989), *Hábitos del corazón*, Madrid, Alianza.

Benhabib, S. (1992), «Autonomy, Modernity and Community. Communitarianism and Critical Social Theory in Dialogue», en *Situating the Self*, Londres, Routledge, págs. 68-88.

Berten, A., Da Silveira, P. y Pourtois (comps.), *Liberaux et communautariens*, París, PUF.

Boladeras, M. (1993), *Libertad y tolerancia. Ética para sociedades abiertas*, Barcelona, Universidad de Barcelona.

Buchanan, A. E. (1989), «Assesing the Communitarian Critique of Liberalism», *Ethics*, 99, págs. 852-882.

Castiñeira, A. (comp.) (1996), *El liberalisme i el seus crítics*, Barcelona, Proa.

Chaumont, J. L. (1991), «L'être de l'humain. Notes sur la tradition communautarienne», *Revue Philosophique de Louvaine*, vol. 89, págs. 143-163.

Cladis, M. S. (1992), *A Communitarian Defense of Liberalism*, Stanford, Stanford University Press.

Cohen, J. (1996), «El comunitarismo y el punto de vista universalista», *La Política. Revista de Estudios sobre el Estado y la Sociedad*, nº 1, primer semestre, Barcelona, Paidós, págs. 81-92.

Cohen, J. L. y Arato, A. (1992), *Civil Society and Political Theory*, Massachusetts, MIT Press.

Cortés, F. y Monsalve, A. (comps.) (1996), *Liberalismo y comunitarismo. Derechos humanos y democracia*, Valencia, Edicions Alfons El Magnànim.

Crittenden, J. (1992), *Beyon Individualism. Reconstituting the Liberal Self*, Oxford, Oxford University Press.

Cunninghan, F. (1991), «Community, Democracy and Socialism», *Praxis International*, 11:3, págs. 309-325.

Daly, M. (1994), *Communitarianism. A New Public Ethics*, Belmont, California, Wadsworth Publishing Company.

Delaney, C. F. (comp.) (1994), *The Liberalism-Communitarianism Debate. Liberty and Community Values*, Boston, Rowman & Littlefiefd.

Etzioni, A. (1988), *The Moral Dimension. Toward a New Economic*, Nueva York, Free Press.

Etzioni, A. (1993), *The Spirit of Community. Rights, Responsibilities and the Comunitarian Agenda*, Nueva York, Crown.

Etzioni, A. (comp.) (1995), *New Communitarian Thinking*, Charlottesville, University Press of Virginia.

Etzioni, A. (comp.) (1995), *Rights and the Commond Good. The Communitarian Perspective*, Nueva York, St. Martin's Press.

Ferrara, A. (1994), «Sobre el concepto de «comunidad liberal», *Revista Internacional de Filosofía Política*, 3, págs. 122-142.

Ferrara, A. (comp.) (1992), *Comunitarismo e liberalismo*, Roma, Editori Riuniti.

Fowler, R. B. (1991), *The Dance with Community. The Contemporary Debate in America Political Thought*, Lawrence, University of Kansas Press.

Frazer, E. y Lacey N. (1993), *The politics of Community. A Feminist Critique of the Liberal-Communitarian Debate*, Nueva York, Harvester Wheatsheaf

Galston, W. A. (1991), *Liberal Purposes. Goods, Virtues, and Diversity in the Liberal State*, Cambridge, Cambridge University Press.

Gerwen, J. Van (1991), «Au-delà de la critique communautarienne du libéralisme? D'Alasdair MacIntyre à Stanley Hauerwas». *Revue Philosophique de Louvain*, 89, págs. 129-143.

Gómez Sánchez, C. (1994) «Universalidad, pluralismo cultural e identidad moral. El debate entre comunitarismo y liberalismo» (entrevista con Carlos Thiebaut). *Revista Internacional de Filosofía Política*, 3, págs. 167-175.

Gray, J. (1994), *El liberalismo*, Madrid, Alianza.

Gurrutxaga, A. (1993), «El sentido moderno de la comunidad», *Reis*, 69, págs. 201-219.

Gutman, A. (1985), «Communitarian Critics of Liberalism», *Philosophy and Public Affairs*, 14:3, págs. 308-322.

Habermas, J. (1992), *De l'éthique de la discussion*, París, Cerf.

Hampshire, S. (1983), *Moral pública y privada*, México, FCE.

Haverwas, S. (1986), *A Community of Character*, Londres, University of Notre Dame Press.

Hollenbach, D. (1987), *Liberalism, Communitarianism and the Bishops' Pastoral Letter on the Economy. The Annual of the Society of Christian Ethics 1987*, Washington, D.C., Georgetown University Press.

Kymlicka, W. (1989), *Liberalism, Community and Culture*, Oxford, Clarendon Press.

Kymlicka, W. (1995), «Igualdad liberal» y «Comunitarismo» en *Filosofía política contemporánea. Una introducción*, Barcelona, Ariel, págs. 63-108 y 219-258.

Larmore, CH. E. (1987), *Patterns of Moral Complexity*, Cambridge, Cambridge University Press.

Lasch, Ch. (1996), «¿Comunitarismo o populismo? La ética de la compasión y la ética del respeto», en *La rebelión de las elites*, Barcelona, Paidós, págs. 85-101.

Macedo, S. (1990), *Liberal Virtues. Citizenship, Virtue, and Community in Liberal Constitutionalism*, Oxford, Clarendon Press.

Martínez, E. G. (1992), «La polémica de Rawls con los comunitaristas», *Sistema*, 107, págs. 55-72.

Mouffe, Ch. (1992), «Conversación con Michael Walzer», *Leviatán*, 48, págs. 53-61.

Mouffe, Ch. (1996),«La política y los límites del liberalismo», *La Política. Revista de estudios sobre el estado y la sociedad*, n° 1, primer semestre, Barcelona, Paidós, págs. 171-190.

Mulhall, S. y Switt, A. (1996), *El individuo frente a la comunidad. El debate entre liberales y comunitaristas*, Madrid, Temas de hoy.

Nino, C. S. (1989), «El nuevo desafío comunitarista», en *Ética y derechos humanos*, Barcelona, Ariel, págs. 129-198.

Nino, C. S. (1996), «Kant *versus* Hegel, otra vez», *La Política. Revista de Estudios sobre el Estado y la Sociedad*, n° 1, primer semestre, Barcelona, Paidós, págs. 123-136.

Novak, M. (1989), *Free Persons and the Common Good*, Nueva York, Madison.

Passerin D'Entrèves, M. (1990), «Communitarianism and the question of Tolerance», en *Modernity, Justice and Community*, Milán, Franco Angeli, págs. 229-246.

Rassmunsen, D. (1990), *The Universalism versus Communitarianism*, Cambridge, MIT Press.

Rosenblum, N. L. (comp.) (1993), *El liberalismo y la vida moral*, Buenos Aires, Nueva Visión.

Schnaedelbach, H. (1987-1988), «What is Neoaristotelianism», *Praxis International*, 7: 3/4, pág. 224-237.

Skinner, Q. (1996), «Acerca de la justicia, el bien común y la prioridad de la libertad», *La Política. Revista de Estudios sobre el Estado y la Sociedad*, n° 1, primer semestre, págs. 137-150.

Stern, P. (1991), «Citizenship, Community and Pluralism: The Current Dispute on Distributive Justice», *Praxis International*, 11:3, pág. 261-297.

Taylor, C. (1989), «CrossPurposes: The Liberal Communitarian Debate», en Rosenblum, N. (Ed.), *Liberalism and the Moral Life*, Cambridge, Harvard University Press, págs. 159-182.

Taylor, Ch. (1996), «La diversidad de bienes», *La Política. Revista de estudios sobre el estado y la sociedad*, n° 1, primer semestre, págs. 65-80.

Thiebaut, C. (1992), *Los límites de la comunidad. Las críticas comunitaristas y neoaristotélicas al programa moderno*, Madrid, Centro de Estudios Constitucionales.

Varios (1989), «Community, Law and Moral Reasoning», *California Law Review*, 77:3 (número monográfico).

Varios (1996), «Liberalismo, comunitarismo y democracia», en *La Política. Revista de Estudios sobre el Estado y la Sociedad* (número monográfico) (Barcelona, Paidós).

Walzer, M. (1996), «La crítica comunitarista del liberalismo», *La Política. Revista de Estudios sobre el Estado y la Sociedad*, n° 1, primer semestre, págs. 47-64.

Wolin, S. (1996), «Democracia, diferencia y reconocimiento», *La Política. Revista de Estudios sobre el Estado y la Sociedad*, n° 1, primer semestre, págs. 151-170.

2.3. *Recepción en filosofía política de la educación*

Aviran, A. (1986), «The Paradox of Education for Democracy, or the Tragic Dilemmas of the Modern Liberal Educator» *Journal of Philosophy of Education*, 20:2, págs. 187-199.

Bárcena, F. (1991), «Filosofía pública y educación. El compromiso de la educación cívica en la democracia fuerte», *Teoría de la Educación. Revista Interuniversitaria*, n.° 3, págs. 59-74.

Bárcena, F. (1995), «La educación moral de la ciudadanía, Una filosofía de la educación cívica», *Revista de Educación*, n.° 307, págs. 275-308.

Bárcena, F. (1996), «La formación de la competencia cívica: bases teóricas y conceptuales», *Formación del Profesorado. Revista Interuniversitaria*, n° 25, enero-abril, págs. 85-101.

Carr, D. (1993), «Moral Values, and the Teacher: beyond the paternal and the permissive», *Journal of Philosophy of Education*, 27:2, págs. 193-207.

Carr, W. (1995), «Education for Democracy: confronting the postmodernist challenge», *Journal of Philosophy of Education*, 29:1, págs. 75-91.

Flanagan, O. (1991), «Community and the Liberal Self», «Identity and Community», en *Varieties of Moral Personnality. Ethics and Psychological Realism*, Cambridge, Harvard University Press, págs. 105-131 y 133-157.

Galston, W. A. (1989), «Civic Education in the Liberal State», en Rosenblum, N. L. (comp.), *Liberalism and the moral life*, Cambridge, Harvard University Press, págs. 88-101.

Giarelli, J. M. (1995): «Educating for Public Life», en Kohli, W. (comp.), *Critical Conversations in Philosophy of Education*, Nueva York, Routledge, págs. 201-216.

Griffin, R. S. y Nash, R. J. (1990), «Individualism, Community, and Education: An Exchange of Views». *Educational Theory*, 40:1, págs. 1-18.

Harris, K. (1995) «Education for Citizenship», en Kohli, W. (comp.), *Critical Conversations in Philosophy of Education*, Nueva York, Routledge, págs. 217-229.

Haste, H. (1996), «Communitarianism and the Social Construction of Morality», *Journal of Moral Education*, 25;1, págs. 47-55.

Macedo, S. (1995), «Multiculturalism for the Religious Right? Defending Liberal Civic Education», *Journal of Philosophy of Education*, 29:2, págs. 223-237.

McLaughlin, T. (1995), «Liberalism, Education and the Commond School», *Journal of Philosophy of Education*, 29:2, págs. 239-255.

Mendus, S. (1995), «Toleration and Recognition: education in a multicultural society», *Journal of Philosophy of Education*, 29:2, pág. 191-201.

Naval, C. (1995), *Educar ciudadanos. La polémica liberal-comunitarista en educación*, Pamplona, Eunsa.

Noddings, N. (1996), «On Community», *Educational Theory*, 46:3, págs. 245-267.

Pratte, R. (1988), *The civic imperative. Examining the need for civic education*, Nueva York, Teachers College Press.

Rorty, R. (1995), «Derechos humanos, racionalidad y sentimentalismo», en Abraham, T., Badou, A. y Rorty, R. (comp.), *Batallas éticas*, Buenos Aires, Nueva Visión, págs. 59-80.

Rorty, R. (1996), «La prioridad de la democracia sobre la filosofía», en *Escritos filosóficos*, vol. 1: *Objetividad, relativismo y verdad*, Barcelona, Paidós, págs. 239-266.

Rubio Carracedo, J. (1996), *Educación moral, postmodernidad y democracia. Más allá del liberalismo y del comunitarismo*, Madrid, Trotta.

Snauwaert, D. T. (1992), «Reclaiming the lost treasure: deliberation and strong democracy», *Educational Theory*, 42:3, págs. 351-367.

Wain, K. (1994), «Competing Conceptions of the Educated Public», *Journal of Philosophy of Education*, 28: 2, págs. 149-159.

Walzer, M. (1995), «Education, Democratic Citizenship and Multiculturalism», *Journal of Philosophy of Education*, 29:2, págs. 181-189.

White, P. (1995), «Education for Citizenship: Obstacles and Opportunities», en Kohli, W. (comp.) *Critical Conversations in Philosophy of Education*, Nueva York, Routledge, págs. 229-240.

Wringe, C. (1995), «Educational Rights in Multicultural Democracies», *Journal of Philosophy of Education*, 29:2, págs. 285-293.

3. Republicanismo cívico

Barni, J. (1992), *La morale dans la démocratie*, París, Kimé.

Baron, H. (1993), *En busca del humanismo cívico florentino*, México, FCE.

Bellah, R. (1989), *Hábitos del corazón*, Madrid, Alianza.

Blanco Valdés, R. L. (1994), *El valor de la Constitución. Separación de poderes, supremacía de la ley y control de constitucionalidad en los orígenes del Estado liberal*, Madrid, Alianza.

Bock, G., Skinner, Q. y Viroli, M. (1993), *Machiavelli and republicanism*, Cambridge, Cambridge University Press.

Butts, R. F. (1988), «The High Ideal of Citizenship in a Republic», en *The morality of democratic citizenship*, págs. 104-114, Calabasas, California, Center for Civic Education.

Dahl, R. (1992), «Hasta la segunda transformación: republicanismo, representación y lógica de la igualdad», en *La democracia y sus críticos*, Barcelona, Paidós.

Garin, E. (1965), *Italian Humanism: Philosophy and Civic Life in the Renaissance*, Oxford, Basil Blackwell.

Hamilton, A., Madison, J. y Jay, J. (1994), *El federalista*, México, FCE.

Hernández Losada, J. M. (1992), «Republicanismo cívico y jurisprudencia civil en la Ilustración Escocesa», en Agra Romero, M. J., Camarero L. R., Ríos Vicente, J. y González, M. (1992), *El pensamiento filosófico y político en la Ilustración francesa*, págs. 263-274, Santiago de Compostela, Universidad de Santiago de Compostela.

Hulliung, M. (1983), *Citizen Maquiavelli*, Princeton, Princeton University Press.

Inciarte, F. (1992), «Reflexiones sobre el republicanismo», *Thémata*, nº 10, págs. 501-515.

Janowitz, M. J. (1983), *The Reconstruction of patriotism*, Chicago, University of Chicago Press.

Jordan, B. (1989), *The Common Good. Citizenship, Morality and Self-Interest*, Oxford, Basil Blackewell.

Lamberti, J. C. (1970), *La notion d'individualisme chez Tocqueville*, París, PUF.

Lamberti, J. C. (1983), *Tocqueville et les deux démocraties*, París, PUF.

Manent, P. (1982), *Tocqueville et la nature de la démocratie*, París, Julliard.

Morgan, D. F. (1994), «The Public Interest», en Cooper, T. L, (comp.), *Handbook of Administrative Ethics*, págs. 125-146, Nueva York, Marcel Dekker.

Negro, D. (1995), *La tradición liberal*, Madrid, Unión Editorial.

Nevins, A. y Steele, H. (1994), *Breve historia de los Estados Unidos*, México, FCE.

Nisbet, R. (1995), *Conservadurismo*, Madrid, Alianza.

Oldfield, A. (1990), *Citizenship and Community. Civic Republicanism and the Modern World*, Londres, Routledge.

Pérez Cantó, P. y García Giráldez, T. (1995), «La construcción de la República», en *De colonias a República. Los orígenes de los Estados Unidos de América*, págs. 233-260, Madrid, Síntesis.

Pitkin, H. (1984), *Fortune is a Woman: Gender and Politics in the Thought of Niccolo Maquiavelli*, Berkeley, University of California Press.

Pocock, J.G.A. (1975), *The Maquiavellian Moment*, Princeton, Princeton University Press.

Sinopoli, R. (1992), *The Foundations of American Citizenship. Liberalism the Constitution and Civic Virtue*, Oxford, Oxford University Press.

Skinner, Q. (1990), «La idea de libertad negativa: perspectivas filosóficas e históricas», en Rorty, R., Schneewind, J. B. y Skinner, Q. (comps.), *La filosofía en la historia*, págs. 227-260, Barcelona, Paidós.

Skinner, Q. (1993), *Los fundamentos del pensamiento político moderno*, vol. I: *El renacimiento*, México, FCE.

Skinner, Q. (1995), «Las ciudades-república italianas», en Dunn, J. (comp.), *Democracia. El viaje inacabado, 508 a.C.-1993 d.C.*, Barcelona, Tusquets, págs. 70-82.

Smith, B. J. (1985), *Politics and remembrance: Republican Themes in Maquiavelli, Burke, and Tocqueville*, Princeton, Princeton University Press.

Sullivan, W. A. (1986), *Reconstructing Public Philosophy*, Berkeley, University of California Press.

Tenzer, N. (1994), «Démocratie ou république?», en *Philosophie politique*, págs. 397-44, París, PUF.

Tocqueville, A. de (1988), *La democracia en América*, 2 vols., Barcelona, Aguilar.

Touraine, A. (1994), «Republicanos y liberales», en *¿Qué es la democracia?*, Madrid, Temas de Hoy, págs. 167-194.

Wolin, S. (1973), *Política y perspectiva*, Buenos Aires, Amorrortu.

Wood, G. S. (1995), «La democracia y la revolución americana», en Dunn, J. (comp.), *Democracia. El viaje inacabado, 508 a.C. - 1993 d.C.*, págs. 104-119, Barcelona, Tusquets.
Yarbrough, J. (1979), «Republicanism reconsidered», *The Review of Politics*, 41, págs. 61-95.
Zetterbaum, M. (1967), *Tocqueville and the Problem of Democracy*, Stanford, Calif., Stanford University Press.

4. Teoría política de Hannah Arendt

4.1. *Obras de Hannah Arendt*

Arendt, H. (1972), *La crise de la culture. Huit exercices de pensée politique*, París, Gallimard.
Arendt, H. (1973), *Crisis de la república*, Madrid, Taurus.
Arendt, H. (1982), *Lectures on Kant's Political Philosophy*, Chicago, University of Chicago Press, editado por Ronald Beiner.
Arendt, H. (1984), *La vida del espíritu. El pensar, la voluntad y el juicio en la filosofía y en la política*, Madrid, Centro de Estudios Constitucionales.
Arendt, H. (1987), *Los orígenes del totalitarismo*, 3 vols., Madrid, Alianza.
Arendt, H. (1988), *Sobre la revolución*, Madrid, Alianza.
Arendt, H. (1991), *Juger. Sus la Philosophy Politique de Kant*, París, Seuil.
Arendt, H. (1992), *Hombres en tiempos de oscuridad*, Barcelona, Gedisa.
Arendt, H. (1993), *La condición humana*, Barcelona, Paidós.
Arendt, H. (1997), *¿Qué es la política?*, Barcelona, Paidós.
Arendt, H. (1995), *De la historia a la acción*, Barcelona, Paidós.
Arendt, H. (1996), *Entre el pasado y el futuro*, Barcelona, Península.

4.2. *Estudios biobibliográficos y correspondencia*

Ettinger, E. (1996), *Hannah Arendt y Martin Heidegger*, Barcelona, Tusquets.

Brightman, C. (comp.), *Between Friends: The Correspondence of Hannah Arendt and Mary McCarthy*, Nueva York, Harcourt Brace Jovanovich.

Courtine-Denamy, S. (1994), *Hannah Arendt*, París, Belfond.

Köhler, L. y Saner, H. (comps.) (1992), *Hannah Arendt-Karl Jaspers. Correspondence 1926-1969*, Nueva York, Harcourt Brace Jovanovich.

Young-Breunl, E. (1993), *Hannah Arendt*, Valencia, Edicions Alfons El Magnànim.

4.3. *Obras sobre el pensamiento político de Hannah Arendt*

Beiner, R. (1982), «Hannah Arendt on Judging», en *H. Arendt Lectures on Kant's Political Philosophy*, págs. 89-156, Chicago, University of Chicago Press.

Beiner, R. (1983), *Political judgment*, Londres, Methuen.

Benhabib, S. (1992), «Judgment and the Moral Foundations of Politics in Hannah Arendt's Thought», en *Situating the Self*, págs. 120-144, Nueva York, Routledge.

Benhabib, S. (1996), *The reluctant modernism of Hannah Arendt*, California, Sage Publications.

Bernstein, R. J. (1977), «Hannah Arendt: Ambiguities of Theory and Practice», en Ball, T. (comp.) *Political Theory and Praxis. New Perspectives*, Minneápolis, University of Minnesota Press, págs. 141-158.

Bernstein, R. J. (1983), «Judgment: Arendt», en *Beyond Objectivism and relativism*, Filadelfia, University of Pennsylvania Press, págs. 207-222.

Bernstein, R, J. (1991), «¿Qué es juzgar? El actor y el espectador», en *Perfiles filosóficos*, México, Siglo XXI, págs. 253-272.

Bernstein, R. J. (1991), «Repensando lo social y lo político», en *Perfiles filosóficos*, México, Siglo XXI, págs. 272-297.

Bernstein, R. J. (1996), *Hannah Arendt and the Jewish Question*, Nueva York, Polity Press.

Bilbeny, N. (1993), «Hannah Arendt: pensar en un sentido moral», *Sistema*, n° 113, págs. 119-135.

Birules, F. (1995), «La especificidad de lo político: Hannah Arendt». *Eutopías*, segunda época, vol. 89.

Canovan, M. (1994), «A new republicanism», en *Hannah Arendt. A Reinterpretation of her Political Thought*, Cambridge, Cambridge University Press, págs. 201-252.

Ciaramelli, F. (1992), «La responsabilité de juger», en Roviello, A. y Weyembergh, M (1992), *Hannah Arendt et la modernité*, París, J. Vrin, págs. 61-72.

Cohen, J. L. (1996), «Rights, Citizenship, and the Modern Form of the Social: Dilemmas of Arendtian republicanism», *Constellations*, 3:2, págs. 164-189.

Collin, F. (1992), «Hannah Arendt: la acción y lo dado», en Birules, C. (comp.), *Filosofía y género. Identidades femeninas*, págs. 19-52, Pamplona, Pamiela.

Corral, C. (1995), «Conjugando los tiempos: Hannah Arendt y el presente», en Birules, F. (comp.), *El género de la memoria*, págs. 111-132, Pamplona, Pamiela.

Courtine-Denamy, S (1994), *Hannah Arendt*, París, Belfond.

Cruz, M. y Birules, F. (comps.) (1995), *En torno a Hannah Arendt*, Madrid, Centro de Estudios Constitucionales.

Denneny, M. (1994), «El privilegio de nosotros mismos: Hannah Arendt y el juicio», en Hilb, C. (comp.), *El resplandor de lo público. En torno a Hannah Arendt*, Venezuela, Nueva Sociedad, págs. 89-124.

Eslin, J.-C. (1996), *Hannah Arendt: L'obligée du monde*, Paris, Editions Michalon.

Feher, F. (1989), «El paria y el ciudadano», en Heller, A. y Feher, F. *Políticas de la postmodernidad*, Barcelona, Península, págs. 264-283.

Ferrara, A. (1987-1988), «On Phronesis», *Praxis International*, 7: 3/4, págs. 246-267.

Flores D'Arcais, P. (1996), *Hannah Arendt. Existencia y libertad*, Madrid, Tecnos.

Hansen, Ph. (1993), *Hannah Arendt. Politics, History and Citizenship*, Nueva York, Polity Press.

Hilb, C. (comp.) (1994) *El resplandor de lo público. En torno a Hannah Arendt*, Venezuela, Nueva Sociedad.

Hinchman L. P. y Hinchman, S. K. (1994), *Hannah Arendt. Critical Essays*, Nueva York, SUNY Press.

Lafer, C. (1994), «El juicio reflexivo como fundamento de la reconstrucción de los derechos humanos», en *La reconstrucción de los derechos humanos. Un diálogo con el pensamiento de Hannah Arendt*, México, FCE, págs. 309-346.

May, L. y Kohw, J. (comps. (1996), *Hannah Arendt: Twenty Years Later*, Cambridge, Massachusette, Mit Press.

Parekh, B. (1986), «Hannah Arendt», en *Pensadores políticos contemporáneos*, Madrid, Alianza, págs. 15-38.

Passerin D'Entrèves, M. (1989), «Agency, Identity, and Culture: Hannah Arendt's Conception of Citizenship», *Praxis International*, 9:1/2, págs. 1-24.

Passerin D'Entrèves, M. (1994), *The political philosophy of Hannah Arendt*, Londres, Routledge.

Ricoeur, P. (1991), «De la philosophie au politique», en *Lectures, 1: Autour du politique,* París, Le Seuil, págs. 15-19.

Ricoeur, P. (1991), «Préface à *Condition de l'homme moderne*», en *Lectures, 1: Autour du politique*, París, Le Seuil, págs. 43-66.

Ricoeur, P. (1991), «Pouvoir et violence», en *Lectures, 1: Autour du politique*, París, Le Seuil, págs. 20-42.

Roman, J. (1990), «Hannah Arendt: l'éducation entre privé et publique», en Kahn, P; Ouzollas, A y Thierry, P. *L'éducation, approches philosophiques*, París, PUF, págs. 211-228.

Roviello, A. y Weyembergh, M. (1992), *Hannah Arendt et la modernité*, París, J. Vrin.

Sánchez, C. (1995), «Hannah Arendt», en Vallespin, F., (comp.), *Historia de la teoría política*, Madrid, Alianza, tomo 6, págs. 151-193.

Steinberger, P. J. (1993), *The Concept of Political Judgment*, Chicago, University of Chicago Press.

Sitton, J. F. (1994), «Hannah Arendt's Argument for Council Democracy», en Hinchman, L. P. y Hinchman, S. K. (comps.), *Hannah Arendt. Critical Essays*, Nueva York, SUNY Press, págs. 307-334.

Taminiaux, J. (1994), «Acontecimiento, mundo y juicio según Hannah Arendt», en Hilb, C. (comp.), *El resplandor de lo público. En torno a Hannah Arendt*, Venezuela, Nueva Sociedad, págs. 125-146.

Toscano, M. (1995), «Libertad y poder: el pensamiento
republicano de Hannah Arendt», *Philosophica Malacitana*, VIII, págs. 145-157.

Varios (1996), *Politique et pensée. Colloque Hannah Arendt*,
París, Payot.

Villa, D. R. (1996), *Arendt and Heidegger. The Fate of the Political*, Princeton, Princeton University Press.

Vollrath, E. (1977), *Die reconstruktion der politischen Urteilskraft*, Stuttgart, Ernst Klett.

Vollrath, E. (1994), «Actuar y juzgar. Hannah Arendt y la
lectura de la crítica del juicio de Kant desde una perspectiva política», en Hilb, C. (comp.), *El resplandor de
lo público. En torno a Hannah Arendt*, Venezuela, Nueva Sociedad, págs. 147-180.

Wellmer, A. (1996), «Hannah Arendt sobre el juicio: la doctrina no escrita de la razón», en *Finales de partida: la
modernidad irreconciliable*, Valencia, Frónesis Cátedra,
págs. 321-341.

Tarchiani, V. (1992), "Sullo sviluppo mondo chiuso so-
    cio-culturali", Studi e culture, C. Troccoli, Sequen-
    der li, 22 ombra, Urbino e Milano, Roma, Vene-
    zia, Nuova Soledad, pp. 127-146.

Tonnelat, M. (1992), "el Hombre y poder", el mundo lejano
    republicano de Blanch Arnaldo, Buenos Aires, Siste-
    ma VII, pp. 125-167.

Veroni (1991), Etica y violencia, Colonia, Buenos Aires,
    Nueva Eayol.

Villa, D. R. (1992), "Postmodernidad y el Pensamiento po-
    lítico, Princeton, Princeton University Press.

Wolin, S. (1992), Democracia y universalismo, políticas de
    Ricardo Simpson, Ince, Kim.

Wapner, P. (1994), "identity, Institutions and Autonomía,
    logro de sociedad", Entorno del Estado de una pers-
    pectiva política", en Bill, C. Troccoli, R. Entorno del
    logro mayor, Europa e política internacional, Valencia, Mi-
    nistra Soledad, págs. 145-185.

Williams, A. (1996), "Herman Grundecht es estado, la doc-
    trina estado al Estado, en Etica, Geografia del
    movimiento moderno y dios, Valencia, Síntesis Cuadra,
    págs. 321-341.